Débats

Collection dirigée par
Alain-G. Gagnon

Du même auteur

Laïcité et liberté de conscience, avec Charles Taylor, Boréal et La Découverte, 2010. Traduit en anglais, allemand, italien, espagnol, turc, chinois, albanais.

Récits identitaires. Le Québec à l'épreuve du pluralisme, coll. Débats, Québec Amérique, 2000. Traduit en anglais.

Retrouver la raison

Essais de philosophie publique

Projet dirigé par Alain-G. Gagnon

Adjoint à l'édition : Éric St-Pierre
Conception graphique : Nathalie Caron
Mise en pages : Pige communication
Révision linguistique : Isabelle Pauzé et Chantale Landry
En couverture : © wowomnom / shutterstock.com

Québec Amérique
329, rue de la Commune Ouest, 3e étage
Montréal (Québec) Canada H2Y 2E1
Téléphone : 514 499-3000, télécopieur : 514 499-3010

Nous reconnaissons l'aide financière du gouvernement du Canada par l'entremise du Fonds du livre du Canada pour nos activités d'édition.

Nous remercions le Conseil des arts du Canada de son soutien. L'an dernier, le Conseil a investi 157 millions de dollars pour mettre de l'art dans la vie des Canadiennes et des Canadiens de tout le pays.

Nous tenons également à remercier la SODEC pour son appui financier. Gouvernement du Québec – Programme de crédit d'impôt pour l'édition de livres – Gestion SODEC.

Canadä Conseil des arts du Canada Canada Council for the Arts SODEC Québec

Catalogage avant publication de Bibliothèque et Archives nationales du Québec et Bibliothèque et Archives Canada

Maclure, Jocelyn
Retrouver la raison : essais de philosophie publique
(Débats)
Comprend des références bibliographiques et un index.
ISBN 978-2-7644-3167-2 (Version imprimée)
ISBN 978-2-7644-3168-9 (PDF)
ISBN 978-2-7644-3169-6 (ePub)
1. Sciences politiques - Philosophie. I. Titre. II. Collection : Débats (Éditions Québec Amérique).
JA71.M32 2016 320.01 C2016-940746-2

Dépôt légal, Bibliothèque et Archives nationales du Québec, 2016
Dépôt légal, Bibliothèque et Archives du Canada, 2016

Réimpression : novembre 2016

quebec-amerique.com

Imprimé au Québec

Jocelyn Maclure

Retrouver la raison

Essais de philosophie publique

CRÉQC
CHAIRE DE RECHERCHE DU CANADA
EN ÉTUDES QUÉBÉCOISES ET CANADIENNES

Québec Amérique

Débats

La collection « Débats » est consacrée à des ouvrages faisant état des grands enjeux culturels, politiques et sociaux au Québec et explore les questions de citoyenneté, de diversité et d'identité qui traversent les sociétés plurinationales. En collaboration avec la Chaire de recherche du Canada en études québécoises et canadiennes, cette collection est réalisée par les Éditions Québec Amérique et dirigée par Alain-G. Gagnon, titulaire de la Chaire et professeur titulaire au Département de science politique de l'Université du Québec à Montréal. Outre le présent ouvrage, la collection compte déjà 22 titres :

Les Conditions du dialogue au Québec. Laïcité, réciprocité, pluralisme, Alain-G. Gagnon et Jean-Charles St-Louis, 2016.

Laïcité et valeurs québécoises. Les sources d'une controverse, Guillaume Lamy, 2015.

Un Québec exilé dans la fédération. Essai d'histoire intellectuelle et de pensée politique, Guy Laforest en collaboration avec Jean-Olivier Roy, 2013.

Les Nouveaux visages du nationalisme conservateur au Québec, Jean-Marc Piotte et Jean-Pierre Couture, 2012.

La Diversité québécoise en débat, Bouchard, Taylor et les autres, Bernard Gagnon, collectif, 2010.

La Reconnaissance dans tous ses états. Repenser les politiques de pluralisme culturel, sous la direction de Michel Seymour, 2009.

La Raison du plus fort. Plaidoyer pour le fédéralisme multinational, Alain-G. Gagnon, 2008. PRIX JOSEP MARIA VILASECA I MARCET, 2007.

Pluralisme et démocratie. Entre culture, droit et politique, sous la direction de Stéphane Vibert, 2007.

Les Nationalismes majoritaires contemporains : identité, mémoire, pouvoir, sous la direction d'Alain-G. Gagnon, André Lecours et Geneviève Nootens, 2007.

Le Poids de la coopération. Les rapports France-Québec, Frédéric Bastien, 2006.

Le Français, langue de la diversité québécoise, sous la direction de Pierre Georgeault et Michel Pagé, 2006.

Désenclaver la démocratie. Des huguenots à la paix des Braves, Geneviève Nootens, 2004.

Justice, démocratie et prospérité. L'avenir du modèle québécois, sous la direction de Michel Venne, 2003.

Critique de l'américanité. Mémoire et démocratie au Québec, Joseph Yvon Thériault, 2002. PRIX RICHARD-ARÈS, 2003 et PRIX DE LA PRÉSIDENTE DE L'ASSEMBLÉE NATIONALE DU QUÉBEC, 2003.

Québec : État et société, tome 2, sous la direction d'Alain-G. Gagnon, 2002.

Repères en mutation. Identité et citoyenneté dans le Québec contemporain, sous la direction de Jocelyn Maclure et Alain-G. Gagnon, 2001.

Récits identitaires. Le Québec à l'épreuve du pluralisme, Jocelyn Maclure, 2000.

Penser la nation québécoise, sous la direction de Michel Venne, 2000.

Le Québec dans l'espace américain, Louis Balthazar et Alfred O. Hero Jr, 1999. PRIX RICHARD-ARÈS, 1999.

L'Ingratitude. Conversation sur notre temps, Alain Finkielkraut, avec Antoine Robitaille, 1999. PRIX AUJOURD'HUI, 1999.

Québec 18 septembre 2001. Le monde pour horizon, Claude Bariteau, 1998. PRIX RICHARD-ARÈS, 1998.

Duplessis : Entre la Grande Noirceur et la société libérale, sous la direction d'Alain-G. Gagnon et Michel Sarra-Bournet, 1997.

à Isabelle

TABLE DES MATIÈRES

SECTION III. JUSTICE SOCIALE

SECTION IV. LAÏCITÉ

SECTION V. IDENTITÉ NATIONALE ET DIVERSITÉ

CONCLUSION

Comment se fait-il alors qu'il y ait globalement prépondérance d'opinions et de conduites rationnelles dans l'humanité ? Si prépondérance il y a [...] elle le doit à une qualité de l'esprit humain, à la source de tout ce qu'il y a de respectable en l'homme en tant qu'être intellectuel et moral, à savoir que ses erreurs soient rectifiables. Par la discussion et l'expérience – mais non par la seule expérience – il est capable de corriger ses erreurs : la discussion est nécessaire pour montrer comment interpréter l'expérience. Fausses opinions et fausses pratiques cèdent graduellement devant le fait et l'argument, mais pour produire quelque effet sur l'esprit, ces faits et arguments doivent lui être présentés. Rares sont les faits qui parlent d'eux-mêmes, sans commentaire qui fasse ressortir leur signification. Il s'ensuit que toute la force et la valeur de l'esprit humain – puisqu'il dépend de cette faculté d'être rectifié quand il s'égare – n'est vraiment fiable que si tous les moyens pour le rectifier sont à portée de main. Le jugement d'un homme s'avère-t-il digne de confiance, c'est qu'il a su demeurer ouvert aux critiques sur ses opinions et sa conduite.

John Stuart Mill, *De la liberté*

INTRODUCTION

Nous vivons à une époque politisée. C'est sans doute la première fois de ma vie adulte que j'ai ce sentiment. Pour ceux de ma génération, le référendum de 1995 a été un épisode d'une grande intensité et de politisation accélérée, mais les références au désengagement, au désenchantement, à l'individualisme et au cynisme abondaient néanmoins lorsque j'étais étudiant au premier cycle à l'université. Aujourd'hui, le *zeitgeist* a changé. Du débat sur la laïcité et les accommodements raisonnables au présent désaccord sur les finances publiques et les mesures d'austérité, en passant par le printemps étudiant de 2012, le mouvement des indignés et les différentes élections provinciales et fédérales, l'air ambiant n'est plus le même. Il n'est même pas interdit pour les *hipsters* et autres ironistes de parler de politique. Les taux de participation aux élections demeurent trop bas, mais les débats sociaux sont vigoureux. L'ère est à l'engagement, non pas au sens un peu caricatural de l'« intellectuel engagé », mais plutôt dans le sens d'un souci sincère pour la qualité de notre vie collective. Malgré tous leurs défauts, sur lesquels je reviendrai dans ce livre, les réseaux sociaux sont pour plusieurs des sources d'information et des espaces de discussion.

C'est par conséquent une période faste pour l'éthique et la philosophie politique, ces champs de la philosophie qui s'intéressent à notre rapport à nous-mêmes et aux autres, et aux fondements et finalités de notre vie commune. On se demande comment bien vivre ensemble en dépit de nos différences. On cherche à comprendre quels sont les impacts de notre utilisation effrénée des nouvelles technologies de l'information et des médias sociaux. On discute vigoureusement, à gauche et à droite, de la juste part que tous doivent faire et des services publics que l'on devrait s'offrir, en gardant un œil sur ce que nous léguerons aux prochaines générations. En filigrane, nous nous demandons comment revitaliser notre démocratie.

J'ai toujours pensé que le philosophe en général, et le philosophe politique en particulier, devait porter attention aux tourments et aux énigmes de ses contemporains, et leur démontrer pourquoi la réflexion philosophique est indispensable pour bien les comprendre et pour éclairer notre jugement. La philosophie ne doit pas s'asseoir sur ses lauriers et se contenter d'évoquer son illustre passé. Ce recueil est en quelque sorte le journal de mes réflexions sur le temps présent. Qu'il s'agisse d'un article de magazine venant avec une date de tombée ou d'un billet de blogue dans lequel je réagissais à chaud à un événement d'actualité, les textes révisés et regroupés ici ont tous d'abord été écrits sous contrainte, et souvent dans l'urgence. Les magazines culturels et politiques, les blogues et les pages « Idées » des quotidiens sont pour moi une sorte de laboratoire de philosophie sociale et politique qui me permet de clarifier mes idées, de tester des théories et des arguments, et de contribuer, ce faisant, à notre discussion démocratique.

La philosophie universitaire, comme les autres disciplines, s'est beaucoup spécialisée au cours des dernières décennies. Les professeurs de philosophie n'ont pas échappé à l'impératif de la multiplication des publications savantes et de l'obtention de subventions de recherche. Cela nous a naturellement poussés à ajouter des couches de sophistication et de spécialisation à nos travaux. Ce mouvement a d'indéniables vertus, mais il a aussi l'inconvénient d'éloigner la philosophie des préoccupations concrètes et brûlantes des citoyens. Cette tendance à la spécialisation a toutefois engendré une réaction centrifuge, dont témoigne la popularité grandissante de la « philosophie publique », de l'éthique appliquée et de la théorie dite « non idéale » en philosophie politique[1]. En gros, les philosophes pensent de plus en plus aux problèmes concrets auxquels doivent faire face les sociétés humaines telles qu'elles existent, ce qui impose d'entrer en dialogue avec les autres disciplines du savoir, ainsi qu'avec des acteurs à l'extérieur de l'université.

1. Voir Jocelyn Maclure, « La philosophie politique analytique et ses critiques », dans Dalie Giroux et Dimitrios Karmis (dir.), *Ceci n'est pas une idée politique. Réflexions sur les approches à l'étude des idées politiques*, Québec, Les Presses de l'Université Laval, 2013, p. 261-288.

La philosophie publique et appliquée, d'ailleurs, est tout sauf une hérésie. La philosophie politique, en outre, maintient depuis sa naissance dans la Grèce antique un lien vital avec la pratique, et en particulier avec les conflits entre les citoyens qui décousent constamment le tissu social. En dépit de leurs désaccords, John Rawls et Michael Walzer s'entendent au sujet de l'impulsion vitale de la philosophie politique : lorsque les interprétations communes et les consensus d'arrière-plan se délitent, le travail de l'abstraction s'impose afin de retourner aux racines des désaccords entre les citoyens[2].

Il n'est donc pas surprenant que les philosophes universitaires soient maintenant plus présents sur les blogues, dans les médias électroniques et dans les magazines culturels et politiques. Au Québec, des émissions comme *Plus on est de fous, plus on lit !*, *Médium large*, *Dessine-moi un dimanche*, *C'est fou...* (à ICI Radio-Canada Première) donnent régulièrement la parole à des philosophes. Les discussions sont généralement assez courtes, mais elles ont le mérite d'exister. Contrairement à ce que l'on entend parfois, les intellectuels ne sont pas absents de notre paysage médiatique[3].

Finir le projet des Lumières ?

Lorsque j'étais étudiant, le débat entre le postmodernisme et ses critiques faisait rage dans les sciences humaines et sociales. Je me souviens d'avoir lu *Le discours philosophique de la modernité* de Jürgen Habermas et *Grandeur et misère de la modernité* de Charles Taylor

2. En s'inspirant de Michael Walzer, John Rawls écrit ceci sur l'utilité des conceptions philosophiques abstraites : « [e]n philosophie politique, le travail de l'abstraction est motivé par des conflits politiques profonds. [...] Nous nous tournons vers la philosophie politique quand nos interprétations politiques communes, comme dirait Michael Walzer, s'écroulent et également lorsque nous sommes déchirés en nous-mêmes [...] Le travail de l'abstraction n'est donc pas gratuit ; il ne s'agit pas de l'abstraction pour l'abstraction. C'est plutôt une façon de continuer la discussion publique quand les interprétations communes de moindre généralité ont échoué. Nous devrions reconnaître que plus le conflit est profond, plus le niveau d'abstraction que nous devons atteindre est élevé jusqu'à ce que nous ayons une vision claire et nette de ses racines ». (John Rawls, *Libéralisme politique*, tr. fr. Catherine Audard, Paris, Les Presses universitaires de France, 1995, p. 72-73.) Voir aussi Philippe Raynaud, « Philosophie politique », dans Philippe Raynaud et Stéphane Rials (dir.), *Dictionnaire de philosophie politique*, Paris, PUF, 1996.

3. Cette énumération montre bien, toutefois, jusqu'à quel point les médias publics sont nécessaires à la santé de notre vie culturelle et politique. Le retrait des ondes de *Bazzo.tv* (Télé-Québec) est à cet égard fortement déplorable. Il faudrait aussi parler de l'importance des magazines non universitaires comme *Nouveau Projet*, *Liberté*, *Argument*, *Françoise Stéréo*, *Zone Occupée*, *Relations*, *Spirale*, *Maisonneuve*, *The Walrus*, etc.

de la même façon que je regardais les parties entre les Canadiens et les Nordiques lorsque j'étais enfant, c'est-à-dire de façon partisane[4]. Le XVIIIe siècle – l'Âge des Lumières – devait inaugurer une ère où les affaires humaines seraient guidées par la raison et des principes « universels » comme la dignité humaine, les droits fondamentaux et la démocratie. La capacité de la raison et des sciences modernes de nous révéler la structure ultime de la réalité devait, en plus d'accroître nos connaissances, inaugurer une phase de progrès moral et politique accélérée. Cet optimisme, on le sait, n'a pas survécu à son siècle. S'il serait hasardeux d'affirmer que nous n'avons pas progressé du tout d'un point de vue moral et politique[5] – rares sont ceux qui militent pour un retour à l'esclavage ou à l'exclusion politique des femmes – il est incontestable que l'Occident s'est réveillé avec une gueule de bois légendaire : colonialisme et impérialisme, guerres mondiales, racisme, génocides, utilisation de l'arme atomique, persistance de la pauvreté extrême et péril écologique.

Il a ainsi été longtemps périlleux de se réclamer de la raison et des idéaux des Lumières. La pensée postmoderne a toutefois été incapable de dépasser le stade de la critique et de la déconstruction pour générer tant une théorie de la vérité plausible qu'une philosophie morale et politique positive. En gommant bien entendu les différences entre les auteurs de cette mouvance, les théories postmodernistes ont bien du mal à offrir des réponses convaincantes à des questions comme : sur quelles bases devons-nous appuyer des luttes politiques comme celles pour les droits des femmes ou pour la réduction des inégalités socioéconomiques ? Quels sont les principes justifiant ces luttes, et les rapports entre eux ? Le postmodernisme a aussi beaucoup souffert, à juste titre, de son opacité théorique et de sa propension au baratin conceptuel[6]. Les affaires Sokal et Tremblay en témoignent[7]. Lorsqu'on doit faire face aux

4. Jürgen Habermas, *Le discours philosophique de la modernité : douze conférences*, tr. fr. Christian Bouchindhomme et Rainer Rochlitz, Paris, Gallimard, 1988; Charles Taylor, *Grandeur et misère de la modernité*, tr. fr. Charlotte Melançon, Montréal, Bellarmin, 1992. Habermas et Taylor sont d'ailleurs les lauréats du prix Kluge – le « Nobel des sciences humaines » – en 2015.

5. Steven Pinker, *The Better Angels of Our Nature : Why Violence has Declined*, New York, Viking, 2011.

6. Sur le baratin, voir le chapitre 2.

7. Voir Alan Sokal et Jean Bricmont, *Impostures intellectuelles*, Paris, Éditions Odile Jacob, 1997, et « Deux sociologues piègent une revue pour dénoncer la "junk science" », *Le Monde*, 10 mars 2015.

changements climatiques, à l'accroissement des inégalités socio-économiques, à l'intolérance à l'égard des minorités religieuses ou à la brutalité policière, le relativisme apparaît bien inadéquat.

C'est ainsi que ceux qui ont tenu le fort du rationalisme revoient enfin la lumière au bout du tunnel. Le titre de mon essai s'inspire d'ailleurs directement du livre du philosophe canadien Joseph Heath *Enlightenment 2.0*, consacré meilleur livre politique au Canada en 2014. Dans son livre, Heath soutient qu'il est maintenant temps de relancer le projet des Lumières en s'appuyant cette fois-ci sur une conception réaliste du potentiel de la raison humaine et du contexte, fortement défavorable, dans lequel ce potentiel doit se réaliser aujourd'hui. Mon essai est une contribution modeste à cette nouvelle ère du « rationalisme réaliste[8] ». Par-delà les positions que je défends sur la justice sociale, la laïcité, le nationalisme ou les droits fondamentaux, mon espoir premier est de contribuer positivement à ce que Rawls appelle la « raison publique », que je comprends ici comme la rationalité collective qui se cristallise dans l'échange d'arguments, fondés sur des principes, entre les citoyens d'une communauté politique[9].

La structure du livre

Le débat politique québécois s'est recomposé depuis le référendum de 1995. Comme plusieurs l'ont souligné, l'opposition entre souverainistes et fédéralistes n'est plus la matrice de notre conversation démocratique. Il s'agit aujourd'hui de l'*un* des axes de polarisation politique parmi d'autres et dont l'importance semble décroissante.

8. Mon approche s'inscrit également dans la mouvance du « Nouveau Réalisme », qui s'appuie aussi sur l'écroulement du postmodernisme. La position commune des théories réalistes en métaphysique est qu'elles considèrent toutes qu'il existe des aspects de la « réalité » ou du « monde » qui existent *indépendamment* de l'intentionnalité et de la volonté humaines, et qui ne sont donc pas des « constructions sociales ». J'aborde le Nouveau Réalisme au deuxième chapitre de cet ouvrage. Voir aussi Markus Gabriel, *Pourquoi le monde n'existe pas*, tr. fr. Georges Sturm, Paris, JC Lattès, 2014; Maurizio Ferraris, *Manifeste du nouveau réalisme*, tr. fr. Marie Flusin et Alessandra Robert, Paris, Hermann, 2014. Sur les excès des théories constructivistes, voir par exemple Ian Hacking, *Entre science et réalité. La construction sociale de quoi ?*, tr. fr. Baudoin Jurdant, Paris, La Découverte, 2001; Paul Boghossian, *La peur du savoir: sur le relativisme et le constructivisme de la connaissance*, tr. fr. Ophelia Deroy, Marseille, Agone, 2009. Pour un point de vue constructiviste plus rigoureux, voir John Searle, *La construction de la réalité sociale*, tr. fr. Claudine Tiercelin, Paris, Gallimard, 1998.

9. John Rawls, *op. cit.*, p. 259 et suivantes.

L'intensité des débats sur les accommodements raisonnables, l'exploitation des ressources naturelles et l'austérité budgétaire est bien plus grande que celle du débat sur la question nationale. Les souverainistes déçus ne cessent de recycler l'hypothèse de la « fatigue culturelle » des « Canadiens français » mise de l'avant par Hubert Aquin en 1962 pour expliquer l'apathie qu'il attribuait à ses contemporains[10], mais personne n'est dupe. Ce n'est pas parce qu'elle est fatiguée ou aliénée que la « majorité » a du mal à se passionner pour la question nationale, mais bien parce que le Québec est une nation normale et mature qui dépense ses énergies sur les grands enjeux éthico-politiques qui occupent l'ensemble des régimes démocratiques dans la modernité avancée[11]. L'éternel retour de la thèse de la « fatigue culturelle », de la « fausse conscience », ou de la « trudeauisation des esprits » est un aveu d'échec. Lorsqu'on ne parvient pas à convaincre et à mobiliser, il est plus rassurant d'attribuer ce résultat à l'aliénation dont sont victimes nos contemporains que de s'interroger sur nos propres positions.

Comme je l'ai souligné, le déclin de la question nationale n'a pas été accompagné par un désintérêt envers la chose publique. Le Québec a connu plusieurs fièvres politiques depuis la commission Bouchard-Taylor. Le débat gauche-droite a repris ses lettres de noblesse tant en raison de la renaissance de la droite québécoise que de la mobilisation des étudiants en 2012. Et tout le monde a une opinion sur la prière au conseil municipal de Saguenay ou sur les voiles islamiques. Ce n'est donc pas surprenant qu'un bon nombre des essais regroupés dans ce livre portent sur des questions touchant par exemple au sens de la laïcité de l'État, à l'aménagement de la diversité, à la place du droit dans une démocratie ou à la justice sociale. Tous les enjeux d'actualité discutés dans ce livre servent à réfléchir à des questions éthiques et politiques pérennes. La première section porte sur les pathologies du discours public et les conditions d'une revitalisation de notre démocratie. Dans la deuxième section, j'aborde des questions comme la portée de la liberté d'expression et le droit d'offenser les religions, la place des tribunaux dans notre démocratie et l'éthique des acteurs publics. La troisième section est

10. J'abordais ce trope du discours nationaliste dans *Récits identitaires. Le Québec à l'épreuve du pluralisme*, Montréal, Québec Amérique, collection Débats, 2000, chapitre 1.

11. Voir le chapitre 39.

consacrée aux nombreux débats touchant à la justice sociale, aux inégalités socioéconomiques et aux finances publiques. En plus de répondre à certains arguments défendus par la droite économique, j'y invite les progressistes à réfléchir plus longuement aux conditions du maintien et du renouvellement de la social-démocratie et de l'État-providence. Les deux dernières sections portent sur la laïcité de l'État québécois, le mouvement souverainiste, le fédéralisme, la langue française et l'interculturalisme.

Bien que prenant souvent les enjeux du jour comme prétexte, les textes regroupés dans ce livre portent tous sur des questions de principe qui se trouvent à la racine des débats politiques qui soulèvent les passions aujourd'hui. Ces textes ont été révisés et actualisés. Certains ont été traduits de l'anglais et d'autres sont inédits.

SECTION I.
VIE DÉMOCRATIQUE

1.
MÉDIAS ET DÉMOCRATIE : POURQUOI CHRONIQUER ?[1]

L'écrivaine française Christine Angot a publié un texte dans *Libé*, où elle laissait entendre, par une réduction à l'absurde, qu'il ne servait plus à rien d'écrire des chroniques dans un environnement médiatique saturé par l'opinion et le subjectivisme[2]. La multiplication étourdissante des voix, rendue possible par les blogues et les réseaux sociaux, aurait engendré une sorte de cacophonie relativiste débilitante et désespérante. Elle s'en prend entre autres à la banalisation de la montée en puissance de Marine Le Pen et de la prolifération des actes antisémites.

Il est vrai qu'il faut être doté d'une certaine agilité cognitive et d'un bon bagage de connaissances pour séparer le bon grain de l'ivraie dans un contexte de surabondance des points de vue et des prises de position. Daniel J. Levitin, dans son livre *The Organized Mind*[3], affirme que la capacité d'exercer un jugement sage et éclairé au sujet des informations et opinions multiples qui rivalisent pour capter notre attention est, de nos jours, la faculté intellectuelle la plus importante que les enfants doivent acquérir à l'école.

Une des tendances accablantes dans les médias grand public est la prime accordée aux propos volontairement polémiques ou fortement idéologiques. La controverse, l'indignation, la foire d'empoigne et la galvanisation des troupes sont vues comme nécessaires pour attirer l'attention des lecteurs et des auditeurs. De plus, l'objectivité

1. Publié sur le blogue Politique de *L'actualité* le 29 avril 2015.
2. Christine Angot, « Ça sert à rien d'écrire des chroniques », *Libération*, 7 mars 2015, p. 27.
3. Daniel J. Levitin, *The Organized Mind*, New York, Penguin, 2014.

journalistique est parfois comprise comme exigeant la confrontation de points de vue diamétralement opposés, quitte à exclure les positions plus nuancées.

Joseph Heath est professeur de philosophie à l'Université de Toronto. Son livre *Pour un Siècle des Lumières 2.0* (je traduis) a mérité, avec raison, le prix Shaughnessy Cohen du meilleur livre politique publié en 2014[4]. Dans ce livre, Heath passe en revue les trop nombreuses causes ayant pour effet d'abêtir la politique démocratique contemporaine.

L'univers médiatique, notamment en raison des nouvelles en continu, est structuré d'une façon telle que les messages simples et accrocheurs ânonnés sont plus efficaces que les idées rigoureuses et nuancées. Et le baratin – la *bullshit* – abonde.

Plus fondamentalement, en s'appuyant entre autres sur la thèse des « deux vitesses de la pensée » de Daniel Kahneman[5], Heath nous rappelle jusqu'à quel point nous sommes moins rationnels que nous aimons le penser. Nous avons tous des « biais cognitifs » qui nous empêchent d'évaluer les enjeux de société avec objectivité et impartialité. Nous sélectionnons les faits qui font notre affaire. Nous accordons seulement de la crédibilité aux intervenants qui nous confortent dans nos positions. Nous sommes plus enclins à utiliser notre raison pour justifier après coup nos positions intuitives ou émotives qu'à mener une réflexion ouverte guidée par les faits et la force du meilleur argument. Notre réflexion prend trop souvent place au sein de groupes relativement homogènes (*groupthink*), ce qui encourage le conformisme et décourage l'autocritique.

Prenons le débat québécois sur l'austérité pour illustrer les vices de notre discussion démocratique. Personnellement, je suis prédisposé à voir les partis pris mentionnés à l'œuvre chez ceux qui s'identifient à la droite et qui sont incapables d'admettre que le « marché » dépend radicalement des interventions multiples de l'État pour fonctionner de façon efficace. De combien d'années supplémentaires aurions-nous eu besoin pour sortir de la crise de 2008 en

---

4. Joseph Heath, *Enlightenment 2.0: Restoring Sanity to Our Politics, Our Economy, and Our Lives*, Toronto, Harper Collins, 2014.

5. Daniel Kahneman, *Système 1 / Système 2 : les deux vitesses de la pensée*, tr. fr. Raymond Clarinard, Paris, Flammarion, 2012.

l'absence des plans de stimulation de l'économie mis en œuvre par Québec et Ottawa ? Comment ne pas admettre que la dérégulation des marchés financiers a été la grande responsable de la crise ? De même, comment ne pas reconnaître que l'idéal d'une véritable égalité des chances – que la droite n'a aucune bonne raison de refuser – exige une fiscalité permettant de financer des institutions et des politiques sociales capables de corriger en partie les inégalités issues du fait que nous naissons dans des familles différentes et que nous héritons de bagages génétiques variés ?

Cela dit, l'enivrement idéologique semble être la chose la mieux partagée qui soit. La gauche n'a pas brillé depuis le début du débat sur l'austérité au Québec. Bien que je sois de ceux qui considèrent que le gouvernement libéral n'a aucune bonne raison (autre que stratégique) d'appuyer à fond sur l'accélérateur en matière d'élimination du déficit, je ne peux que constater que les discours constamment répétés sur la « destruction néolibérale » et le « démantèlement de l'État » éclipsent l'analyse factuelle de l'évolution de nos finances publiques[6].

Bref, comme Heath est le premier à le reconnaître[7], il n'est pas facile d'être optimiste quant aux chances de relancer le projet des Lumières, en s'appuyant cette fois sur une conception lucide et réaliste des forces et des limites de la raison humaine. Une chose est certaine, toutefois, c'est qu'il faut encourager toutes les initiatives qui ont pour effet de ralentir le rythme de la vie politique et de favoriser la délibération publique rationnelle. La raison a besoin de temps pour faire son travail. Ce faisant, des chroniques qui luttent contre l'inflation idéologique ambiante et l'accélération continue du temps politique m'apparaissent comme des contributions essentielles – même si insuffisantes – au projet d'une *slow politics* éclairée. Oui, notre univers médiatique dégouline de subjectivité, et les chroniqueurs dont la marque de commerce est la caricature et la provocation ne manquent pas. Mais personne ne peut soutenir qu'il y a surabondance de textes d'opinion sérieux qui contribuent à élever le niveau du débat

6. Voir le chapitre 20.

7. Joseph Heath, « Response to Tabarrok », publié sur le blogue *In Due Course* le 22 avril 2015.

démocratique. Pour prendre un exemple qui ne nous concerne pas de trop près, il n'y a certainement pas trop de Paul Krugman dans les médias.

On me dira peut-être que ma conception de la sphère médiatique ressemble un peu trop à un séminaire doctoral. Soit. Dans le contexte actuel, je préfère pencher de ce côté que de celui du sensationnalisme, de la simplification à outrance, du dogmatisme, de la propagande et de la provocation gratuite.

2. DÉMAGOGIE, *BULLSHIT* ET AUTRES PATHOLOGIES DU DISCOURS POLITIQUE[8]

Comme plusieurs[9], je pense que les principaux ténors du Parti québécois (PQ) ont dépassé la limite de l'acceptable en matière d'attaque contre l'adversaire, de démagogie et de baratin. Dans une démarche sans doute concertée, les Bédard, Drainville, Lisée et Cloutier ont tous, à leur façon, allégué que Philippe Couillard serait peut-être « imprégné » des « valeurs » saoudiennes, ce qui expliquerait sa réaction qu'ils jugent tiède à propos de l'importance de la lutte contre l'intégrisme et d'une Charte de la laïcité.

Qu'on soutienne, par exemple, que le gouvernement Couillard devrait en faire plus pour dénoncer le traitement cruel infligé à Raïf Badawi est une chose. Mais qu'on insinue que le premier ministre manifeste une certaine sympathie pour la théocratie, l'autoritarisme, la charia, la torture ou la discrimination contre les femmes et les homosexuels en est une autre. Cette attaque *ad hominem*, qui s'appuie sur une sorte de culpabilité par association ainsi que sur une grossière simplification de la « culture saoudienne », est excessive[10]. Attentat contre *Charlie Hebdo*, Boko Haram, État islamique, coups de fouet assénés à Raïf Badawi : l'actualité internationale n'est guère réjouissante par les temps qui courent. Qui, dans l'entourage du PQ, a bien pu avoir l'idée que la stratégie consistant à surfer sur l'effroi – bien compréhensible – ressenti à la pensée de ces tristes réalités faisait partie des manœuvres politiques acceptables dans

---

8. Publié sur le blogue Politique de *L'actualité* le 23 janvier 2015.

9. Benoit Aubin, « Les néo-créditistes », *Le Journal de Montréal* (en ligne), 22 janvier 2015.

10. Paul Journet, « Les alliés involontaires », *La Presse*, 23 janvier 2015, p. A16.

une société démocratique ? On aurait pu penser, après les dérapages multiples qui ont marqué le débat sur la Charte des valeurs, que les figures de proue du PQ auraient retenu que la démagogie se retourne souvent contre ceux qui en abusent.

Dans son improbable best-seller *On Bullshit*[11], le philosophe américain Harry Frankfurt soutient que l'un des traits les plus caractéristiques de la culture contemporaine est l'omniprésence de la *bullshit*, du baratin, et que nous y avons sans doute tous une part de responsabilité – à différents degrés, bien entendu. Cela dit, nous aurions du mal, selon lui, à comprendre clairement « ce qu'est le baratin, pourquoi il est aussi répandu, et quelles sont ses fonctions ». Il nous manquerait ni plus ni moins une « théorie de la *bullshit* ». Le baratin est une « intoxication » du discours qu'il faut comprendre et combattre. La distinction conceptuelle centrale au propos de Frankfurt est celle entre le *mensonge* et le *baratin*, qui seraient deux pathologies différentes du langage.

Le baratineur n'est pas tout à fait un menteur. Pourquoi ? Parce que le mensonge demeure toujours dépendant ou parasitaire de la vérité. Le menteur connaît la vérité et s'en détourne sciemment pour induire son interlocuteur en erreur. Il est toujours en relation avec la vérité ; il se soucie de la vérité. Le baratineur, nous dit Frankfurt, ne nie pas directement la vérité. Il invente des histoires et des justifications qui sont indifférentes à la vérité ou à la fausseté des choses. Dans le langage populaire, il nous « monte un bateau », « emberlificote » ou « embobine ». Le baratineur veut tromper ou manipuler sans nécessairement mentir. Le mensonge est précis, analytique, chirurgical. Le baratin laisse plus de place à l'improvisation, à la créativité, au flou. Le meilleur exemple est peut-être les témoins dans des commissions d'enquête (par exemple, les commissions Gomery et Charbonneau). Ils ne peuvent dire la vérité sans s'inculper, mais ils seront démasqués s'ils mentent. Ne pouvant ni mentir ni dire vrai, ils *bullshitent*. On pourrait aussi avancer que des figures illustres de l'art contemporain – pensons peut-être à Jeff Koons ? – donnent dans le baratin.

---

11. Harry Frankfurt, *De l'art de dire des conneries (On Bullshit)*, tr. fr. Didier Sénécal, Paris, Éditions 10/18, 2006.

Les ténors du PQ n'ont pas directement menti au sujet de Philippe Couillard. Ils ont inventé une histoire, un *spin*, qui sera, croient-ils, payant auprès de l'électorat. On ne peut que souhaiter qu'ils aient fait un mauvais calcul et qu'ils en assument les conséquences. La pensée politique de Machiavel est riche, puissante et originale. Je l'enseigne avec plaisir dans mes cours d'histoire de la philosophie politique. Cela admis, il est grand temps que les politiciens et leurs conseillers rangent *Le Prince* de Machiavel dans leur bibliothèque et le remplacent par le petit essai de Frankfurt comme livre de chevet.

3.
LE NOUVEAU RÉALISME COMME ANTIDOTE AU CYNISME POSTMODERNE[12]

Je ne sais de quoi sera fait notre futur. Ce que le philosophe Karl Popper appelait l'« historicisme » n'a guère survécu au XXe siècle[13]. L'historicisme s'incarnait pour lui dans les théories qui font « de la *prédiction historique* leur principal but, et qui enseigne[nt] que ce but peut être atteint si l'on découvre les "rythmes" ou les "motifs", les "lois", ou les "tendances générales" qui sous-tendent les développements historiques ». Il est bien difficile de nos jours de penser que l'histoire se déplie selon une logique implacable et discernable. Autant que l'on puisse en juger, les hommes et les femmes ont encore un mot à dire dans le cours des choses et s'il existe des « lois inexorables de la destinée historique », pour reprendre les mots de Popper, elles agissent d'une façon bien mystérieuse. Plus personne ne prend très au sérieux la thèse de l'inéluctabilité de la dictature du prolétariat ou d'une « fin de l'histoire » s'incarnant dans le triomphe de la démocratie libérale. Peu de souverainistes québécois parlent aujourd'hui de la « nécessité historique » de l'indépendance complète du Québec.

Cela étant dit, s'il y a une vision du monde qui se montre avec de plus en plus d'insistance, c'est celle que l'on peut appeler le « Nouveau Réalisme ». Le « réalisme » est ici compris comme une doctrine philosophique soutenant qu'il y a des aspects de notre réalité qui existent vraiment, et qui existeraient même si nous – les êtres humains – n'étions pas là pour les percevoir. Ils sont « indépendants » de

12. Publié dans *Zone Occupée*, no 10, automne 2015, p. 18-21.

13. Karl Popper, *Misère de l'historicisme*, Paris, Agora, 1991.

l'esprit humain. Ce qui est « nouveau », ici, n'est pas tant la doctrine philosophique défendue que sa popularité grandissante et le fait qu'un nombre croissant de philosophes s'en revendiquent.

Le réalisme s'oppose aux thèses dites « constructivistes » radicales selon lesquelles la totalité de notre réalité est « construite socialement ». Nous n'avons aucune bonne raison de douter que l'océan Atlantique et les montagnes Rocheuses existeraient même si l'espèce humaine disparaissait de la face de la Terre. Les changements climatiques sont en partie le produit de l'action humaine, mais les processus naturels qui causent le réchauffement de la planète ne sont pas des « jeux de langage » ou des constructions sociales. Pour le contrecarrer, il ne s'agit pas d'en parler différemment ; il faut réduire les émissions de gaz à effet de serre. Bien sûr, certaines parties de notre réalité sont indéniablement construites socialement. La rationalité et l'intentionnalité humaines sont clairement derrière des institutions sociales comme l'argent, l'art visuel et le hockey. Cela ne nous autorise pas pour autant à affirmer que toute notre réalité est construite socialement.

Prenons un exemple pour illustrer comment s'incarne l'esprit réaliste dont notre monde a bien besoin[14]. Le sociologue et théoricien Bruno Latour, longtemps associé au constructivisme radical, a jadis défendu l'idée que les scientifiques qui ont affirmé que l'analyse de la momie de Ramsès II révélait que le pharaon était mort de la tuberculose avaient tort car la bactérie qui cause cette maladie – le bacille de Koch – n'a été découverte qu'en 1882. L'affirmation des scientifiques serait un anachronisme puisque la bactérie n'existait pas encore, selon Latour, à la mort du pharaon en 1213 av. J.-C. Ce jugement est bien sûr absurde. Ce n'est pas parce qu'un phénomène n'a pas encore été découvert ou élucidé par la science qu'il n'existe pas dans la nature. Le langage ne crée pas toute la réalité.

Comme le philosophe italien Maurizio Ferraris l'a soutenu, les constructivistes confondent l'épistémologie et l'ontologie[15]. Alors que la première se situe sur le plan de la connaissance et de la vérité de nos énoncés sur le réel, la seconde concerne la constitution

14. Voir Paul Boghossian, *Fear of Knowledge*, Oxford, Oxford University Press, 2006, p. 25.

15. Maurizio Ferraris, *Manifeste du nouveau réalisme*, Paris, Hermann, 2014.

même de la réalité et l'existence des choses. Les théories scientifiques doivent satisfaire un certain nombre de conditions pour être jugées valides. La méthodologie sur laquelle elles reposent doit être explicite et les expériences qui démontrent leur validité doivent être reproductibles. Cela étant, ce n'est pas parce que les modalités de l'enquête scientifique dépendent de l'esprit humain et qu'elles sont construites socialement que les aspects de la réalité qu'elles révèlent le sont aussi. Ainsi, ce n'est pas parce que la séquence du génome humain a été établie récemment que la matière qui constitue l'ADN n'existait pas auparavant. Le temps est venu pour les constructivistes de dégriser et de se réconcilier avec la réalité.

Le réalisme est d'abord une position ontologique sur la constitution ultime de la réalité, mais il s'incarne aussi dans une position épistémologique. Comme l'avance le philosophe allemand Markus Gabriel, notre réalité est faite d'une pluralité de « domaines d'objets » ou de « champs de sens » qui ont chacun leurs propres critères de validité permettant de départager le vrai du faux[16]. Ces critères peuvent être plus ou moins clairs et fiables: si on sait que la désertification contribue au réchauffement climatique, on ne sait parfois plus très bien, depuis les *ready-made* de Duchamp et le *pop art*, ce qui fait qu'un objet est une œuvre d'art, et encore moins une œuvre d'art de qualité. Cela ne signifie pas que la vérité n'est qu'un jeu de langage, mais bien que le degré de confiance que nous pouvons avoir envers nos jugements varie d'un champ de sens à l'autre.

En plus d'être impatient face au manque de clarté et de rigueur du postmodernisme, le Nouveau Réalisme s'érige aussi contre toutes les idéologies politiques qui méprisent les faits. Comment, par exemple, oublier l'extraordinaire phrase de Karl Rove, alors conseiller de George W. Bush, dans laquelle il exprimait son désintérêt pour la *reality-based community*, la communauté de ceux qui pensent que nos croyances et nos politiques doivent être fondées sur des données probantes ? Le Parti conservateur canadien a aussi affiché son indifférence aux faits en muselant les scientifiques, en abrogeant la version longue du recensement et en ignorant les consensus scientifiques en matière de réchauffement climatique et de justice

16. Markus Gabriel, *Pourquoi le monde n'existe pas*, Paris, JC Lattès, 2014.

criminelle. Le réalisme est ainsi l'antithèse de ce que l'humoriste et animateur Stephen Colbert a appelé la *truthiness*, c'est-à-dire la conviction que l'on peut se fier à nos « tripes » pour accéder à la vérité, et que les opinions fondées sur les instincts ne valent pas moins que le fait scientifique et les arguments rationnels.

Si je m'intéresse au Nouveau Réalisme, c'est non seulement parce qu'il offre un point de vue ontologique et épistémologique plus satisfaisant que les théories constructivistes, mais aussi car il porte en lui des implications éthiques et politiques. Le réalisme, dans la version que je défends, est aussi un antidote au cynisme et à ce que j'appelle le « démissionnisme ». Il nous invite à regarder, autant que faire se peut, la réalité sociale et politique telle qu'elle est avant de la juger. Pour ne prendre qu'un exemple parmi d'autres, la propension de certains progressistes à lire la réalité à travers le filtre d'une critique sommaire du « néolibéralisme » et de la « marchandisation » équivaut à une renonciation de penser les complexités et singularités de notre monde.

Ceux qui affirment, tel un slogan, que le vent du néolibéralisme a déferlé sur le Québec au cours des vingt dernières années se voilent les yeux devant le fait que le Québec a réussi à défier la tendance pancanadienne en matière d'accroissement des inégalités socio-économiques. Si le Québec a pu maintenir son filet de solidarité sociale, contrer l'augmentation des inégalités et favoriser le travail des femmes, c'est qu'il a adopté des politiques comme les services de garde éducatifs à contribution réduite, les congés parentaux, l'équité salariale, la Loi visant à lutter contre la pauvreté et l'exclusion sociale et les primes au travail. Ce sont des faits observables.

Le problème avec le nivellement de la réalité opéré par certains progressistes est qu'il mène au relativisme et au démissionnisme : il laisse entendre qu'il n'y a plus rien à espérer de la démocratie représentative, qu'il est impossible de distinguer les partis qui aspirent au pouvoir et que les élections sont une mascarade. L'administration Obama a réussi à faire adopter une assurance maladie qui fait en sorte que des centaines de milliers d'Américains ont maintenant une protection adéquate, mais des héros de la gauche radicale comme Chris Hedges continuent de mettre les Démocrates et les Républicains dans le même bateau. Le penseur néo-marxiste Slavoj

Zizek conclut même dans son livre *Violence* que de ne rien faire du tout est parfois l'acte le plus subversif qui soit dans les sociétés néolibérales.

Ne rien faire, cela implique entre autres de ne pas soutenir les formations politiques qui, par exemple, s'engagent à réinvestir dans l'assurance-emploi ou à augmenter les impôts pour les hauts revenus. On pourrait simplement rouler les yeux devant ce genre de postures, mais cela néglige la possibilité qu'elles nuisent objectivement au progrès social en favorisant le cynisme et la démobilisation. Le même jugement, il faut le dire, s'applique tout autant aux penseurs de la droite économique qui soutiennent systématiquement que l'État est inefficient, prend trop de place et taxe trop. Le fait que la crise de 2008 ait été causée par la dérégulation de certaines activités financières et que les États aient eu à mettre en œuvre des plans de stimulation de l'économie pour limiter les dégâts n'a aucun impact sur leur pensée.

La pensée n'est pas spasme, du moins si elle veut être rationnelle[17]. La partie rationnelle de l'esprit a besoin de temps, de faits et d'arguments pour faire son travail. On peut s'inspirer de l'esprit réaliste tout en étant à gauche ou à droite. Il s'agit de laisser la réalité et la rationalité reprendre leurs droits, de lutter contre ses propres préjugés cognitifs et de tenir autant que possible la *bullshit* et l'idéologie à distance[18].

Enfin, le réalisme peut aussi avoir des implications esthétiques et être compris comme un appel à faire de l'art qui compte vraiment, qui stimule la quête de sens et de beauté des contemporains – un art, donc, qui n'est pas strictement autoréférentiel et dont la valeur est au moins en partie indépendante de la place de l'œuvre dans l'histoire de l'art. L'art est nécessaire car il répond à des phénomènes universels comme la dimension symbolique de l'expérience humaine et la propension naturelle de l'esprit à faire une évaluation esthétique des choses perçues par les sens ; la création artistique est le prolongement de ces modalités de notre expérience. Même s'il est vrai que les critères du jugement esthétique sont flous et multiples

17. Daniel Kahneman, *op. cit.*

18. Voir Harry Frankfurt, *On Bullshit*, Princeton, Princeton University Press, 2005 ; Joseph Heath, *Enlightenment 2.0*, Harper Collins, 2014.

aujourd'hui[19], l'artiste peut néanmoins tenter de créer des œuvres significatives qui suscitent la réflexion, qui émeuvent ou qui interpellent les sens. *Looking at Asymmetry* de Robert Davidson[20] réussit mieux à ce titre que les *Balloon Dogs* de Jeff Koons.

Fait intéressant, si les boutiques des musées contiennent bon nombre de livres intéressants, on sent néanmoins aisément que l'influence des théories postmodernistes, souvent originales mais fumeuses, se fait sentir. Il n'est pas rare de trouver Baudrillard, Zizek, Derrida, Foucault et Deleuze sur les rayons. Il est temps de faire une place aux essais réalistes !

On a pensé pendant quelques décennies que la fin de la métaphysique spéculative et l'échec du projet des Lumières ne pouvaient que nous mener au relativisme cynique du postmodernisme et, par voie de conséquence, à la domination de l'idéologie et de la *bullshit* dans le discours public. Ce n'est pas le cas. Il est possible à la fois de reconnaître les limites de la rationalité et du savoir humains tout en tirant le meilleur parti de nos indéniables capacités cognitives. C'est ce à quoi nous invite le Nouveau Réalisme.

19. Arthur Danto, *Après la fin de l'art*, Paris, Seuil, 1996.

20. http://www.robertdavidson.ca/proddetail.php?prod=serigraphs_002. Dernière consultation le 7 janvier 2016.

4.
L'ENDURANCE CIVIQUE, OU L'ENVIE DE SE BARRER[21]

Le débat sur la Charte de la laïcité a été psychologiquement éprouvant pour ceux qui, comme moi, s'opposaient à l'interdiction des signes religieux pour tous les employés des secteurs public et parapublic. Après des mois d'âpres débats, les opposants étaient toujours minoritaires. Des amis ont vu leur réputation attaquée, et l'islamophobie a bondi en flèche. Le Parti québécois, les Janette et les autres ne l'ont pas eu facile, loin s'en faut, mais la Charte recevait néanmoins l'assentiment d'au moins la moitié de la population. Les partisans d'une laïcité apaisée et équilibrée gagnaient, à mon avis, les débats d'idées, mais perdaient la joute politique. Certains diront que mes partis pris embrouillent mon jugement, mais on ne peut nier que les universités et la majorité des chercheurs, le Barreau du Québec, la Commission des droits de la personne du Québec, la Fédération des femmes du Québec et d'autres acteurs majeurs se sont tous prononcés contre la Charte. Des chroniqueurs politiques lucides comme Josée Legault, Vincent Marissal, Chantal Hébert et Michel David considéraient tous que le PQ avait fait de la laïcité un *wedge issue*, que la Charte était le moteur d'une politique de la division[22].

Il n'est pas étonnant dans ce contexte que l'envie d'aller voir ailleurs se soit manifestée plus intensément qu'à l'habitude chez ceux qui sont profondément attachés à l'idée d'un Québec assez confiant pour respecter les différences identitaires raisonnables. Jérôme Lussier, un de mes blogueurs préférés, a ainsi publié un billet intitulé « L'envie

21. Publié sur le blogue *In Due Course* le 6 mars 2014.

22. Voir le chapitre 30.

de quitter le Québec[23] », qui a beaucoup circulé sur les réseaux sociaux. Sans mener nécessairement à l'intention véritable de quitter le Québec, la pensée de le faire est devenue plus fréquente. On peut bien sûr être pour ou contre la Charte sur la base de raisons, mais le débat génère indéniablement des émotions morales fortes. Comme Jonathan Haidt l'a souligné, les « modules » ou « cadres » moraux qui sont les plus actifs chez les progressistes sont la sollicitude ou le souci (*care*), la liberté (ou le refus de l'oppression) et la justice, qui étaient tous touchés dans le débat sur la Charte. Comment expliquer autrement l'engouement extraordinaire pour ce débat, qui portait dans les faits sur une question précise et limitée : les employés des organismes public et parapublic doivent-ils pouvoir porter des signes religieux visibles lorsqu'ils sont en fonction ?

Personne n'est tenu, au nom de la loyauté ou du patriotisme, de rester dans le pays où il a grandi. Il est même sain, en temps normal, de contempler l'idée d'aller s'établir ailleurs. Il y a toutefois quelque chose de particulier dans l'idée de s'exiler pour cause d'inconfort moral et politique. La politique démocratique implique par définition que l'on se trouve parfois du côté des perdants. Après tout, l'un des attraits de la démocratie est que le lieu du pouvoir n'est pas toujours occupé par la même mouvance. Lorsque je faisais mon doctorat à l'Université de Southampton, le philosophe politique David Owen avait l'habitude de parler de l'« endurance civique » dont devait parfois faire preuve le citoyen d'un régime démocratique, c'est-à-dire sa capacité de maintenir son allégeance à la communauté politique et au processus démocratique en dépit de ses désaccords profonds avec la majorité de ses concitoyens. L'endurance civique est aussi la disposition qui permet de poursuivre la lutte même lorsqu'on perd une bataille. Les grands mouvements sociaux d'hier et d'aujourd'hui ont tous eu à développer la capacité d'encaisser les coups et les revers sans baisser les bras.

Il est bien normal de penser sérieusement à plier bagage si notre philosophie politique personnelle demeure toujours marginale dans la culture politique de notre communauté. En tant que minoritaires pendant le débat sur la Charte, nous devons toutefois nous

23. Jérôme Lussier, « L'envie de quitter le Québec », publié sur le blogue Politique de *L'actualité* le 3 mars 2014.

rappeler qu'il ne s'agissait que d'un moment dans une discussion politique continue, et que les choses ne s'amélioreront pas si on préfère la fuite à la lutte. En plus, tout le monde sait que l'herbe semble toujours plus verte ailleurs. Même lorsque les choses vont bien, le fantasme d'aller m'établir avec ma blonde et mes enfants à Stockholm ou à Copenhague vient régulièrement meubler mes rêveries. Pour revenir sur terre, je me force alors à penser à la montée de l'extrême droite même dans les pays les plus progressistes. Je pense aussi à des collègues danois qui me disaient dernièrement que les citoyens de confession musulmane qui s'engagent dans la vie politique danoise doivent constamment préciser qu'ils ne trouvent pas la lapidation particulièrement sympathique ; appelons cela l' « hérouxvillisation » du Danemark.

Heureusement, notre identité ne se résume pas à notre identité politique. Nos relations interpersonnelles et notre identité professionnelle, par exemple, peuvent nous permettre de nous accrocher et de laisser passer la tempête. En plus, l'adversité est le terreau le plus fertile pour le développement de la solidarité. Comme cela avait été le cas lors du printemps étudiant de 2012, de puissants liens de solidarité et d'amitié se sont noués parmi les opposants à la Charte. Ces liens seront précieux pour les luttes à venir.

5.
LA CITOYENNETÉ DÉMOCRATIQUE : CONTESTATION OU REPRÉSENTATION ?[24]

Il est difficile de ne pas éprouver quelque désespoir devant l'état actuel de notre vie démocratique. Nos institutions et procédures démocratiques ont évolué d'une façon telle que les débats publics rationnels sont de plus en plus improbables. Quand on regarde aller les gouvernements d'Ottawa et de Québec, on voit des partis chevronnés dans la politique de la division (*wedgepolitics*) et les stratégies partisanes. Oui, Kevin Spacey est irrésistible et Robin Wright, envoûtante, dans *House of Cards*, mais là n'est pas la seule raison pour laquelle la télésérie est tant chérie des amateurs de bonne télévision. La série magnifie une vision cynique de la réalité politique que plusieurs nourrissent déjà. Prenons un cas extrême : Rob Ford à Toronto. Le spectacle continu de la torpeur et de la décadence fordiennes a permis au Montréalais que je suis de détourner mon regard de la corruption, collusion et complaisance révélées jour après jour au cours des audiences de la commission Charbonneau sur l'octroi et la gestion des contrats publics dans l'industrie de la construction.

Il n'est pas surprenant que plusieurs livres sur l'activisme social et le militantisme politique soient parus dernièrement. Plusieurs d'entre eux, comme *Quiet No More : New Political Activism in Canada and Around the Globe* de Joel D. Harden[25] et *Youth in Revolt :*

24. Publié en anglais dans *Literary Review of Canada*, vol. 22, no 4, mai 2012, p. 20-22, sous le titre « Democratic Unrest. The Case for Protest, from Cicero to Occupy ». Traduit de l'anglais par Raphaël Zummo.

25. Joel D. Harden, *Quiet No More : New Political Activism in Canada and Around the Globe*, Toronto, James Lorimer & co. Publishers, 2013.

Reclaiming a Democratic Future de Henry A. Giroux[26], reposent sur la prémisse voulant que l'action politique menée hors des partis politiques et des institutions parlementaires est la voie la plus prometteuse, sinon la seule voie vers un progrès social significatif. Comme l'a déjà écrit le sous-commandant Marcos, chef zapatiste, les activistes de terrain « ne sont pas ceux qui, naïvement, espèrent que viendront d'en haut la justice qui ne peut venir que d'en bas, la liberté qui ne peut être gagnée qu'avec tous, la démocratie qui est l'objet d'un combat à tous les niveaux, en tout temps ». Dans la foulée du printemps arabe et du mouvement *Occupy*, le *Time* a élevé « Le Protestataire » au rang de personnalité de l'année 2011. L'essayiste et activiste Naomi Klein ainsi que James Tully, philosophe politique renommé de l'Université de Victoria, placent tous deux plus d'espoir dans l'activisme et la mobilisation populaire que dans les réformes institutionnelles[27].

Les défenseurs de l'activisme social qui produisent des ouvrages sur la démocratie participative sont presque toujours à gauche du spectre politique. Mais il ne faut pas oublier que des militants peuvent également protester devant des cliniques d'avortement ou contre la légalisation des mariages homosexuels. L'activisme peut être utilisé par des groupes religieux fondamentalistes qui veulent abolir la cloison séparant le pouvoir politique et la religion. On compte parmi les groupes de protestataires des masculinistes et des néo-nazis. Dans une société pluraliste, des institutions politiques et juridiques sont nécessaires pour arbitrer les revendications concurrentes des différents groupes citoyens. La politique « par le bas » a besoin des institutions formelles de la démocratie constitutionnelle si le but visé est de rendre notre société plus juste et démocratique, et les citoyens doivent pouvoir compter sur le pouvoir coercitif de l'État dans les cas où l'action militante s'avère illégitime.

Cela dit, il ne fait aucun doute que le militantisme et la contestation sont des ingrédients essentiels d'une saine démocratie. Les régimes politiques peuvent être radicalement injustes et les États raisonnablement justes sont souvent lents à répondre aux revendications et

26. Henry A. Giroux, *Youth in Revolt : Reclaiming a Democratic Future*, Boulder, Paradigm Publishers, 2013.

27. James Tully, *Public Philosophy in a New Key*, 2 tomes, Cambridge, Cambridge University Press, 2008.

griefs légitimes des citoyens. Mahatma Gandhi, Martin Luther King, Nelson Mandela, Aung San Suu Kyi, tous ont dû emprunter des voies extérieures aux institutions officielles pour faire avancer leurs revendications. Au Canada, les activistes autochtones, plus de trente ans après la reconnaissance des droits ancestraux de leurs nations dans la Constitution de 1982, doivent encore bloquer des routes et défier les autorités de multiples façons pour faire valoir leurs droits. Il aura fallu le mouvement *Idle No More* et la grève de la faim de la chef Theresa Spence pour obliger les médias canadiens et les élites politiques à recentrer leur attention sur les luttes que doivent mener encore aujourd'hui les nations autochtones à travers le pays pour défendre leur dignité et leur autonomie politique.

Un autre ouvrage récemment paru sur le militantisme politique est *Languages of the Unheard: Why Militant Protest Is Good for Democracy* du philosophe canadien Stephen D'Arcy[28]. Bien que je considère que cet essai est utile et convaincant, je ne peux qu'être en désaccord avec la version que donne D'Arcy de ce qu'il nomme « l'objection libérale » à la contestation militante. Selon lui, les « libéraux » croient qu'« en ayant recours à des pressions énergiques plutôt qu'à une discussion publique guidée par la raison et par la recherche de consensus, le contestataire militant s'en remet à la force plutôt qu'au dialogue et qu'en ce sens, il rompt avec l'idéal démocratique ». Par conséquent, les libéraux penseraient, selon D'Arcy, que « le militantisme n'est pas une vertu civique, mais un vice ». C'est une affirmation surprenante. À ma connaissance, très peu de libéraux doutent de la valeur politique de la contestation dans la société civile. Ou à tout le moins, si certains en doutent, ils ont simplement tort.

La contestation politique est nécessaire pour exercer une pression sur les dirigeants élus ainsi que pour forcer les citoyens à réfléchir à des enjeux négligés et à examiner leurs propres positions. Comme l'a remarqué avec perspicacité Alexis de Tocqueville, la complaisance et l'apathie civiques peuvent conduire à un despotisme doux, même sous des institutions démocratiques. Les libéraux révèrent généralement les grands activistes sociaux du passé qui ont contribué à renverser des lois et des politiques injustes, comme Rosa

28. Stephen D'Arcy, *Languages of the Unheard: Why Militant Protest Is Good for Democracy*, Londres et New York, Zed Books, 2014.

Parks par exemple. Très peu de démocrates libéraux apprécient le cassage, le pillage et le hooliganisme lors de manifestations pacifiques, mais cela ne les conduit pas au rejet unilatéral de la protestation comme moyen de pression politique. Par exemple, il est difficile de ne pas reconnaître que les manifestations de Seattle en 1999 et de Québec en 2001 contre les accords de libre-échange ont contribué à démocratiser ces enjeux et à susciter la vigilance des citoyens. De plus, comme D'Arcy lui-même nous le rappelle, les philosophes politiques libéraux de premier ordre, de John Locke à John Rawls, ont cru que la désobéissance civile pouvait être moralement acceptable et politiquement avisée dans certaines circonstances.

Un fait est couramment négligé par ceux qui ont tourné le dos à la politique institutionnelle et placé tous leurs œufs dans le panier de la mobilisation populaire : les normes et les décisions publiques créent l'espace où le pôle contestataire de la politique démocratique peut prendre place. À tout le moins, les mouvements de la société civile doivent bénéficier de la liberté d'expression et de la liberté de réunion pour pouvoir élaborer leurs positions et les faire entendre. Les protestataires doivent pouvoir compter sur le respect des garanties juridiques de base afin d'être assurés qu'ils ne seront pas arrêtés illégalement ou qu'ils auront droit à un procès équitable s'ils sont poursuivis. Comme le soulignent Giroux et D'Arcy, les droits des activistes politiques sont régulièrement bafoués par les forces policières, mais c'est justement parce que de tels droits existent que des pratiques comme les arrestations et détentions illégales peuvent être critiquées et contestées devant les tribunaux. Les droits des contestataires sont souvent violés, mais seuls les plus héroïques s'organiseraient et protesteraient en l'absence d'un État de droit.

En toute logique, les activistes ne peuvent être des nihilistes politiques ; ils doivent minimalement donner leur appui aux normes, politiques et institutions publiques qui autorisent le militantisme et la protestation. Les militants ont besoin de citoyens éduqués et éclairés capables d'être remués par leurs arguments. De plus, les activistes ne peuvent faire autrement que d'ancrer leur action militante dans une conception plus ou moins explicite de la justice sociale. Si on milite pour les droits des homosexuels, on ne peut que préférer un pays où les couples de même sexe peuvent se marier à un pays où cela est interdit. Les institutions et les politiques importent. C'est pourquoi je suis déconcerté par ceux qui exaltent les vertus de l'activisme social mais qui, du même souffle, ridiculisent l'action politique menée dans le cadre d'institutions officielles.

Bien que Harden avance que les activistes sont des « penseurs qui voient au-delà des conjectures de la politique officielle et des horizons limités des groupes et penseurs progressistes », je suis enclin à penser que les activistes souffrent d'une sorte de myopie politique parallèle à celle affligeant ceux qui pensent que la politique se réduit au parlementarisme. Tous les partisans de l'égalité ont une dette envers les manifestants d'*Occupy* et le mouvement des Indignés, en ce que ces derniers ont remis la question de la distribution des richesses à l'avant-plan de l'agenda politique, mais reconnaître cela implique aussi de supporter des réformes politiques comme l'équité salariale ou la création d'un service de garde éducatif subventionné.

L'ouvrage *Languages of the Unheard* de D'Arcy fait preuve d'une rare qualité parmi les livres sur l'activisme politique : l'auteur admet qu'il est nécessaire de justifier ce genre de politique et de dégager un critère permettant de distinguer le militantisme légitime du militantisme qui ne l'est pas. Il n'établit pas d'équivalence entre la démocratie et la politique contestataire dans la société civile. D'Arcy est à la fois un philosophe politique universitaire et un activiste social de longue date ; il croit que la démocratie exige « l'autogouvernement du peuple à travers une discussion publique inclusive guidée par la raison ». Les citoyens et les groupes sociaux devraient privilégier un débat public rationnel et de bonne foi et être disposés à faire des compromis raisonnables, tout en étant assez réalistes pour reconnaître que les élites et les institutions agissent souvent d'une façon qui empêche une véritable délibération publique et une prise de décision collective rationnelle. L'action politique menée hors des voies officielles est souvent nécessaire pour remettre la discussion publique rationnelle sur les rails. Les émeutes, les grèves générales, la défiance envers le corps policier ou le blocage d'activités commerciales sont des ingrédients d'une forme d'« engagement civique insistant et perturbateur » qui affaiblit « la capacité des élites et des institutions à empêcher qu'une discussion publique rationnelle dicte les termes de la coopération sociale ». Le militantisme est une vertu civique pour D'Arcy, mais une vertu « curative » : « elle s'impose seulement une fois que les tactiques non militantes se sont avérées infructueuses ».

Pour D'Arcy, les actions militantes sont démocratiquement légitimes quand elles 1) créent de nouvelles opportunités en vue de la résolution de revendications urgentes, 2) encouragent les plus vulnérables à prendre les devants et à faire entendre leurs voix sur la scène politique, 3) favorisent des stratégies intelligentes qui n'ont pas l'effet indésirable de donner des munitions aux adversaires des mouvements sociaux et 4) sont défendues publiquement, en tant que promotrices de la décence publique et du bien commun. Un modèle de l'action militante vertueuse est pour D'Arcy la résistance des Mohawks de Kanehsatàke en 1990. Dans le portrait qu'il donne des événements, les Mohawks, qui s'opposaient à l'extension d'un terrain de golf sur un territoire qui avait été préservé depuis longtemps, ont fait valoir une revendication légitime qu'ils ont justifiée publiquement et ils ont maintenu une volonté de négocier de bonne foi tout au long de la crise. Les Mohawks ont enfreint la loi en organisant un barrage routier alors que les engins de construction s'apprêtaient à procéder, puis ils ont inauguré une résistance armée, mais défensive. Un policier est mort tragiquement lors d'un bref échange de tirs. L'affrontement a duré plus de deux mois, jusqu'à ce que les Mohawks décident de mettre fin au barrage routier et que le gouvernement fédéral rachète le terrain en jeu. La revendication territoriale n'a pas été résolue, mais le terrain de golf n'a pas été agrandi.

Un des plus grands défis à l'heure actuelle pour la pensée et l'action politiques est de déterminer comment agencer l'action militante dans la société civile et la politique démocratique officielle. L'essai de D'Arcy constitue à cet égard une contribution pertinente, en ce qu'il établit d'entrée de jeu un idéal démocratique général qui devrait orienter aussi bien l'action politique des institutions officielles que celle des mouvements contestataires. Il démontre rigoureusement que le militantisme est un aspect indispensable de toute politique démocratique, sans succomber à l'illusion selon laquelle on pourrait faire l'économie des institutions politiques et juridiques officielles.

Ce qui s'impose également, c'est une réflexion sur la manière dont les institutions d'une démocratie constitutionnelle devraient être réformées afin qu'elles soient plus légitimes et efficaces. L'ouvrage de Philip Pettit *On the People's Terms : A Republican Theory and Model of Democracy* constitue une contribution remarquable à ce volet complémentaire du projet de revitalisation de la démocratie au XXIe siècle[29]. Pettit est un philosophe politique de premier ordre qui est notamment connu pour son plaidoyer en faveur d'un renouveau du républicanisme en tant que philosophie politique et modèle de gouvernement.

À l'inverse d'une majorité d'universitaires, Pettit a pu voir certaines de ses idées mises en œuvre. Le politicien socialiste José Luis Rodríguez Zapatero, premier ministre de l'Espagne de 2004 à 2011, s'est entiché du républicanisme rénové de Pettit et s'est inspiré de ses idées et conseils pour mettre sur pied nombre d'initiatives touchant la vulnérabilité des femmes, des homosexuels, des migrants illégaux, des citoyens handicapés et des travailleurs contractuels, puis pour supprimer certaines subventions publiques à l'Église catholique romaine. Pettit a affirmé plus tard, peut-être avec un peu trop d'enthousiasme, que ces réformes ont « hissé l'Espagne au rang de modèle quant aux possibilités d'une démocratie avancée ».

Pettit considère qu'une société civile vigoureuse et active est une condition nécessaire mais non suffisante de la vitalité démocratique. Une théorie républicaine de la démocratie stipule qu'« un État sera légitime dans la mesure où il donnera à chaque citoyen une part égale dans un système de contrôle populaire du gouvernement ». Idéalement, tous les citoyens devraient jouir de la même capacité à influencer les décisions collectives qui ont un impact sur leur vie. Les institutions démocratiques républicaines devront également être conçues de telle manière que les citoyens seront protégés contre le mal politique que Pettit associe à la domination. La liberté comme « non-domination », pour Pettit, est la « liberté de ne pas avoir à vivre sous le pouvoir potentiellement nuisible d'autrui ». Si nous

29. Philip Pettit, *On the People's Terms : A Republican Theory and Model of Democracy*, Cambridge, Cambridge University Press, 2012.

n'avons pas tous la même possibilité d'orienter les décisions politiques, nous sommes susceptibles d'être à la merci du bon vouloir d'autrui.

Pettit veut réanimer ce qu'il appelle le « républicanisme italo-atlantique », une tradition qui remonte à la Rome antique (Polybe, Cicéron, Tite-Live) et qui inclut Machiavel, les républicains anglais du XVIIe siècle (Harrington, Milton, Sidney) et certains des Pères fondateurs de la république indépendante d'Amérique. Il s'agit là d'une tradition différente de la branche « continentale » du républicanisme, plus tardive mais très influente et généralement associée à la figure de Jean-Jacques Rousseau.

Les points de divergence les plus significatifs entre les deux traditions concernent leurs positions respectives sur ce que Pettit nomme la « constitution mixte » et la « contestation citoyenne ». Tandis que Rousseau pensait – je simplifie – que rien ne doit s'ériger entre le citoyen et la « volonté générale » et que cette dernière est infaillible, le républicanisme de Pettit considère que la liberté individuelle et l'égalité démocratique requièrent une architecture institutionnelle complexe constituée de mécanismes de poids-contrepoids, mais aussi une société civile active qui surveille le gouvernement dûment élu. Pettit – et je le seconde énergiquement – croit que la démocratie exige un « processus double » : les citoyens doivent avoir de l'influence sur leurs représentants et sur leurs décisions, aussi bien à travers les institutions officielles que par la contestation politique dans la sphère civique. Les deux traditions républicaines accordent cependant de l'importance à la participation de tous et croient que les citoyens devraient, lorsqu'ils délibèrent avec leurs concitoyens, développer la capacité à se transposer de la perspective de leur intérêt propre à celle du bien commun.

En plus de contribuer à la revitalisation de la philosophie républicaine, Pettit consacre quelques chapitres de son livre aux institutions à travers lesquelles les citoyens peuvent influencer et contrôler le pouvoir politique. La notion fondamentale qu'il développe à ce sujet, comme nous l'avons vu, est celle de constitution mixte. À la différence de Platon et d'Aristote qui employaient cette notion pour désigner les constitutions qui intégraient des aspects de différents types de régimes politiques (essentiellement la monarchie, l'aristocratie et la démocratie), Pettit défend une constitution *démocratique* mixte. Le peuple est souverain. Une constitution démocratique est mixte lorsque les pouvoirs sont séparés et partagés de façon « qu'aucun individu ou groupe ne puisse contrôler la loi ». Une constitution mixte requiert la coordination entre des centres de pouvoir qui se font mutuellement contrepoids.

Étant donné la farce qu'est devenu le Sénat canadien, l'esprit de la constitution mixte nous invite par exemple à évaluer de près la possibilité de le rénover afin qu'il devienne réellement à même de remplir son rôle, à savoir celui d'une chambre haute où les projets de loi ébauchés par les élus peuvent être étudiés et discutés de façon calme et posée. Une seconde chambre compétente et efficace pourrait être utile à la démocratie considérant la nature hautement partisane des débats ayant cours à la Chambre des communes.

Bien que la théorie de Pettit soit, comme disent les philosophes universitaires, une théorie « normative » de la démocratie – elle trace une conception idéale de ce à quoi un régime démocratique *devrait* ressembler –, son but est de proposer des réformes institutionnelles réalistes. Pettit exclut par conséquent l'idée d'une « assemblée plénière » dans laquelle tous les citoyens délibéreraient et légiféreraient. La démocratie directe n'est pas sur la table. Il s'en tient plutôt à ce qu'il désigne par l'expression difficilement traduisible de *responsive assembly* – une assemblée qui doit être à l'écoute et qui doit rendre des comptes aux électeurs –, laquelle serait composée de représentants élus. Cette chambre des représentants serait une assemblée législative à l'image de celles que l'on connaît, mais à laquelle on administrerait une série de réformes et d'inflexions nouvelles afin de la rendre plus sensible aux revendications des citoyens. Plusieurs des correctifs en question, trop techniques pour être détaillés ici, rendraient nos institutions et représentants plus à l'écoute, plus transparents et plus imputables. Au Canada, par exemple, ajouter un élément de représentation proportionnelle à notre scrutin majoritaire uninominal à un tour constituerait un pas important dans la bonne direction.

Comme mentionné plus haut, la contestation citoyenne est le complément nécessaire à la réingénierie institutionnelle que propose Pettit dans sa « constitution mixte ». Sans citoyens politisés et vigilants, un modèle de gouvernement véritablement républicain est impossible. Au final, la légitimité démocratique exige « une large palette de régulations populaires sur le gouvernement », incluant les protestations militantes et l'activisme social.

Je ne crois pas qu'il existe quelque manière plausible d'améliorer significativement notre vie démocratique qui ne comprendrait pas un mélange de correctifs institutionnels et de mobilisation citoyenne accrue. À moins d'attendre passivement la refonte complète de notre système démocratique, il nous faudra encore réfléchir de façon studieuse à nos institutions et politiques publiques, en plus de pouvoir compter sur des militants exigeants qui ramèneront les enjeux et revendications négligés au centre de l'attention du public.

Entre le mois d'août 2013 et l'élection provinciale d'avril 2014 au Québec, je me suis engagé dans le débat sur la « Charte de la laïcité » imposé par le gouvernement minoritaire du Parti québécois. Nous pouvons nous compter chanceux de disposer d'une constitution mixte au sens de Pettit et d'avoir une population prompte à la contestation au Québec. Cela a permis à des institutions officielles et à des organisations de la société civile de confronter le gouvernement et ses sympathisants. L'existence d'instances publiques autonomes comme la Commission des droits de la personne et des droits de la jeunesse, les universités, les chaînes publiques d'information et la commission parlementaire sur la Charte à l'Assemblée nationale, en plus de la mobilisation d'organisations non gouvernementales et d'intellectuels publics, ont rendu possible une politique de la contestation. Comme le suggèrent D'Arcy et Pettit, l'activisme populaire et la politique institutionnelle entretiennent des rapports de complémentarité et d'interdépendance. Cela doit être reconnu par les citoyens engagés des deux camps. Dans le cas qui nous occupe, la contestation organisée a été en mesure d'affaiblir et de neutraliser ce qui devait être l'atout principal du PQ en vue des élections provinciales.

Il y a de bonnes raisons d'éprouver du découragement devant l'état de notre vie démocratique. Mais on peut être critique sans pour autant se retirer de toute politique officielle, comme le voudraient les activistes de tendance anarchiste. Tout ne se vaut pas. L'Égypte post-printemps arabe est dans un bourbier constitutionnel, mais la

Tunisie dispose maintenant d'une constitution démocratique imparfaite, mais qui a quand même le mérite d'affirmer l'égalité entre les sexes et la liberté de culte. La démocratie parlementaire canadienne a un bilan médiocre en ce qui a trait à l'établissement de relations équitables avec les centaines de nations autochtones à travers le pays, en partie parce que le contrôle des terres et des ressources est en jeu. Mais en 2002, des principes éthiques et politiques bien fondés ont conduit à la «Paix des Braves» entre les Cris de la Baie James et le gouvernement du Québec. La démocratie parlementaire nous a également donné le projet de loi «Mourir dans la dignité», lequel a émergé d'une commission parlementaire itinérante et d'un dialogue respectueux entre les deux principaux partis du Québec. La politique représentative nous a aussi donné l'équité salariale pour les femmes. Au final, on peut dénombrer suffisamment de victoires politiques ayant eu un impact réel sur les humains en chair et en os pour poursuivre la lutte en faveur de meilleures institutions démocratiques.

6. VOTE STRATÉGIQUE OU VOTE DE CONVICTION ?[30]

Les exhortations à « voter stratégique » abondent pendant les campagnes électorales. Pendant l'élection provinciale de 2014, Jean-François Lisée a recyclé ses sorties culpabilisantes contre ceux qui se préparaient à voter pour Québec solidaire. À le lire, on aurait cru que les progressistes qui ne comptaient pas voter pour le PQ étaient tout simplement irrationnels. Il semblait oublier que le PQ avait un bilan pour le moins mitigé sur le plan de la justice sociale, et que la justice sociale comprend aussi un axe identitaire relatif au traitement des minorités.

Cela dit, il est normal que le dilemme vote de conviction/vote stratégique se pose dans un système uninominal à un tour où plus de deux partis rivalisent pour le pouvoir. L'absence (regrettable) d'un élément de proportionnalité dans notre système électoral fait en sorte que la division du vote entre deux partis assez rapprochés d'un point de vue idéologique peut permettre à un tiers parti dont le programme est plus éloigné de se faufiler entre les deux.

Un des aspects les plus frappants de ce débat, particulièrement intense à gauche, est que les partisans du vote stratégique et ceux du vote de conviction semblent considérer que la supériorité de leur position peut être établie sur le plan strict des principes ou de la logique. Pour les défenseurs du vote stratégique, ne pas voter pour le PQ lorsqu'on se dit progressiste ou social-démocrate, c'est faire preuve à la fois d'une sorte de narcissisme des petites différences et

30. Publié sur le blogue *In Due Course* le 25 mars 2014.

d'un manque flagrant de pragmatisme. Pour les défenseurs du vote de conviction, voter stratégique est un acte de compromission morale inacceptable.

Les choses sont pourtant plus compliquées. Décider de voter stratégique ou de voter sur la base de ses convictions profondes, c'est d'abord réfléchir à ses valeurs et procéder à un certain nombre d'évaluations. Qu'est-ce qui compte le plus, pour moi ? Si je pense qu'il n'y a *rien* de plus important que de chasser le gouvernement sortant du pouvoir, voter stratégique s'impose : je dois logiquement appuyer le parti qui a les meilleures chances de le déloger, même si ce parti est lui aussi très éloigné de mes valeurs. Concrètement, un progressiste absolument convaincu qu'il n'y a pas pire mal pour le Québec que le PQ devrait logiquement voter pour le PLQ dans un comté où seul ce dernier a une chance de le déloger. Et un libertarien qui pense la même chose devrait être prêt à voter Québec solidaire dans une circonscription où un ou une candidate de ce parti a de bonnes chances de l'emporter.

Mais considérer qu'il n'y a rien de plus important que de sortir le parti au pouvoir ne va pas de soi. On peut aussi penser que rien n'a plus de valeur que d'exprimer notre soutien à la formation qui est la plus en adéquation avec nos idéaux ou avec notre vision de ce que devrait être la politique. Nous sommes un très grand nombre à ne plus être capables de tolérer le baratin[31] et la domination de la rationalité stratégique en politique. On adore Frank Underwood à la télé, mais on abhorre ses pâles copies dans la vraie vie. Dans ce contexte, il est parfaitement rationnel de soutenir des partis marginaux qui démontrent qu'une autre façon de faire de la politique est possible plutôt que de déposer son bulletin de vote dans l'urne en se pinçant le nez. Si, en raison de considérations stratégiques, on ne soutient jamais les candidats et les partis qui préfèrent la vérité au baratin et qui sont prêts à perdre des votes pour défendre des principes, comment pouvons-nous espérer que l'état de la démocratie représentative s'améliore ?

31. Voir chapitre 2.

Ainsi, on voit mal sur quelle base nous pourrions établir la supériorité, dans l'absolu, de l'objectif de défaire un gouvernement ou d'encourager le parti qui se rapproche le plus de notre schème de valeurs. On peut bien sûr tenter de convaincre nos concitoyens du bien-fondé de l'une des positions – c'est la fonction du débat démocratique –, mais aucune des deux ne s'impose de façon implacable. Tout dépend de l'ordonnancement et du poids de nos valeurs.

Entre ces deux pôles – rien n'importe plus que de défaire le gouvernement sortant et rien n'importe plus que d'exprimer ses convictions profondes –, plusieurs d'entre nous cherchons à équilibrer une pluralité d'objectifs : sanctionner le gouvernement sortant, exprimer notre mécontentement par rapport à certaines des positions défendues par le parti qui est le plus susceptible de le remplacer, soutenir le parti qui se rapproche le plus de nos convictions, etc. Certains n'aimeront pas le gouvernement sortant, mais pas au point de soutenir un parti qu'ils n'aiment pas beaucoup plus. Plusieurs, au Québec, se sentaient ainsi en 2011 et 2015 par rapport au Parti conservateur et au Parti libéral du Canada. C'est ce qui a permis la vague orange. Enfin, pour un petit nombre d'électeurs, ces considérations concurrentes s'avéreront incommensurables. L'annulation du vote – qui est aussi un geste politique significatif – s'imposera pour eux comme la seule option. Au Québec, un citoyen qui n'adhère pas au projet souverainiste, mais qui n'apprécie guère la vision du rôle de l'État du PLQ et de la CAQ est présentement très mal barré.

Bref, cessons de chercher l'argument K.O. en faveur du vote stratégique ou du vote de conviction. Pourquoi ne pas laisser de côté la méta-discussion sur la nature du vote et se concentrer tout simplement sur les forces et les faiblesses des partis et des candidats ? Encourageons plutôt les électeurs à faire leurs propres évaluations quant aux objectifs qu'ils poursuivent en se rendant aux urnes. Lorsque notre vote découle d'une véritable délibération intérieure, d'une pondération de ce qui compte pour nous, le vote « stratégique » peut reposer sur des convictions et le vote « de conviction » peut être parfaitement rationnel. C'est ce que l'on peut appeler le vote « délibératif ».

7.
JOHN STUART MILL ET LE COURAGE DE LA VÉRITÉ[32]

J'ai eu la chance d'avoir à expliquer, à l'émission de radio *Plus on est de fous, plus on lit*, pourquoi je considère qu'il est toujours pertinent de lire le philosophe John Stuart Mill aujourd'hui. Les raisons ne manquent pas. Dans le temps qui m'était imparti, j'ai surtout insisté sur sa défense de l'individualité et sa critique du paternalisme de l'État ou de l'opinion majoritaire. Pour Mill, on peut légitimement interdire des comportements au nom du tort qui pourrait être causé à autrui, mais jamais pour protéger les individus contre eux-mêmes. Nous devons être libres de faire nos propres expériences et assumer les conséquences de nos actes. Prévenir le « tort à soi » ne justifie pas, selon lui, la restriction de la liberté. Or, plusieurs positions défendues dans nos débats publics sont fondées au moins en partie sur l'idée que l'État ou la majorité connaît mieux les intérêts de certaines personnes que ces personnes elles-mêmes ; pensons, par exemple, au débat sur le sens du hijab, sur les mères porteuses, sur la prostitution ou sur le statut juridique de l'union de fait[33].

J'ai profité de l'occasion pour m'intéresser davantage à la vie de Mill. J'avais trouvé son autobiographie un peu ennuyante à la première lecture il y a plusieurs années. Lire sur la vie de Mill, c'est quand même beaucoup moins passionnant que de lire la biographie de Simone de Beauvoir ou de Bertrand Russell. Disons que Mill a eu une vie un peu plus excitante que celle de Kant, mais beaucoup moins que celle de Foucault ! James Mill, son père, a décidé de s'occuper de son éducation et d'en faire un surdoué. John Stuart était capable de lire les auteurs de l'Antiquité en grec ancien et en latin avant d'être pubère.

---

32. Publié sur le blogue *In Due Course* le 20 juin 2014.

33. Sur ce dernier débat, voir le chapitre 16.

Cela dit, j'ai été fortement impressionné par le caractère de Mill, par son intégrité morale. Mill n'était pas du genre à renier ses principes pour servir ses intérêts, à dissimuler le fond de sa pensée pour plaire ou pour obtenir des privilèges. Une carrière universitaire était impossible pour lui car il ne pouvait se résoudre à faire une (inauthentique) profession de foi anglicane. Vers la fin de sa vie, il a accepté de se présenter aux élections pour obtenir un siège à la Chambre des communes. Il a prévenu ses supporteurs, avant d'accepter, qu'il resterait toujours fidèle à ses principes. Dans une assemblée publique à laquelle plusieurs ouvriers prenaient part, Mill a eu à dire s'il avait bel et bien, dans des écrits antérieurs, qualifié les travailleurs de « menteurs ». Mill a sans hésité répondu par l'affirmative :

> Dans mon opuscule *Pensées sur la réforme parlementaire*, j'avais affirmé, assez carrément, que les classes populaires anglaises, bien qu'elles diffèrent de celles des quelques autres pays parce qu'elles ont honte de mentir, sont généralement menteuses. Quelque adversaire fit imprimer cette phrase sur une pancarte et me la fit passer lors d'une réunion devant un auditoire pour l'essentiel composé d'ouvriers ; on me demande si j'avais écrit et publié ces mots. Aussitôt, je répondis « Oui ». J'avais à peine prononcé cet aveu que de violents applaudissements parcoururent l'assemblée. De toute évidence, les classes populaires étaient tellement habituées aux équivoques et aux échappatoires de la part de ceux qui sollicitaient leurs suffrages que, lorsqu'elles trouvaient à la place un aveu direct de ce qui risquait de leur être désagréable, au lieu de s'offenser, elles déduisaient aussitôt qu'il s'agissait d'une personne à qui on pouvait se fier[34].

Mill a défendu plusieurs causes progressistes, dont la représentation proportionnelle et l'extension du suffrage aux femmes, pendant son mandat de trois ans, et il n'a pas été réélu à l'élection suivante. Il faut dire qu'il a accepté de servir davantage par sens du devoir que par passion pour la vie politique active.

34. John Stuart Mill, *Autobiographie*, tr. fr. Guillaume Villeneuve, Paris, Aubier, 1993, p. 230. Je souligne.

Je me demande depuis longtemps pourquoi il n'y a pas davantage de candidats et d'élus qui font le pari de la vérité. Cela serait un pari risqué, mais la mise est importante. Le dégoût envers les baratineurs et les adeptes de la langue de bois est tellement grand qu'un ou qu'une élue qui aurait le courage de dire la vérité et même de compromettre ses chances de réélection afin de respecter ses principes pourrait susciter beaucoup d'enthousiasme. Bon, je ne retiendrai pas mon souffle, mais cela ne prendrait qu'une petite mouvance de candidats prêts à faire passer les principes et le souci du bien commun avant les intérêts stratégiques pour insuffler un nouveau souffle à notre vie démocratique. Ici encore, Mill peut servir de guide.

8.
MAXIMES POUR L'INTELLECTUEL PUBLIC 2.0 : GRICE, DENNETT ET LE FAR WEB[35]

Dans la quantité déraisonnable de mémoires, thèses, manuscrits et autres travaux universitaires que j'ai eu à évaluer dernièrement, je suis retombé sur les célèbres maximes de Grice pour une « conversation coopérative ». Je n'ai pu m'empêcher de penser que l'intellectuel public 2.0 aurait tout intérêt à respecter lesdites maximes, du moins si son but est de contribuer à améliorer la qualité de notre conversation démocratique. L'intervenant dont le but est strictement de raisonner de façon stratégique, de marquer des points et de caricaturer la position de ses adversaires idéologiques n'a que faire de ces normes communicationnelles.

Paul Grice a été l'un des philosophes du langage les plus influents dans l'univers philosophique anglo-américain du XXe siècle. L'histoire s'en souviendra entre autres pour son « principe de coopération conversationnelle » et les maximes qui en découlent. Ce principe doit idéalement gouverner les discussions visant la coopération entre les interlocuteurs.

Le **principe de coopération** stipule : « rendez votre contribution conversationnelle telle qu'elle est requise, au moment où elle intervient, par les objectifs ou directions acceptés de l'échange dans lequel vous êtes engagés ».

---

35. Publié sur le blogue *In Due Course* le 15 août 2014.

Les maximes :

Qualité : Essayez d'avoir une contribution véridique :

1) Ne dites pas ce que vous croyez faux ;

2) Ne dites pas ce pour quoi vous n'avez pas de preuves suffisantes.

Quantité :

1) Faites une contribution aussi informative que nécessaire ;

2) Ne rendez pas votre contribution plus informative que nécessaire.

Relation : Soyez pertinent.

Manière : Soyez clair :

1) Évitez les expressions obscures ;

2) Évitez l'ambiguïté ;

3) Soyez bref ;

4) Soyez ordonné (procédez par ordre)[36].

Des modulations seraient sans doute utiles pour dériver du principe coopératif gricien une éthique épistémique pour l'intellectuel public contemporain, mais je ne peux qu'être frappé par la remarquable actualité de ces maximes. Personnellement, je tenterai de garder ces maximes à l'esprit dans mes interventions publiques. La clause des « preuves suffisantes » est sans doute trop restrictive, mais il demeure toujours possible de le souligner explicitement lorsqu'on émet une hypothèse ou lorsque notre propos est spéculatif.

En plus des maximes de Grice, l'intellectuel public 2.0 peut aussi s'inspirer des principes de générosité interprétative et de rigueur analytique proposés par le philosophe Daniel Dennett dans son manuel de pensée critique. Selon lui, notre idéal, lorsque nous interprétons une pensée opposée à la nôtre, devrait être de présenter la position critiquée de la façon la plus perspicace, juste et bienveillante possible, à un point tel que notre adversaire intellectuel pourrait

36. Traduction trouvée sur le site du linguiste Pascal Amsili (Université Paris Diderot).

reprendre à son compte notre interprétation. Dans les termes de John Stuart Mill, « une doctrine n'est pas jugée tant qu'elle n'a pas été jugée dans sa meilleure formulation[37] ».

Dennett propose ainsi **quatre règles** à respecter pour formuler un commentaire critique qui atteint sa cible[38] :

1) Tenter d'exprimer la position de l'adversaire d'une façon tellement claire, vivide et juste que ce dernier dirait : « Merci, j'aurais aimé avoir pensé à cette formulation par moi-même ! » ;

2) Faire mention des points d'accord ou d'entente avec la personne critiquée ;

3) Faire mention de ce que l'on a appris de la personne critiquée ;

4) Critiquer et tenter de réfuter la position adverse.

La générosité interprétative n'est pas synonyme de complaisance. Au contraire, les critiques qui sont fondées sur des caricatures et sur des raisonnements fautifs sont faibles et faciles à écarter, alors que celles qui font preuve de rigueur et de générosité herméneutique sont beaucoup plus difficiles à réfuter. Il faut, pour ce faire, vérifier si les faits que l'on évoque sont vrais et si les étapes justificatives de notre raisonnement sont bien assurées. Si on ne parvient pas à répondre à une critique empreinte de générosité herméneutique à l'aide de nouveaux arguments, la probité intellectuelle exige que l'on révise notre position.

La générosité herméneutique est une vertu épistémique qui s'oppose à des sophismes comme l'attaque *ad hominem* et l'homme de paille. Le sophisme de l'homme de paille, plus subtil que l'attaque personnelle, consiste à caricaturer le propos auquel on s'oppose. Lorsqu'on répète par exemple que le pluralisme, le multiculturalisme

37. Cité par John Rawls dans *Lectures on the History of Political Philosophy*, Cambridge (MA), Belknap Press, 2008, p. xiii.

38. Daniel Dennett, *Intuition Pumps and Other Tools for Thinking*, New York, W.W. Norton Publishers, 2014, p. 33-35. Je m'inspire des recommandations de Dennett dans « Sortir des tranchées. Désaccord, délibération et coopération dans les sociétés ouvertes », dans Alain-G. Gagnon et Jean-Charles St-Louis (dir.), *Les conditions du dialogue au Québec : laïcité, pluralisme, réciprocité*, Montréal, Québec Amérique, collection Débats, 2016.

ou l'interculturalisme sont conceptuellement liés au relativisme moral alors que la démonstration a maintes fois été faite qu'il s'agit dans la plupart des cas d'un approfondissement du libéralisme ou du républicanisme[39], on commet le sophisme de l'homme de paille. On critique une conception du pluralisme qui n'est défendue par personne. On reconnaît là le *modus operandi* de moult participants au débat.

La propension à la polémique et la prime qui vient avec les propos controversés et polarisants[40] font en sorte qu'il n'est pas toujours facile de respecter l'esprit de coopération et la générosité interprétative promus par Grice et Dennett, mais l'importance que prend le Far Web dans nos débats de société crée, paradoxalement, un public de plus en plus assoiffé de réflexions rationnelles et respectueuses.

39. Jocelyn Maclure, « Multiculturalism and Political Morality », dans Duncan Ivison (dir.), *The Ashgate Research Companion to Multiculturalism*, Farnham, Ashgate, 2011, p. 39-56 ; Will Kymlicka, *Multicultural Citizenship : A Liberal Theory of Minority Rights*, Oxford, Clarendon Press, 1995 ; Sophie Guérard de Latour, *Vers la république des différences*, Toulouse, Presses Universitaires du Mirail, 2009.

40. Voir le chapitre 2.

SECTION II.
ÉTHIQUE ET DROIT

9.
DROIT ET DÉMOCRATIE : UN GOUVERNEMENT DES JUGES ?[1]

L'idée que le Canada soit gouverné par des juges et que l'équilibre des pouvoirs entre le judicaire et le politique ait été rompu est vue comme une vérité évidente dans certains milieux intellectuels québécois. La Cour suprême du Canada aurait, depuis 1982, usurpé le pouvoir de nos représentants dûment élus. L'historien Frédéric Bastien répète cette idée comme un mantra. Dans un billet[2], il implore par exemple le Parti conservateur d'utiliser le pouvoir de dérogation pour ignorer les jugements de la Cour suprême du Canada qui lui déplaisent, dont ceux sur les centres d'injection supervisée et sur les maisons closes.

Il est grand temps que les critiques de l'« activisme judicaire » nous expliquent comment ils conçoivent le rapport entre le droit et la démocratie. Ils doivent, pour que l'on prenne leur critique au sérieux, s'engager sur le terrain de la philosophie politique et de la philosophie du droit, et expliquer comment ils voient le rapport entre les différentes branches du pouvoir politique. Cela nous permettrait de savoir si c'est l'idée même que des juges évaluent la constitutionnalité des décisions politiques qui est illégitime, ou s'ils considèrent plutôt que le rapport entre les pouvoirs judiciaire et exécutif est présentement déséquilibré au Canada. Il s'agit de deux positions (légitimes) différentes qui exigent des démonstrations différentes. La première position remet en question la légitimité même

1. Publié en deux parties sur le blogue *In Due Course* les 20 et 29 août 2014. Je remercie Maxime Saint-Hilaire, professeur de droit constitutionnel à l'Université de Sherbrooke, qui a patiemment répondu aux questions que je lui ai envoyées pendant la rédaction de ce texte.

2. Frédéric Bastien, « Stephen Harper et le gouvernement des juges », publié sur le blogue Politique de *L'actualité* le 15 août 2014.

du contrôle de la constitutionnalité des lois, la seconde l'accepte, mais affirme que les lois sont présentement trop souvent invalidées par les tribunaux canadiens.

Je fais partie de ceux qui pensent que la légitimité des régimes politiques modernes repose sur deux principes distincts mais également fondamentaux, à savoir la souveraineté populaire d'un côté et l'État de droit et le respect des droits de la personne de l'autre. Il s'agit d'une théorie « dualiste » de la légitimité politique. Le philosophe allemand Jürgen Habermas défend une version de cette idée dans son livre *Droit et démocratie. Entre faits et normes*[3].

En simplifiant un peu, le constitutionnalisme et la règle de droit peuvent être compris comme l'ensemble de principes, de règles, de conventions et de procédures constitutifs d'un ordre juridique qui gouvernent l'action des citoyens et de l'État. Pris comme un tout, ces principes stipulent que l'exercice du pouvoir politique doit se conformer à un système de normes préétabli et relativement indépendant du pouvoir du gouvernement. En d'autres termes, l'exercice du pouvoir est *constitutionnellement* légitime s'il respecte la structure de règles et de procédures communes que s'est donnée un peuple – un *demos* – pour assurer la justice et la stabilité d'une communauté politique. Le principe de l'« indépendance judiciaire » en découle. Comme la souveraineté populaire s'incarne en pratique le plus souvent dans le principe de la majorité, certains principes et certaines règles – les droits fondamentaux, les articles de la Constitution, la formule d'amendement qui permet de changer les règles du jeu – doivent bénéficier d'une protection constitutionnelle robuste pour qu'ils ne puissent être restreints ou modifiés aisément par le gouvernement élu. Les gouvernements, on le sait, obtiennent souvent moins de 50 % des suffrages exprimés dans une élection.

Le constitutionnalisme est toutefois source de légitimité uniquement s'il est fondé sur le principe démocratique de la souveraineté populaire. Ce principe stipule que les normes constitutionnelles sont légitimes seulement si elles ont été auto-imposées, c'est-à-dire si les citoyens, par l'entremise des représentants élus, sont les

3. Jürgen Habermas, *Droit et démocratie. Entre faits et normes*, tr. fr. Rainer Rochlitz et Christian Bouchindhomme, Paris, Gallimard, 1997.

auteurs des lois et des normes auxquelles ils sont par ailleurs assujettis. Pour qu'une association politique soit *démocratiquement* légitime, les citoyens doivent générer les règles qui contraignent ensuite leurs actions. C'est ce qui explique pourquoi on qualifie généralement les régimes démocratiques de démocraties « libérales » ou « constitutionnelles ».

Selon ce point de vue dualiste, la légitimité d'un régime politique dépend ainsi de l'existence d'une tension permanente et toujours relativement instable entre ces deux principes, ce qui implique que le triomphe de l'un aux dépens de l'autre affaiblit la légitimité d'un ordre politique. La Constitution ne doit pas être une camisole de force imposée par un segment minoritaire de la population, mais les principes fondamentaux du vivre-ensemble ne doivent pas être aisément modifiables ou contournables par un gouvernement élu par une fraction de l'électorat. Puisque aucun régime politique concret n'est susceptible d'harmoniser parfaitement les pouvoirs du Parlement et des tribunaux, l'objectif est de s'approcher de l'équilibre optimal entre les deux principes[4]. D'autres positions sont bien sûr possibles, dont des théories libérales ou républicaines « monistes » arguant par exemple que les droits fondamentaux ont toujours priorité sur les décisions des élus ou que la souveraineté parlementaire est absolue. Les critiques du soi-disant « gouvernement des juges » défendent-ils une position moniste ?

Certaines démocraties libérales se sont donné des institutions qui accordent davantage d'importance à la souveraineté de l'Assemblée législative ou à la protection des droits fondamentaux et de la Constitution. L'Allemagne d'après la Seconde Guerre mondiale accorde, on le comprend aisément, une protection constitutionnelle extrêmement forte aux droits et libertés et une majorité qualifiée est nécessaire pour amender la Constitution. Aux États-Unis, le Congrès peut difficilement adopter une loi qui aurait pour effet, par exemple, de porter atteinte à la liberté d'expression. À l'opposé, bien que le contrôle de la constitutionnalité des lois s'impose de plus en plus

4. Je ne peux développer cette théorie ici, mais je l'ai fait dans mon rapport de recherche pour la commission Bastarache sur le processus de nomination et de sélection des juges. Jocelyn Maclure, *Entre l'imputabilité démocratique et l'indépendance judiciaire. La nomination des juges dans la perspective de l'éthique et de la philosophie politique*, Rapport soumis à la Commission d'enquête sur le processus de nomination des juges du Québec, 7 septembre 2010.

dans l'ensemble des régimes démocratiques (pensons à l'incorporation du *Human Rights Act* au Royaume-Uni en 1998), le pouvoir des tribunaux d'invalider des lois adoptées par le gouvernement élu est moins fort en Angleterre et en France qu'aux États-Unis ou qu'au Canada depuis 1982.

La nécessaire tension entre la joute démocratique et le respect de l'État de droit me semble néanmoins bien présente au Canada, du moins sur le plan du design institutionnel. Le Canada a une *Charte des droits et libertés* et il est possible de contester la validité des lois adoptées par les gouvernements au nom du respect des normes constitutionnelles. Cela dit, l'article 1 de la *Loi constitutionnelle de 1982* affirme que les droits et libertés énoncés dans la Charte peuvent être restreints par une règle de droit « dans des limites qui soient raisonnables et dont la justification puisse se démontrer dans le cadre d'une société libre et démocratique ». Le *tout premier article* de la Constitution précise ainsi que les droits individuels, même s'ils sont fondamentaux, ne sont pas absolus. L'article 9.1 de la *Charte des droits et libertés de la personne* joue un rôle similaire. Le « Test de Oakes », développé subséquemment par la Cour suprême, permet aux tribunaux d'évaluer si les décisions politiques contestées par des citoyens ou par un ordre de gouvernement portent atteinte à des droits protégés et, le cas échéant, si l'atteinte est raisonnable.

C'est ainsi que dans ses jugements sur la *loi 101*, la Cour suprême a admis que l'objectif législatif de préserver et de promouvoir la langue française au Québec justifiait des restrictions raisonnables aux droits individuels, dont l'interdiction pour les francophones et les allophones d'inscrire leurs enfants dans les écoles publiques anglophones, ainsi que l'obligation de la prédominance du français dans l'affichage commercial. La Cour a invalidé certaines dispositions de la politique linguistique québécoise, dont l'ancienne obligation d'afficher uniquement en français, mais elle accepte qu'un projet collectif comme celui de faire du français la langue publique commune puisse justifier la limitation de certains droits individuels.

Les droits individuels ne sont donc pas, en droit constitutionnel canadien, des « atouts », pour reprendre l'expression du philosophe Ronald Dworkin, que l'on peut simplement abattre pour invalider une décision gouvernementale[5]. La souveraineté populaire et le pouvoir législatif ne sont pas subordonnés au principe du constitutionnalisme. En plus des articles qui permettent de restreindre de façon raisonnable les droits, les gouvernements peuvent également recourir au pouvoir de dérogation que leur confèrent l'article 52 de la Charte québécoise et l'article 33 de la Charte canadienne. Que les gouvernements ne recourent pas fréquemment au pouvoir de dérogation relève de leur responsabilité et non de celle des tribunaux. Ceux qui soutiennent que nous subissons aujourd'hui la douce tyrannie du pouvoir judiciaire ont donc fort à faire pour démontrer que notre architecture institutionnelle marginalise nécessairement le pouvoir des élus.

Sans soutenir que les élus doivent toujours avoir le dernier mot, les critiques du « gouvernement des juges » peuvent défendre l'idée, plus modeste, que le pouvoir des tribunaux est présentement disproportionné par rapport à celui des gouvernements, c'est-à-dire que les tribunaux invalident trop souvent et sans justifications suffisantes les décisions des élus. Cela serait une critique raisonnable et recevable, mais elle exigerait une démonstration empirique : il faudrait faire la liste des décisions politiques renversées par les tribunaux et expliquer pourquoi les raisons offertes par les juges sont insuffisantes.

Frédéric Bastien s'arrête sur les cas des centres d'injection supervisée, des maisons closes et des soins de santé pour les demandeurs d'asile. Simplifiant outrageusement les enjeux, il soutient que l'accès à des « piqueries », des « bordels » et des soins dentaires et de la vue ne sont pas des « droits fondamentaux », passant sous silence les arguments des tribunaux avançant que les droits garantis par la Charte étaient abusivement restreints par les lois en vigueur. La Cour fédérale a par exemple soutenu en 2014 que la négation de certains soins de santé pour les demandeurs d'asile constituait un « traitement cruel », en particulier pour les enfants, et que la décision des conservateurs violait le droit à l'égalité de traitement puisqu'elle ciblait les demandeurs provenant de pays particuliers et non l'ensemble des demandeurs. Qu'en pense Bastien ?

5. Ronald Dworkin, *Prendre les droits au sérieux*, tr. fr. Marie-Jeanne Rossignol, Frédéric Limare et Françoise Michaut, Paris, Les Presses universitaires de France, 1995.

La Cour suprême a-t-elle erré lorsqu'elle a jugé dans *Bedford* que la loi actuelle, sans interdire la prostitution, empêche les travailleuses et travailleurs du sexe de travailler dans des conditions sécuritaires ? On ne le saura pas en lisant le texte de Bastien. On comprend plutôt que les tribunaux n'ont pas la légitimité de se prononcer sur la question. Idem en ce qui concerne les centres d'injection supervisée. Ces questions peuvent être réglées *a priori* en prétextant l'illégitimité du pouvoir judiciaire.

J'aurais beaucoup aimé que Bastien se penche également sur le renvoi concernant la nomination du juge Nadon. On se rappellera que le plus haut tribunal a soutenu que la *Loi sur la Cour suprême* empêchait la nomination par Ottawa d'un juge de la Cour fédérale pour combler l'un des trois postes à la Cour suprême réservés au Québec, entre autres afin « que les traditions juridiques et les valeurs sociales distinctes du Québec y soient représentées ». La Cour aurait-elle dû avaliser la nomination du juge Nadon, ou devait-elle défendre les prérogatives du Québec ?

On se souviendra aussi que la Cour a récemment tranché en faveur du Québec et de trois autres provinces qui arguaient que l'éventuelle création d'un organisme canadien unique de règlementation des valeurs mobilières violait le partage des compétences prévu dans la *Loi constitutionnelle de 1867*. Dans ces deux cas, la Cour suprême a joué, au nom des principes du respect de l'État de droit et du constitutionnalisme, son rôle de contre-pouvoir. Parions que Bastien s'en serait pris au « rouleau compresseur » qu'est selon lui le pouvoir fédéral si les décisions de la Cour suprême avaient été différentes dans ces deux dossiers. Mais on ne peut avoir le beurre et l'argent du beurre. Ou bien la Cour suprême a parfois tort mais aussi parfois raison lorsqu'elle invalide des décisions politiques, ou bien le Canada est gouverné par un illégitime gouvernement des juges qui usurpe l'autorité des élus.

Le débat sur l'équilibre des pouvoirs au Canada n'est pas clos, loin s'en faut. Étant donné la position dualiste que je défends, il faut s'attendre à retrouver, en pratique, un certain déséquilibre dans l'ensemble des démocraties constitutionnelles. Un travail empirique nettement plus rigoureux est toutefois nécessaire pour démontrer que nous vivons aujourd'hui sous l'égide d'un illégitime « gouvernement des juges[6] ».

6. Pour aller plus loin, voir Frédéric Bérard, *La fin de l'État de droit*, Montréal, Les Éditions XYZ, 2014; James Tully, « The Unfreedom of the Moderns in Comparison to their Ideals of Constitutional Democracy », *Modern Law Review*, vol. 65, no 2, mars 2002, p. 204-228.

10. LIBERTÉ D'EXPRESSION, DIFFAMATION ET IMPUNITÉ : L'AFFAIRE AWADA[7]

Dalila Awada, l'étudiante en sociologie de l'UQAM qui a brillamment tenu tête à Djemila Benhabib lors d'un débat à *Tout le monde en parle* en septembre 2013, poursuit des gestionnaires de sites Internet ainsi que l'ex-candidate péquiste Louise Mailloux pour propos diffamatoires. Ne connaissant pas particulièrement bien ni la jurisprudence sur la liberté d'expression et la diffamation ni la nature de la preuve déposée, je ne me prononcerai pas sur les détails de ce cas particulier. En plus, je souligne, par souci de transparence, que Dalila est une amie.

Comme il fallait s'y attendre, certains voient dans la démarche juridique d'Awada une tentative de museler ses adversaires idéologiques. Il me semble particulièrement ironique que ceux qui se sont fait connaître en avançant que la conception de la liberté de religion qui prévaut dans le droit canadien est trop généreuse soutiennent aujourd'hui que la liberté d'expression des intimés est menacée d'une façon inacceptable. D'un côté, les défenseurs de la Charte de la laïcité ont soutenu que la liberté de religion n'est pas absolue et qu'elle ne doit pas avoir plus de poids que les autres droits fondamentaux[8]. Ils ont tout à fait raison. La liberté de religion peut être restreinte lorsque les droits d'autrui ou l'intérêt général le justifient. Les cas de restriction de la liberté de religion ne manquent pas dans la jurisprudence canadienne. De l'autre côté, certains, dont Djemila Benhabib et, bien sûr, les intimés, s'inquiètent aujourd'hui des limites

7. Publié sur le blogue *In Due Course* le 7 mai 2014.

8. Voir le chapitre 30.

à la liberté d'expression et du musèlement du débat démocratique. Mais quelle est leur position sur le sens et la portée de la liberté d'expression ? Considèrent-ils qu'elle puisse être limitée de façon raisonnable et légitime ? Si oui, à quelles conditions ? La diffamation peut-elle, en principe, limiter la liberté d'expression ? Ceux qui considèrent que la démarche juridique d'Awada équivaut à une « poursuite bâillon » ont-ils une position philosophique cohérente sur la portée des droits fondamentaux et les rapports entre eux ?

J'ai très souvent débattu avec les tenants d'une conception républicaine à la française de la laïcité. Je considère qu'ils ont tort, mais il est absolument vital, tant sur le plan de la confrontation des idées nécessaire à la démocratie que sur celui du respect des droits fondamentaux, qu'ils puissent exprimer leur position publiquement. Et il est normal que les débatteurs dans l'arène démocratique ne fassent pas toujours dans la dentelle[9]. Toutefois, lorsqu'on attaque des réputations et non des idées, que l'on tente de discréditer des personnes en propageant des propos mensongers, nous entrons sur le terrain de la diffamation. La diffamation « est une atteinte à la réputation d'une personne physique ou morale, car elle sème envers cette personne, dans l'esprit du citoyen ordinaire et de la société en général, de la déconsidération[10] ».

Je ne sais pas si la présente affaire constitue une forme de diffamation proscrite par la loi, mais je sais que les vidéos et les autres propos qui ont circulé au sujet de Dalila Awada et de ses proches sont nauséabonds et qu'ils ne contribuent nullement à la qualité de notre débat démocratique. Comme le professeur de droit Pierre Trudel le rappelle, « les règles du droit québécois de la diffamation prescrivent au juge de déterminer si une faute a été commise. En ces matières, il y a faute lorsqu'on arrive à la conclusion qu'une personne raisonnable placée en pareilles circonstances n'aurait pas prononcé ou écrit les propos qui sont l'objet de la poursuite[11] ».

---

9. Pierre Trudel, « Poursuite intentée par Dalila Awada : à la recherche de la "personne raisonnable" », blogue du *Journal de Montréal*, 12 mai 2014.

10. « La poursuite de Dalila Awada et l'ABC de la diffamation », *Faits et causes*, 7 mai 2014.

11. Pierre Trudel, *art. cit.*

Le cas Awada aura la vertu de clarifier l'état du droit sur la liberté d'expression et le droit de ne pas être diffamé. Une fois les faits et les arguments juridiques connus, une nouvelle saisie démocratique de la question des limites du dicible, dans un contexte social transformé entre autres par le Far Web et la « fachosphère », sera possible. Dans un monde idéal, l'éthique individuelle, le sens de la responsabilité morale et civique et le souci de l'autre feraient en sorte que ce genre de cas ne se retrouverait pas devant les tribunaux. C'est bien parce que l'éthique ne suffit pas toujours à réguler suffisamment les conduites et à résoudre les désaccords que le droit est nécessaire[12].

La présente affaire soulève aussi des questions sur la culture de l'impunité qui sévit dans notre débat démocratique. Plusieurs intervenants – des élus, des chroniqueurs et des citoyens qui s'expriment sur les réseaux sociaux – semblent penser qu'ils peuvent prendre congé de la vérité et du respect d'autrui afin de servir leurs intérêts sans que cela leur cause ensuite problème. Les paroles sont des actes, et les actes ont des effets. Il vient un temps où il faut assumer les conséquences de ses actes. Je ne suis guère enthousiaste par rapport aux conceptions « rétributives » ou punitives de la justice, mais une réflexion collective sur la culture de l'impunité s'impose.

12. Voir le chapitre 14.

11.
LE DROIT DE *CHARLIE HEBDO* DE CRITIQUER, LE DROIT DE CRITIQUER *CHARLIE HEBDO*[13]

La terreur sera donc l'un des phénomènes marquants des premières décennies des années 2000. Si les conflits interétatiques sont beaucoup moins fréquents, les attentats et autres tueries barbares font maintenant douloureusement partie de la vie normale. Et lorsqu'on s'attaque à la liberté de presse ou au Parlement, on s'attaque aux symboles les plus forts des sociétés que le philosophe Karl Popper qualifiait d'« ouvertes », à savoir celles qui sont fondées sur le choc des idées et le respect du pluralisme. Je tiens à l'affirmer clairement : rien ne peut exonérer les coupables de l'attentat contre *Charlie Hebdo*, et rien dans mon propos ne cherchera à atténuer leur responsabilité morale et criminelle. L'attentat a fait des victimes qui ne méritaient absolument pas leur sort et laissé des proches dans le deuil et des sociétés déstabilisées.

L'attaque contre *Charlie Hebdo* nous a replongés dans la décision du média français de republier des caricatures représentant le prophète Mahomet d'abord publiées en 2005 dans le *Jyllands-Posten*, un quotidien danois de droite. Les caricatures avaient été jugées offensantes par un grand nombre de musulmans – pour certains, en raison de leur croyance selon laquelle le prophète ne devrait jamais être représenté graphiquement ; pour d'autres, parce qu'ils jugeaient leur contenu insultant ou blasphématoire. Des manifestations ont eu lieu dans plusieurs pays majoritairement musulmans et des

13. Publié sur le blogue Politique de *L'actualité* le 7 janvier 2015.

ambassades occidentales ont été attaquées. Des groupes extrémistes se sont servis des caricatures pour nourrir leur discours antioccidental primaire.

Les médias occidentaux ont alors dû faire face au dilemme suivant : les caricatures qui sont à l'origine de la controverse doivent-elles être publiées de nouveau, au nom du droit du public à l'information, mais au risque de susciter une nouvelle vague de violence ? Le grinçant et satirique *Charlie Hebdo* décide de les republier, ajoutant même des caricatures de son cru, dont la célèbre « C'est dur d'être aimé par des cons », représentant elle aussi le prophète. *Charlie Hebdo* est poursuivi et gagne son procès. Un documentaire qui fait très largement la part belle à *Charlie* témoigne de cet épisode[14].

Le mot d'ordre, aujourd'hui, est de défendre les biens précieux que sont les libertés de presse et d'expression. Cette réaction est évidemment parfaitement fondée. Plusieurs se sont néanmoins demandé, lorsque le *Jyllands-Posten* et *Charlie* ont publié les caricatures incendiaires, s'ils avaient outrepassé les limites de la liberté d'expression. Personnellement, la publication des caricatures m'a toujours semblé défendable d'un point de vue juridique, mais déplorable d'un point de vue éthique[15]. Ce n'est pas parce qu'on a le droit de publier quelque chose qu'on devrait le faire. En l'occurrence, publier des caricatures qu'un grand nombre de musulmans allaient juger injurieuses dans un contexte marqué par l'islamophobie post-11 Septembre 2001, cela manquait à mon sens de sagesse et d'empathie.

Des commentateurs insistent néanmoins aujourd'hui pour ajouter que *Charlie* et le *Jyllands-Posten* n'auraient pas dû être critiqués pour avoir publié les caricatures. Le professeur de droit Pierre Trudel, dont les analyses juridiques sont d'une valeur inestimable, écrit :

> Avec le carnage contre *Charlie Hebdo*, ceux qui discourent sur l'éthique et la « responsabilité » de ceux qui s'expriment ont d'importantes révisions à faire. Le problème n'est pas chez ceux qui s'expriment, mais plutôt chez ceux qui ne supportent pas que

14. Daniel Leconte, *C'est dur d'être aimé par des cons*, 2008.
15. Jocelyn Maclure et Charles Taylor, *Laïcité et liberté de conscience*, Montréal, Boréal, 2010, p. 133-139.

d'autres parlent, dessinent ou exposent des vues qui contredisent leurs croyances ou leurs préjugés[16].

Mon collègue a raison sur un point : le « problème » des meurtriers intolérants est infiniment plus grave que celui de ceux qui manquent de jugement éthique en publiant des contenus incendiaires contribuant de façon médiocre à la qualité du débat. Mais cela n'épuise pas la question. Depuis la triste « affaire Rushdie » en 1989 – une fatwa exigeant l'assassinat du romancier avait été prononcée par l'ayatollah Khomeiny –, les philosophes et juristes ont beaucoup réfléchi à la question de savoir si le blasphème devait faire partie des critères permettant de limiter la liberté d'expression, comme cela a longtemps été le cas dans la plupart des pays occidentaux. La réponse me semble évidente : non. La laïcité de l'État implique que la justification des lois soit de nature séculière ou laïque, c'est-à-dire qu'elle ne provienne pas d'une doctrine religieuse. Le blasphème est par définition une catégorie religieuse. Les croyants ont évidemment le droit de considérer que certains contenus sont suprêmement offensants, mais cela n'en fait pas une raison suffisante pour limiter une liberté fondamentale, à moins, bien sûr, qu'on verse dans le discours haineux.

Cela étant admis, je suis abasourdi par cet appel à la censure inversée et par la nouvelle « rectitude » qui se profile : il ne faut pas critiquer *Charlie*, ou il faut regretter de l'avoir fait. Je ne vois pas pourquoi il en serait ainsi. Si le droit de critiquer les religions doit être défendu, celui d'en découdre avec les critiques des religions doit l'être également. Les artisans de *Charlie* ne méritaient d'aucune façon leur sort, et nous devons exprimer notre solidarité envers les proches des victimes et envers tous les journalistes, auteurs et illustrateurs qui prennent des risques pour défendre des idées. Cependant, s'en prendre au contenu des caricatures ne revient pas « à conférer une molécule de légitimité à de tels actes meurtriers contre les médias[17] ». *Charlie* a défendu bec et ongles la liberté de provoquer et de critiquer ; ce n'est pas leur rendre hommage que de vouloir les protéger contre cette même liberté.

---

16. Pierre Trudel, « La rectitude mène à la page vide », blogue du *Journal de Montréal*, 7 janvier 2015.

17. *Ibid.*

12.
LE DROIT D'OFFENSER ET LE SOUCI DE L'AUTRE[18]

Nombreux sont ceux qui ont tant bien que mal tenté de condamner sans appel l'attentat contre *Charlie Hebdo* tout en conservant la prérogative de ne pas endosser les décisions éditoriales antérieures du journal. Pour ma part, j'ai répondu à ceux qui, dans les heures qui ont suivi le tragique assaut, soutenaient que ceux qui avaient dans le passé critiqué le choix de publier des caricatures du prophète Mahomet devaient se raviser[19].

Certains ont mal pris ce positionnement, allant parfois même jusqu'à arguer que réitérer des doutes quant à la décision en 2006 de publier des caricatures du prophète revenait à « blâmer les victimes » et à déculpabiliser partiellement les meurtriers. L'éditorialiste du *Devoir* Antoine Robitaille m'a accusé d'une telle ignominie, sans tenter de justifier son assertion, à *Bazzo.tv*[20]. Il est revenu sur le sujet de façon alambiquée dans un éditorial :

> Sans dire ouvertement que le magazine a tout compte fait provoqué l'attaque insensée qui a tué certains de ses principaux artisans, une mouvance tente de trouver un moyen terme entre la légalité (en France, la republication de ces dessins était permise) et une position « éthique » de retenue éclairée. Le droit permet cette publication. Le sens éthique aurait dû l'empêcher, plaident les tenants de cette mouvance. Nous ne sommes pas d'accord[21].

18. Publié sur le blogue Politique de *L'actualité* le 15 janvier 2015, sous le titre : « Doit-on exercer notre liberté d'expression pour la conserver ? »
19. Voir le chapitre précédent.
20. *Bazzo.tv*, 8 janvier 2015.
21. Antoine Robitaille, « Liberté d'expression dans l'après-Charlie – Blasphème, 2.0 », *Le Devoir*, 13 janvier 2015, p. A6.

Remarquons ici le glissement : l'éditorialiste laisse d'abord entendre que la « mouvance » en question allègue implicitement que *Charlie Hebdo* a « tout compte fait provoqué l'attaque insensée », pour aborder ensuite la question du rapport entre l'éthique et le droit. Pourquoi ce glissement ? L'auteur a-t-il réalisé en cours d'écriture que l'accusation ne tenait pas la route ? Tout le reste du texte porte sur la question incontestablement pertinente du statut du blasphème dans le droit. J'ai, pour ma part, opiné que les expressions jugées blasphématoires par certains ne devaient pas faire partie des motifs permettant la restriction de la liberté d'expression[22].

Pourquoi l'accusation que les critiques de *Charlie Hebdo* « blâment les victimes » est-elle sans fondement ? Parce que débattre du bien-fondé d'un choix éditorial tout en défendant la liberté d'expression ne mène tout simplement pas à la conclusion que les victimes méritaient leur sort. Les assassins portent la responsabilité pleine et entière de leurs actes inhumains. Je soupçonne, par exemple, que je n'aurais pas aimé du tout le film sur l'islam tourné par Theo Van Gogh, mais les provocations du cinéaste néerlandais n'excusent d'aucune façon son meurtrier. De même, j'abhorre les points de vue négationnistes de la Shoah, mais je ne suis pas du tout certain que de les interdire soit justifié, et je suis absolument convaincu qu'on ne doit pas s'en prendre à l'intégrité physique de ceux qui maintiennent de telles positions immorales. C'est la folie meurtrière et la turpitude de ceux qui tuent au nom de convictions religieuses ou politiques qu'il faut dans tous les cas blâmer, pas les victimes.

Cela étant dit, qu'est-ce que cela signifie, de soutenir que la publication des caricatures était légale, mais déplorable d'un point de vue éthique ? L'éthique est le champ de la pensée humaine réfléchissant aux valeurs qui devraient orienter notre conduite individuelle et collective. Du point de vue des valeurs en concurrence dans la décision de publier les caricatures, il m'a toujours semblé qu'il eût mieux fallu faire preuve de retenue. C'est un jugement de valeur sur une décision éditoriale – celle du *Jyllands-Posten* d'abord, et celle de *Charlie Hebdo* ensuite. Le débat démocratique ne se réduit heureusement

22. Voir le chapitre précédent.

pas à ce qui est légalement permis, et c'est le rôle des intellectuels et des autres citoyens engagés de prendre position sur les enjeux de société.

Ma critique de la publication des caricatures s'appuie sur une certaine conception du vivre-ensemble et des dispositions et attitudes que nous devrions manifester dans nos rapports avec nos concitoyens. Nous vivons dans des sociétés hautement diversifiées, non seulement sur le plan des cultures, mais aussi des conceptions du monde et des visions de ce qui constitue une vie pourvue de sens. Des athées militants jusqu'aux conservateurs religieux, des citoyens dont les schèmes de croyances et de valeurs sont très contrastés doivent apprendre à vivre ensemble et à au moins se tolérer mutuellement[23]. C'est dans ce contexte que je considère qu'il est souhaitable que l'on fasse preuve d'empathie et de sollicitude par rapport à la situation et aux engagements de nos concitoyens, et que l'on fasse *parfois* preuve de retenue lorsque nos actes de langage blesseront ou offenseront certains d'entre eux. Il faut, à tout le moins, que ce que l'on a à dire justifie d'exprimer des choses qui seront vues comme personnellement blessantes par d'autres. Il faut s'assurer, en quelque sorte, que le jeu en vaille la chandelle.

Ceux qui pensent que les médias écrits devaient publier les caricatures nous rappellent avec raison qu'il n'existe aucun *droit* de ne pas être offensé en démocratie. C'est vrai. Vivre dans une société démocratique et libérale signifie nécessairement qu'on sera exposé à des modes de vie, des valeurs et des comportements que l'on juge répréhensibles, grossiers et même parfois immoraux. Père d'une fillette de six ans, je suis souvent dégoûté par l'objectification du corps de la femme dans l'espace public et par la persistance de la violence sexuelle. Je peux militer pour une meilleure règlementation et, surtout, pour un changement des mentalités. Mais il faut aussi avoir la peau épaisse et tolérer ce qui nous indispose. C'est le prix à payer pour bénéficier de la liberté et de l'égalité démocratiques.

---

23. Jürgen Habermas, *Entre naturalisme et religion. Les défis de la démocratie*, « Religion et sphère publique », tr. fr. Christian Bouchindhomme et Alexandre Dupeyrix, Paris, Gallimard, 2008, p. 170-211.

Je suis fortement convaincu qu'il faut pouvoir critiquer toutes les religions, et parler dans le blanc des yeux à leurs autorités. Même si je suis souvent en désaccord avec eux, ceux qu'on appelle les « nouveaux athées[24] » contribuent à la réflexion sur le statut de la religion dans la vie moderne, et leur liberté d'expression doit être protégée. Il faut, en particulier, être libre d'examiner de façon critique les différentes interprétations de l'islam, et encore plus de critiquer l'intégrisme et de dénoncer les appels à la violence, comme l'a d'ailleurs fait Dalila Awada[25].

Mais lorsque le *Jyllands-Posten* a publié ses caricatures du prophète en 2005, je m'y suis opposé, car le contenu était vu comme fortement injurieux pour de nombreux musulmans et qu'il y avait des moyens plus respectueux d'interpeller les extrémistes. Qui s'oppose à la satire lorsqu'elle vise les bourreaux sanguinaires de l'État islamique ? Qui critiquerait une caricature de l'ayatollah Khomeiny rigolant en lisant secrètement les *Versets sataniques* ?

« Un droit qu'il est préférable de ne pas exercer est-il encore un droit ? » demande Antoine Robitaille. Si on ne peut jamais l'exercer, non. Mais ce n'est pas ce dont il est question. Il s'agit de faire preuve de discernement quant à la façon dont on devrait l'exercer. Cela demande plus d'effort que de s'en tenir à des maximes simples, du genre « on devrait toujours offenser si on le souhaite ». Le raisonnement éthique ne se réduit pas à suivre des maximes aveuglément.

Qui plus est, j'ai l'impression que les personnes de confession musulmane tomberaient des nues si on leur disait que les médias se retiennent de critiquer l'islam et pratiquent l'autocensure. Les subtils Houellebecq et Zemmour manquent-ils de tribunes ? Comment oublier l'image surréaliste de Richard Martineau revêtant une burqa afghane à la télévision ? Une femme décide de se baigner en burkini au Zoo de Granby et des chroniqueurs la dénoncent dans le *Journal de Montréal*. Les débats invraisemblables sur le tchador et le niqab font les choux gras des médias. Autocensure, vraiment ?

---

24. Gary Wolf, « The Church of the Non-Believers », *Wired*, vol. 14, no 11, novembre 2006.
25. Dalila Awada, « Portrait d'une tragédie », *Voir* (en ligne), 14 janvier 2015.

Quand faut-il faire preuve de retenue au bénéfice de la coopération sociale et de la fraternité ? Quand faut-il au contraire être irrévérencieux et insolent ? Nous ne pouvons l'établir dans l'abstrait. Je persiste à penser que le *Jyllands-Posten* et *Charlie* n'ont pas contribué positivement au vivre-ensemble en 2005-2006, et d'autres personnes raisonnables soutiennent que l'injure et la moquerie étaient nécessaires. Cela fait partie du débat démocratique.

13.
LES DROITS ANCESTRAUX, LA VIE D'UN ENFANT[26]

La Cour de justice de l'Ontario a rendu une décision bouleversante à l'automne 2014. Une jeune fille autochtone de 11 ans de la Première Nation *Six Nations*, en Ontario, souffrait d'une leucémie lymphoblastique aiguë. Elle avait commencé, en août 2014, des traitements de chimiothérapie. Le pronostic était bon, le taux de survie à la suite du traitement s'élevant à plus de 90 %. Sa mère a toutefois décidé d'interrompre la chimiothérapie afin de se tourner, du moins en principe, vers la médecine traditionnelle autochtone. L'hôpital a alors fait appel à la Direction de la protection de la jeunesse ontarienne, qui a refusé d'intervenir et de forcer la reprise du traitement. Personne n'a douté de l'amour et du dévouement de la mère envers sa fille, et ces dernières avaient le soutien de leur communauté. Saisie du dossier, la Cour de justice de l'Ontario a soutenu que la reconnaissance et la protection des droits ancestraux des peuples autochtones prévues dans la section 35 de la *Loi constitutionnelle de 1982* autorisait la mère de l'enfant à interrompre le traitement et à le remplacer par une approche médicinale traditionnelle.

Le juge Edward, qui a rendu le verdict, est parfaitement au fait que la liberté de religion doit céder au Canada lorsque la vie d'un enfant est en jeu. Les hôpitaux peuvent, par exemple, outrepasser la volonté de parents Témoins de Jéhovah qui refusent qu'une transfusion sanguine soit administrée à leur enfant au nom de leurs croyances religieuses sincères. Il a aussi pris acte du fait que les oncologues de

26. Publié sur le blogue Politique de *L'actualité* le 18 novembre 2014.

l'hôpital de Hamilton qui traitaient la jeune fille ne connaissaient aucun cas de survie à ce type de leucémie en l'absence de traitement de chimiothérapie.

Dire que ce cas est délicat est un euphémisme. Les aspects de la question à prendre en considération pour en arriver à un jugement éclairé sont tellement nombreux et complexes qu'on a presque envie de baisser les bras et de s'en remettre au destin. Le fait qu'il s'agisse d'une enfant autochtone crée un choc des valeurs fort probablement impossible à résoudre de façon parfaitement satisfaisante. A-t-on besoin de rappeler que le Canada n'est pas encore « postcolonial » sur le plan des relations avec les peuples autochtones ? Et que l'épisode des pensionnats dans lesquels furent placés les enfants autochtones après avoir été enlevés à leur famille est l'un des plus honteux de l'histoire canadienne ? Bref, n'en déplaise à l'équipe éditoriale du *Globe and Mail*[27], la question est difficile.

Dans les sociétés libérales, on considère aujourd'hui que les enfants ont des droits qui leur sont propres. Le principe de l'autorité parentale est reconnu, mais limité par celui voulant que les enfants aient droit à un futur suffisamment ouvert – qu'ils jouissent d'une certaine dose de libre arbitre quant à leur avenir. Cela implique évidemment, au premier chef, que les parents ne puissent pas refuser des traitements médicaux qui ont pour effet prévisible de sauver la vie de leur enfant. Cela implique aussi que l'État puisse rendre la scolarisation obligatoire.

Les peuples autochtones – contrairement, par exemple, aux Témoins de Jéhovah – constituent des nations distinctes et ont des droits collectifs spécifiques, comme le reconnaît l'article 35 de la *Loi constitutionnelle de 1982*. Pour la vaste majorité des nations autochtones, ces droits, reconnus de façon abstraite dans la Constitution, tardent à être définis de façon concrète et conséquente, et l'autonomie politique dont elles devraient jouir est très souvent piétinée[28].

27. *The Globe and Mail*, « A native "right" to refuse life-saving medicine ? It does natives no favours », *The Globe and Mail* (en ligne), 14 novembre 2014.

28. Voir Jocelyn Maclure, « Définir les droits constitutionnels des peuples autochtones : Une évaluation normative de la "nouvelle" approche du Québec », *Éthique publique*, vol. 7, no 1, 2005 ; Martin Papillon, « Vers un fédéralisme postcolonial ? La difficile redéfinition des rapports entre l'État canadien et les peuples autochtones », *Le fédéralisme canadien contemporain*, Alain-G. Gagnon (dir.), Montréal, Presses de l'Université de Montréal, 2006.

On peut ainsi comprendre pourquoi le juge ontarien a fait grand cas des droits ancestraux dans son jugement.

Il ne faut pas perdre de vue non plus que l'efficacité et l'opportunité des traitements de chimiothérapie sont fortement remises en question au sein même de la culture occidentale[29]. Je ne recommanderais à personne de ne pas suivre l'avis de son oncologue et je m'en remets personnellement toujours à la science (malgré ses imperfections), mais des questions légitimes sont présentement posées au sujet de l'approche thérapeutique dominante en matière de traitement du cancer.

Tout cela étant dit, la patiente demeure une enfant de 11 ans qui, de l'avis des acteurs en présence, n'avait pas la maturité nécessaire pour participer de façon significative à la prise de décision. Et les chances que le traitement médical proposé soit efficace étaient excellentes. Ces raisons auraient pu pousser le juge à soutenir que l'atteinte aux droits individuels et collectifs de la mère était réelle, mais néanmoins acceptable, étant donné le droit concurrent à la vie de la jeune fille. Après tout, la Cour suprême du Canada a toujours affirmé – et souvent, à mon avis, de façon excessive – que les intérêts de la Couronne pouvaient permettre la restriction des droits collectifs des peuples autochtones. On se retrouve maintenant dans la situation absurde en vertu de laquelle le développement économique peut, par exemple, justifier la restriction des droits des peuples autochtones, mais pas le droit à la vie d'une mineure.

De plus, il est pour le moins surprenant que le fait, connu de la Cour, que la mère et l'enfant se soient rendues en Floride pour commencer un traitement non conventionnel (qui n'est pas issu de la médecine traditionnelle autochtone) n'ait pas été discuté[30]. Un des aspects originaux de la décision du juge Edward est que le droit de faire usage de la médecine traditionnelle doive être reconnu comme un droit ancestral, au même titre que la possession d'un territoire ou que des activités comme la chasse et la pêche. Il est toutefois pour le moins incongru d'invoquer un droit ancestral à utiliser la médecine traditionnelle pour obtenir des soins qui ne relèvent pas de cette approche.

---

29. Comme en témoignent cet émouvant texte de Josée Blanchette, « Les aiguilles et le Folfox », *Le Devoir*, 13 juin 2014, p. B10, et le documentaire de Pedram Shojai, *Vitality* (2012).

30. *The Toronto Star*, « A troubling decision », *The Toronto Star*, 16 novembre 2014.

Peut-être parce que le temps pressait et qu'il s'agissait du jugement de première instance, le juge Edward a très peu justifié son verdict. Comme c'est la deuxième fois en peu de temps que des parents autochtones interrompent les traitements de chimio de leur enfant afin de se tourner vers la médecine alternative, on peut souhaiter que ce cas soit porté en appel et que les tribunaux supérieurs y réfléchissent de façon plus profonde. Plus de temps, de recul et d'informations sont nécessaires pour analyser ce cas. La décision du tribunal est très fragile. Après tout, la jeune fille, si on lui permet d'obtenir le traitement qui a les meilleures chances de la garder en vie, deviendra un jour mature et pourra décider par elle-même quelle philosophie de la médecine correspond le mieux à ses croyances.

S'il est sans doute impossible de ne pas commettre d'injustice dans ce cas difficile – le grand philosophe politique Isaiah Berlin nous a rappelé que les valeurs auxquelles nous tenons ne peuvent pas toujours être harmonisées –, il vaut assurément mieux errer du côté de la protection de la vie humaine[31].

31. Isaiah Berlin, « A Message to the 21st Century », *The New York Review of Books*, vol. 61, no 16, 23 octobre 2014, p. 37.

14.
L'ÉTHIQUE POUR CEUX QUI NE SONT PAS DES ANGES[32]

Bien qu'il croyait que l'autorité de la morale devait s'imposer d'elle-même à toute personne exerçant correctement ses facultés rationnelles, le philosophe des Lumières allemandes Emmanuel Kant était conscient que l'être humain en chair et en os était bien imparfait et qu'il succombait souvent à la tentation de se soustraire aux lois morales. La morale, c'est bien, mais surtout lorsque ce sont les autres qui la respectent. Or, lorsqu'on admet que nous n'avons pas affaire à des anges, nous n'avons d'autre choix que de penser nos lois et nos institutions communes d'une façon telle qu'il sera plus avantageux pour les citoyens de suivre les règles que de ne pas le faire. Dans les termes de Kant :

> Le problème d'une constitution, s'agit-il d'un peuple de démons, n'est pas impossible à résoudre, pourvu que ce peuple soit doué d'entendement. Voici comment on peut établir cette thèse : « Une multitude d'êtres raisonnables souhaitent tous, pour leur conservation, des lois universelles, quoique chacun d'eux ait un penchant secret à s'en excepter lui-même. Il s'agit de leur donner une constitution qui enchaîne tellement, l'une par l'autre, leurs passions personnelles, que dans leur conduite extérieure l'effet de ces passions soit aussi insensible que s'ils n'avaient pas du tout ces dispositions mauvaises[33]. »

La commission Charbonneau nous a offert un spectacle ahurissant. Il est profondément troublant de constater que nos mécanismes de contrôle et de vérification éthiques étaient à ce point désuets et

---

32. Publié le 12 novembre 2012 sur le site du magazine *Nouveau Projet*, section Suppléments.

33. Emmanuel Kant, *Essai philosophique sur la paix perpétuelle*, tr. fr. Louis Desmeules et Jonathan Mayer, Montréal, Les Éditions CEC, 2007, premier supplément, p. 51.

inoffensifs. Tout le monde se demande maintenant, dans la foulée du dépôt du rapport de la commission, comment nous devons nous y prendre pour éviter que le naturel revienne au galop. Peut-on juguler la corruption ? La « nature humaine » étant ce qu'elle est, certains en doutent. Pierre Foglia, par exemple, compare ceux qui croient que la commission Charbonneau changera quelque chose aux braves et candides Innocents qui habitent le royaume fictif d'Innocenza[34]. D'autres veulent des lois, beaucoup, tout de suite et maintenant. Les partis se bousculent, pendant les campagnes électorales, pour présenter leur programme législatif sur l'intégrité. D'autres, enfin, en appellent à la vertu, à l'intervention de personnalités exceptionnelles capables de donner l'exemple. Les lois pourront toujours être contournées ; il faut miser sur l'autorégulation et l'exemplarité.

L'approche institutionnelle

Plusieurs philosophes considèrent que l'éthique doit aujourd'hui se préoccuper davantage des institutions que du caractère des personnes. L'éthique ou la morale a longtemps été comprise comme le champ de la philosophie s'occupant du comportement individuel et des « vertus » que la personne doit intérioriser et mettre en pratique pour mener une vie bonne et vertueuse. Un des problèmes avec cette approche bien ancrée dans la philosophie antique et dans la morale chrétienne est que l'accent placé sur les vertus et les traits de caractère peut sembler assez déconnecté de la psychologie morale[35] complexe et ambivalente des êtres humains. Que faire si l'agir normal de la personne humaine ne se laisse guère saisir par la dichotomie vice/vertu ? L'approche institutionnelle, qui ne veut pas s'en tenir aux exhortations morales, prend les personnes telles qu'elles sont, c'est-à-dire avec leurs forces et leurs vulnérabilités et, surtout, toujours inscrites dans des contextes particuliers qui peuvent les inciter à poser des actions qu'elles n'auraient peut-être pas commises dans un autre contexte[36].

34. Pierre Foglia, « Les braves gens d'Innocenza », *La Presse* (en ligne), 5 novembre 2012.

35. Par « psychologie morale », j'entends ici les traits psychologiques des personnes, dont les instincts et les émotions, qui influent sur leurs jugements et comportements moraux. La psychologie morale est aussi un champ de recherche en psychologie et en philosophie.

36. Voir Daniel Weinstock, *Profession : Éthicien*, Montréal, Les Presses de l'Université de Montréal, 2006, p. 7-8.

Il ne s'agit pas d'entretenir une vision unilatéralement sombre et pessimiste de la nature humaine à la Thomas Hobbes, mais simplement d'admettre que le calcul des intérêts personnels *et* le désir de faire le bien s'entremêlent souvent dans les motivations humaines, et que le contexte institutionnel – et non seulement les dispositions intérieures – a un impact sur le comportement des individus. Bien que je ne sois pas de ceux qui considèrent la réflexion sur le comportement individuel comme complètement dénuée d'intérêt, l'essentiel du travail en éthique publique porte aujourd'hui sur les principes et les finalités des normes et des institutions, et sur les règles et incitatifs susceptibles de favoriser certains résultats ou comportements et d'en décourager d'autres. Les questions de design institutionnel ne relèvent pas simplement de la plomberie de notre mode de vivre-ensemble ; elles sont une partie intégrante de nos questionnements éthiques les plus importants. Comme des collègues l'affirmaient dans *Le Devoir*[37], il faut « renforcer l'infrastructure éthique » de notre gouvernance publique. L'approche institutionnelle n'implique pas seulement l'adoption de nouvelles lois. Elle appelle aussi à la mise en place d'une gamme de dispositifs, de procédures et de contre-pouvoirs. Les médias, par exemple, ont joué un rôle irremplaçable dans la présente lutte à la corruption et à la collusion.

La loi peut-elle rendre éthique ?

Je suis souvent d'accord avec les analyses politiques de Vincent Marissal. Ce dernier erre toutefois, à mon avis, lorsqu'il avance que les lois sur l'éthique sont un « non-sens » :

> Dire qu'on adopte une « loi sur l'éthique » est un non-sens. Aucune loi ne peut imposer l'éthique, la morale, le sens civique. L'éthique, la morale, le sens civique ne s'incarnent pas dans les lois, mais dans des personnalités politiques fortes, droites et irréprochables. C'était le cas de René Lévesque lorsqu'il a fait adopter, en 1977, sa loi sur le financement des partis politiques[38].

37. Yves Boisvert, Pierre Bernier, Luc Bégin et André Lacroix, « L'urgence d'une "infrastructure éthique" renforcée », *Le Devoir*, 9 novembre 2012, p. A9.

38. Vincent Marissal, « Tous des Bougons ? », *La Presse*, 5 novembre 2012.

La loi et les dispositifs institutionnels ne peuvent pas « imposer l'éthique », mais ils peuvent rendre beaucoup moins probables les comportements répréhensibles. Ils peuvent aider à contenir la « faiblesse de la volonté » qui intriguait et préoccupait déjà grandement les philosophes grecs de l'Antiquité. L'exemple choisi par Marissal est d'ailleurs révélateur : la loi de 1977 sur le financement des partis politiques est l'une des initiatives législatives ayant le plus contribué à l'assainissement des mœurs politiques du Québec moderne. Si Lévesque a jugé que l'adoption d'une loi était nécessaire, c'est bien parce que l'exemple de « personnalités politiques fortes » ne suffit pas. De plus, nos institutions, en accordant plus d'importance à la *formation éthique*, peuvent faire en sorte que les agents publics soient mieux en mesure de comprendre les conflits de valeurs et d'intérêts qu'ils vivront dans leur pratique et de mener une réflexion éthique autonome. L'approche institutionnelle et l'éthique des vertus, ici, se croisent.

Oui, on peut souhaiter que la vertu se propage davantage dans l'âme des citoyens, pour parler comme Aristote. On doit mettre en place des mécanismes qui favorisent l'autorégulation et sanctionner les élus qui font passer leurs intérêts personnels ou stratégiques avant les considérations éthiques. Mais ne perdons pas de vue la psychologie morale complexe et ambivalente des êtres humains et donnons-nous une infrastructure éthique permanente qui permettra d'éviter que le naturel ne revienne trop rapidement au galop.

15.
INTÉGRITÉ MORALE ET POLITIQUE PARTISANE[39]

Comme je l'ai abordé au chapitre 4, le débat sur la Charte des valeurs a été éprouvant pour ceux qui s'y opposaient. On sait que les intellectuels et les organismes crédibles étaient majoritairement contre le projet de loi 60. La Fédération des femmes du Québec, le Barreau du Québec, la Commission des droits de la personne, Québec Inclusif, la Ligue des droits et libertés et les universités se sont dressés contre la Charte. Soixante chercheurs dont les recherches portent sur des sujets comme la laïcité, l'immigration et la démocratie ont rédigé un mémoire qui était une charge à fond de train contre l'interdiction générale des signes religieux et la façon dont le débat a été mené[40]. Bref, les raisons de s'opposer au projet de Charte étaient nombreuses et bien connues.

Il était pratiquement certain que des ministres péquistes entretenaient des doutes sérieux quant au projet de loi 60. Les noms de ministres plus jeunes (et juristes), Véronique Hivon, Alexandre Cloutier et Sylvain Gaudreault, revenaient souvent. Ces derniers, tout comme l'ancien ministre de la justice Bertrand Saint-Arnaud, ne pouvaient faire autrement que de penser que le projet de loi 60 serait taillé en pièces par les tribunaux. Comme prévu, nous avons appris, quelques jours après la cuisante défaite du PQ en avril 2014, que des ministres avaient bel et bien des réserves au sujet de la Charte[41]. Alexandre Cloutier et Bertrand Saint-Arnaud auraient

---

39. Publié sur le blogue *In Due Course* le 14 avril 2014.

40. Collectif, *60 chercheurs universitaires pour la laïcité, contre le projet de loi no 60*, Mémoire présenté à la Commission des institutions siégeant en janvier 2014, 20 décembre 2013. Voir http://www.lecre.umontreal.ca/feature/memoire-60-chercheurs-universitaires-pour-la-laicite-contre-le-projet-de-loi-60/ Dernière consultation le 1er février 2016.

41. Denis Lessard, « Les langues se délient au PQ », *La Presse* +, 10 avril 2014.

souhaité qu'une approche plus consensuelle soit mise de l'avant. Jean-François Lisée aurait voulu que le projet de loi contienne une (éthiquement douteuse) clause grand-père en vertu de laquelle les employés des organisations publiques déjà en fonction auraient été exemptés de l'interdiction de porter des signes religieux visibles[42]. La très appréciée Véronique Hivon n'a pas, à ma connaissance, laissé connaître le fond de sa pensée, mais elle s'est ralliée à Alexandre Cloutier lors de la campagne à la chefferie du PQ en 2015.

Plusieurs, moi le premier, ont ressenti un sentiment d'indignation morale devant le silence des députés et des ministres péquistes pendant le débat sur la Charte. Il est difficile de résister à l'idée que les péquistes sceptiques ont manqué d'ardeur morale en ne brisant pas la solidarité ministérielle. L'intégrité morale, c'est-à-dire le refus de sacrifier les principes auxquels on croit au nom d'intérêts stratégiques ou électoralistes, aurait dû, selon ce point de vue, les inciter à exprimer publiquement leur dissidence. Ce jugement a toutefois le défaut de masquer la complexité de la situation éthique en présence. Les principes de la ligne de parti et, plus encore, de la solidarité ministérielle jouent un rôle crucial dans les démocraties représentatives. La vitalité d'une démocratie représentative dépend pour une part considérable de la rivalité entre des partis politiques aux idéologies concurrentes. Un parti politique, comme un syndicat ou une association étudiante, est un agent collectif qui doit créer une volonté commune capable de transcender la volonté particulière de chacun de ses membres. L'action collective exige des normes collectives. Un parti politique qui ne parle pas d'une seule voix est, de façon générale, un parti faible, impuissant. Le vote libre devrait être permis sur certains enjeux, c'est vrai, mais il peut difficilement être généralisé, du moins dans le système parlementaire actuel.

Qui plus est, toute personne lucide qui décide de faire de la politique active doit savoir qu'elle ne pourra pas être d'accord avec *toutes* les orientations et décisions de son parti. Cela n'est pas réaliste. Un membre du personnel ou un élu doit déterminer ce qu'il est prêt à

42. Voir le chapitre 32.

accepter et le type de couleuvres qu'il est prêt à avaler. Une personne qui n'est jamais disposée à faire des compromis s'auto-exclut de toutes formes d'action collective.

Bref, rompre la ligne de parti et, à plus forte raison, la solidarité ministérielle n'est pas une mince affaire. Il y a toutefois une voie mitoyenne entre le silence coupable et la démission : on peut faire le maximum pour contribuer à la formation de la volonté de l'agent collectif qu'est un parti ou un gouvernement. On peut exprimer fortement sa dissidence à l'interne lorsqu'on s'oppose à un projet de loi ou à une politique. Il est d'ailleurs crucial que les débats soient vigoureux *au sein* des partis et non seulement *entre* les partis. Sans de tels débats, les partis ne peuvent que s'atrophier, devenir de vieilles reliques dogmatiques. C'est pourquoi Abraham Lincoln voulait que son cabinet soit une « équipe de rivaux ».

Quelle a été l'attitude au sein du cabinet des Cloutier, Hivon, Gaudreault, Lisée et Saint-Arnaud avant et après le dévoilement du projet de Charte ? Si des ministres aussi crédibles avaient exprimé leur désaccord, cela aurait pu inciter la première ministre Marois à réviser la stratégie du gouvernement ou l'inflexible ministre Drainville à mettre de l'eau dans son vin. Les ministres péquistes qui ont pris leurs distances avec la Charte de la laïcité se sont-ils tus en raison du parti pris pour l'endogroupe (*ingroup bias*) ou pour des raisons stratégiques, ou bien se sont-ils assurés que des débats internes animés prennent place ? S'ils se sont tus, ou exprimés timidement, je crois que nous pouvons leur en tenir rigueur. Et peu importe la réponse à ces questions, ils auraient pu, sans rompre la solidarité ministérielle, s'exprimer publiquement haut et fort pour dénoncer les dérapages populistes et islamophobes.

Christine Fréchette a démissionné de son poste de directrice adjointe de cabinet de Jean-François Lisée en raison de son désaccord profond avec l'approche gouvernementale sur la Charte[43]. Elle s'est ainsi attiré l'admiration sincère non seulement des anti-Charte, mais aussi de ceux qui attendent désespérément que les acteurs politiques soient un peu moins prompts à accepter les accrocs à

---

43. Paul Journet, « Lisée perd sa directrice de cabinet adjointe à cause de la Charte », *La Presse*, 5 mars 2014, p. A2.

leurs convictions. Sans nécessairement toujours se rendre jusqu'à la dissidence publique, les élus et les employés des formations politiques doivent *au moins* se démener dans les officines internes lorsqu'ils sont en désaccord avec des orientations de leur parti.

16.

MARIAGE ET UNION DE FAIT : LE PATERNALISME JUSTIFIÉ DU CONSEIL DU STATUT DE LA FEMME[44]

Au Canada, c'est au Québec que l'on trouve le plus grand nombre de couples vivant en union de fait. C'est aussi au Québec que le conjoint le plus vulnérable est le moins protégé au moment de la dissolution d'un couple non marié. Le plus souvent, le « conjoint le plus vulnérable » est la conjointe. En gros, il n'y a pas de véritable partage du patrimoine et le conjoint le plus fortuné n'est pas obligé de verser une pension alimentaire, sauf pour l'enfant né de l'union, le cas échéant.

Au moment du débat sur l'arrêt *Éric c. Lola*[45], j'étais malgré tout en faveur du maintien d'une distinction juridique portant à conséquence entre union de fait et mariage. Cela m'a toujours semblé une question difficile, mais l'existence de l'« union de fait » en tant que catégorie juridique distincte en droit de la famille offre une option supplémentaire aux couples en matière de vie conjugale. Si des adultes décident qu'ils veulent s'unir sans s'engager à tout mettre en commun, pourquoi le législateur devrait-il leur retirer cette possibilité ? L'État devrait-il imposer une conception unique de la conjugalité et des responsabilités qui lui sont immanentes ?

Je sais qu'un grand nombre de personnes ne sont toutefois pas au fait des implications juridiques de l'union de fait. Les lois et les politiques publiques traitent souvent les conjoints de fait de la même façon qu'ils traitent les couples mariés, ce qui ne manque pas d'alimenter l'illusion que l'union de fait offre des garanties semblables à

44. Publié sur le blogue *In Due Course* le 11 juin 2014.

45. Québec (Procureur général), *c.* A, 2013 CSC 5, [2013].

celles conférées par le mariage. Or, malgré le fait que les femmes se scolarisent davantage que les hommes et qu'elles aient investi massivement le marché du travail, ce sont toujours elles qui consacrent plus de temps à la vie domestique et qui font les plus grands sacrifices professionnels à la naissance d'un enfant. Plusieurs en concluent que les conjoints de fait devraient bénéficier des mêmes droits que les conjoints mariés. Le Conseil du statut de la femme (CSF) propose ainsi que les conjoints de fait aient les mêmes droits que les conjoints mariés après deux ans de vie commune.

Le problème avec cette conclusion est que les conjoints de fait ont en principe la responsabilité de connaître la loi et de s'informer sur le statut de l'union de fait. Les conjoints de fait qui ne veulent pas se marier mais qui désirent être protégés peuvent signer un contrat de vie commune. Cependant, étant donné la méconnaissance qui règne en la matière, le CSF soutient que l'on ne peut postuler que les parties prenantes expriment tacitement leur consentement aux conditions de l'union de fait, ou du moins qu'il ne s'agit pas d'un consentement implicite éclairé.

Cela étant dit, il ne fait aucun doute que la suppression d'une distinction juridique significative entre l'union de fait et le mariage serait une forme de paternalisme étatique. L'ignorance, l'insouciance ou le manque de sagesse d'une grande proportion de Québécois justifieraient, selon ce point de vue, la fin de la distinction entre union de fait et mariage. Je suis loin de m'opposer à toutes les politiques paternalistes. Trop souvent, la faiblesse de la volonté ou l'insouciance d'un nombre important de personnes justifient le paternalisme étatique. Bien que des hauts cris aient été poussés au moment de l'adoption de la loi, qui s'oppose aujourd'hui au port obligatoire de la ceinture de sécurité en voiture ? Et aucun droit fondamental n'a été violé lorsque l'ancien maire Bloomberg a décidé d'imposer une limite maximale à la grosseur des boissons gazeuses vendues dans les restaurants new-yorkais. Les politiques de santé publique relèvent très souvent d'une forme de paternalisme doux et bienveillant, et elles ne sont pas, à mon sens, moins nécessaires et légitimes pour autant. Il s'agit d'encourager certains comportements jugés positifs (pour soi, pour autrui et pour la collectivité), et parfois d'interdire les comportements jugés négatifs ou malsains, dans les limites du respect des droits fondamentaux.

Supprimer la distinction entre l'union de fait et le mariage n'est toutefois pas exactement du paternalisme doux. Il s'agit d'une intervention majeure dans une sphère intime de l'existence humaine. Une intervention qui toucherait d'ailleurs aussi les femmes dont les revenus sont plus élevés que ceux de leur conjoint ; une situation qui devrait logiquement devenir toujours plus courante. C'est une intervention qui serait aussi très lourde de conséquences pour les jeunes couples qui décident de cohabiter sans nécessairement voir à très long terme.

Il restait toutefois une carte dans le jeu du CSF : le droit de retrait. Les conjoints de fait pourraient décider de renoncer, par contrat, aux obligations prévues par la loi à la dissolution de leur union. Cette possibilité viendrait préserver la liberté de choisir un type de conjugalité distinct, moins engageant et moins lourd de conséquences. Les couples qui auraient recours à cette liberté contractuelle le feraient en toute connaissance de cause puisqu'une démarche juridique explicite serait nécessaire.

Un des arguments principaux de ceux qui défendent le statu quo est que les conjoints de fait ont déjà la possibilité de signer un contrat de vie commune, et qu'il est de leur responsabilité de le faire s'ils souhaitent obtenir la même protection que les conjoints mariés. Comme nous l'avons vu, on sait que, dans les faits, ce cadre protège mal les personnes les plus vulnérables. La proposition du CSF transfère en quelque sorte le fardeau aux conjoints de fait qui ne souhaitent pas tout mettre en commun et rester financièrement liés à leur ex-conjoint après la séparation. Dans les deux scénarios, des personnes ont la responsabilité de signer un contrat devant un notaire. Présentement, les personnes plus vulnérables doivent prendre l'initiative et, dans certains cas, convaincre leur conjoint de signer un contrat de vie commune. Le CSF suggère que c'est plutôt ceux qui vivent en couple mais qui souhaitent demeurer des atomes sur le plan des biens et de la richesse qui devraient avoir le fardeau de signer un contrat de vie commune. Je pense que ce transfert de responsabilité est juste.

Le professeur de droit Cass Sunstein, dans son travail sur le paternalisme étatique modéré et bienveillant[46], soutient qu'étant donné la force de l'inertie, la faiblesse de la volonté et nos défaillances cognitives, l'option par défaut dans nos politiques publiques et dans les régulations étatiques devrait être celle qui est la plus souhaitable collectivement. Dans cette perspective, par exemple, le don d'organes pourrait devenir l'option par défaut, et tous auraient la possibilité de signer un registre pour retirer leur consentement. En ce qui concerne l'union de fait, l'option par défaut présentement en vigueur défavorise les personnes vulnérables. C'est pourquoi je considère que le transfert de responsabilité que propose le CSF est préférable au statu quo.

---

46. Cass R. Sunstein et Richard H. Thaler, *Nudge*, tr. fr. Marie-France Pavillet, Paris, Vuibert, 2010.

17. LA RELIGION MÈNE-T-ELLE À LA VIOLENCE ?[47]

Les messages de paix, de partage et de recueillement abondent dans le temps des Fêtes. Les grandes religions en profitent naturellement pour mettre les principes rassembleurs et contemplatifs de leur tradition en valeur. Qu'à cela ne tienne, plusieurs croient que la religion est foncièrement violente. La croyance en un Dieu tout-puissant ou à des forces surnaturelles, et les articles de foi dont sont faites les doctrines religieuses, mèneraient nécessairement au dogmatisme, à l'intolérance et à la violence. Les exécutions sauvages de l'État islamique et l'assassinat à glacer le sang de 132 enfants au Pakistan par un commando taliban ne semblent être que les exemples les plus récents et terrifiants de cette loi générale.

Karen Armstrong, sœur défroquée maintenant historienne des religions, a fait du rapport entre la religion et la violence le sujet de son livre *Fields of Blood: Religion and the History of Violence*, dont j'ai eu la chance de discuter avec Marie-Louise Arsenault et le théologien Olivier Bauer à l'émission *Plus on est de fous, plus on lit*[48]. Armstrong souhaite examiner deux assertions courantes au sujet de la religion et de la violence. La première affirme que la religion est intrinsèquement ou nécessairement violente. La seconde avance que les religions ont été la cause des guerres les plus meurtrières. Sans surprise pour quiconque s'intéresse à la question, elle réfute aisément ces deux affirmations.

Elle part d'abord du constat qu'il n'est pas possible d'élaborer une définition universelle et parfaitement inclusive de la religion. En effet, lorsqu'on tente de déterminer les propriétés essentielles

47. Publié sur le blogue Politique de *L'actualité* le 2 janvier 2015.

48. « De la violence des religions », *Plus on est de fous, plus on lit*, 17 décembre 2014.

de la religion, on généralise habituellement de manière abusive à partir d'une religion ou d'une gamme limitée de confessions. En Occident, la religion est souvent définie comme un ensemble de croyances et de pratiques qui relient la personne pieuse à son Dieu, ainsi que les croyants entre eux. Cette conception a le défaut de ne convenir qu'aux trois grands monothéismes abrahamiques. Les spiritualités autochtones, l'hindouisme, le sikhisme, le bouddhisme, le taoïsme et le confucianisme sont, à plusieurs égards, différents des religions du Livre. Une définition véritablement universelle de la religion devrait être capable de faire une place aux traditions non théistes, panthéistes et polythéistes. De plus, sachant que le concept d'*ahimsa* (non-violence) occupe une place centrale dans l'hindouisme et le bouddhisme, que la tradition chrétienne compte son lot de mouvements pacifistes – dont les Quakers et certaines communautés anabaptistes – et que des figures exemplaires comme Gandhi et Martin Luther King ont puisé dans la religion une partie de leurs convictions morales et politiques, il est bien difficile de soutenir que la bellicosité est une propriété incontournable de la foi religieuse. La foi peut mener à la lutte pour la paix et la justice aussi bien qu'au fanatisme et à la persécution.

La deuxième croyance qu'Armstrong conteste, c'est-à-dire le jugement selon lequel la religion est à l'origine des conflits violents les plus importants, est de nature historique plutôt que conceptuelle. Elle est aussi plus facile à réfuter. Une connaissance sommaire de l'histoire de la violence nous permet de l'écarter rapidement. Le XXe siècle a été d'une violence inouïe. Mais comme les intérêts géopolitiques concurrents des grandes puissances européennes ont été le moteur des deux guerres mondiales et que les régimes totalitaires fascistes et communistes n'étaient pas mus par la religion – l'URSS et la Chine de Mao étaient même officiellement athées –, on ne peut maintenir de façon crédible que la religion est la source principale des conflits les plus meurtriers du siècle dernier. D'ailleurs, comme la période de la Terreur et l'usage immodéré de la guillotine qui ont suivi la Révolution française le rappellent tragiquement, il est même possible de tuer au nom des Lumières et de la Raison. Des « religions civiles » comme certaines formes vicieuses de nationalisme peuvent être dévastatrices, et des penseurs comme Thucydide, Machiavel et Hobbes ont éloquemment montré comment le désir de gloire, de pouvoir et de conquête mène souvent à la violence.

Armstrong admet heureusement que la religion peut *elle aussi* engendrer la violence. Elle démontre toutefois que l'intolérance religieuse agit rarement seule dans les conflits violents. L'Inquisition espagnole de la fin du XVe siècle et les Guerres de religion des XVIe et XVIIe siècles sont généralement considérées, non sans raison, comme les exemples les plus probants du potentiel de violence de la foi religieuse. Armstrong soutient toutefois de façon convaincante que des motifs *politiques* étaient aussi à l'œuvre dans le déclenchement des hostilités. Si les conflits entre catholiques et protestants ont abondé dans la foulée de la Réforme, des catholiques se sont aussi battus entre eux pour des raisons politiques. Lorsque le catholique Charles Quint prit la tête du Saint-Empire romain germanique, en 1519, les ambitions politiques du pape et du roi de France lui ont causé plus de soucis que les protestants d'Allemagne. De même, c'est en bonne partie aux luttes politiques entre monarchistes et parlementaristes que l'on doit les guerres civiles anglaises du XVIIe siècle, qui ont tant marqué la pensée politique de Thomas Hobbes et de John Locke. Armstrong souligne à juste titre que le XVIIe siècle a été, dans la foulée du Traité de Westphalie de 1648, la grande période de construction des États modernes dont l'une des fonctions centrales était de défendre leur souveraineté. Les conflits causés par les divergences théologiques et ceux engendrés par le désir de conquête territoriale et la défense des frontières se sont entremêlés de façon inextricable.

Enfin, une des stratégies argumentatives les plus efficaces d'Armstrong consiste à nous rappeler jusqu'à quel point l'Occident est intervenu dans les pays – en particulier arabo-musulmans – où la religion nous semble synonyme d'instabilité. Que l'on pense à l'Irak, à l'Iran, à la Syrie, à l'Égypte, au Liban, au conflit israélo-palestinien ou aux tensions entre l'Inde et le Pakistan, on réalise aisément que les conséquences du colonialisme européen et de l'interventionnisme américain se font toujours sentir aujourd'hui. Armstrong souligne d'ailleurs que les puissances occidentales ont souvent soutenu des despotes *laïques*, comme le shah d'Iran et Nasser et Moubarak en Égypte, dont la gouvernance autoritaire a favorisé l'essor de leaders religieux tels l'ayatollah Khomeiny et les Frères musulmans. Cela n'a pas pour but d'exonérer les dirigeants actuels qui instrumentalisent la religion, mais plutôt de démontrer que les causes de la violence sont toujours complexes.

La démonstration d'Armstrong est convaincante, mais elle ne joue pas à l'autruche pour autant. Elle n'est pas tendre envers les fanatiques et autres croisés qui se réclament de la religion pour tuer. Elle soutient, peut-être de façon exagérément clémente, que toutes les grandes traditions religieuses et spirituelles sont fondamentalement fondées sur le rejet de la violence et sur la compassion. Les mouvements politico-religieux qui font l'apologie de la violence s'appuient selon elle sur des interprétations dévoyées de leur propre tradition. Armstrong a reçu un Prix TED en 2008 pour faire la promotion d'une « Charte de la compassion » fondée sur la réhabilitation de la règle d'or voulant que l'on ne fasse pas à son prochain ce que l'on ne voudrait pas qu'il nous fasse. Que l'on soit optimiste ou non quant aux chances de succès de cette initiative, on ne peut que se réjouir que les voix de la paix et de la bienveillance se fassent entendre au sein des traditions religieuses.

18.
L'ERREUR DE LA COUR SUPRÊME DANS LE DOSSIER ÉTHIQUE ET CULTURE RELIGIEUSE[49]

La Cour suprême du Canada a jugé que l'école secondaire Loyola – un collège privé jésuite de Montréal – pouvait enseigner, à certaines conditions, sa propre version du programme obligatoire Éthique et culture religieuse (ÉCR). Le gouvernement du Québec avait refusé d'exempter Loyola de l'obligation d'enseigner le programme tel qu'il a été conçu par le ministère de l'Éducation. La principale différence entre les deux programmes est que celui de Loyola est confessionnel, en ce sens que la foi et la morale catholiques sont promues et utilisées comme cadre de référence, alors que la version du ministère est laïque. ÉCR ne doit en principe ni encourager ni décourager la foi religieuse.

Selon l'article 22 du *Règlement d'application de la Loi sur l'enseignement privé*, le ministère de l'Éducation peut exempter une école d'un programme obligatoire si un programme de remplacement est jugé « équivalent ». Loyola prétendait avoir présenté un programme équivalent, ce que contestait le Ministère. La Cour suprême a donné raison au collège. Mettant un peu d'eau dans son vin, Loyola s'était engagé à enseigner les autres religions de façon neutre et objective, plutôt qu'à la lumière d'un point de vue catholique – comme c'était le cas dans leur première demande d'accommodement. C'est un pas dans la bonne direction, et Québec aurait dû en prendre acte dans sa défense. Par contre, lorsqu'il s'agit du catholicisme, l'enseignement prodigué sera confessionnel, c'est-à-dire que les élèves seront accompagnés dans leur cheminement spirituel et encouragés à s'approprier la doctrine et la morale catholiques. Puisque Loyola est un

49. Publié sur le blogue Politique de *L'actualité* le 20 mars 2015.

collège privé jésuite, il est tout à fait normal qu'il fasse la promotion de la foi catholique. Encore une fois, cela aurait dû être accepté par le procureur général du Québec.

Loyola a aussi obtenu le droit d'ancrer l'apprentissage de la réflexion éthique dans une perspective catholique. C'est là où le bât blesse. Concrètement, cela signifie que la morale catholique sera le système éthique de référence dans les discussions sur les dilemmes éthiques qui se présentent dans la vie individuelle et collective. Ainsi, les prises de position de l'Église catholique romaine sur des questions comme la présence de symboles chrétiens dans les institutions publiques, l'aide médicale à mourir, l'avortement, la contraception, l'homosexualité et des enjeux de bioéthique (comme le clonage ou l'utilisation des cellules souches) pourront être les pierres angulaires de la délibération entre les élèves et l'enseignant. Loyola précise que les réflexions critiques sur les engagements moraux catholiques seront néanmoins accueillies avec respect et que les autres systèmes éthiques seront aussi abordés.

Le programme ÉCR est entré en vigueur en 2008. Il s'inscrit dans le processus de déconfessionnalisation de l'école québécoise. C'est un programme obligatoire enseigné au primaire et au secondaire. Il a remplacé l'ancien programme qui sévissait lorsque j'étais moi-même sur les bancs d'école, à savoir le choix entre l'enseignement confessionnel catholique (ou protestant) et l'enseignement moral. ÉCR est un programme uniforme et obligatoire. Il est composé de deux volets : culture religieuse et éthique. Le volet « culture religieuse » présente les grandes traditions religieuses et spirituelles, en accordant plus de temps à celles qui sont présentes au Québec. Il les présente d'une façon neutre. Il s'agit de permettre aux élèves de comprendre le phénomène religieux dans ses manifestations multiples. Le volet « éthique », pour sa part, n'est pas conçu comme un prêchi-prêcha moraliste et vaguement humaniste. Il s'agit plutôt d'outiller les élèves pour qu'ils acquièrent les aptitudes à raisonner de manière autonome et critique sur les questions éthiques, c'est-à-dire qu'ils apprennent à réfléchir par eux-mêmes et avec les autres sur les enjeux éthiques et politiques qui meublent la discussion publique. Comment distinguer les faits des valeurs ? Est-il possible de formuler un jugement de valeur rationnel et rigoureux ? Si oui, sur quoi doit-il s'appuyer ? Quelles sont les erreurs logiques qu'il faut éviter ? Si je veux me faire ma propre opinion sur un sujet comme le port du niqab à l'occasion d'une cérémonie d'octroi de la citoyenneté, comment dois-je m'y prendre ? Quels sont mes repères ?

L'autre compétence que le programme ÉCR cherche à transmettre est l'apprentissage du dialogue, c'est-à-dire la capacité de discuter de façon respectueuse et productive avec des camarades de classe qui ont des parcours et des systèmes de croyances différents des miens. Même s'il n'est pas formellement conçu comme un cours d'éducation civique, ÉCR contribue fortement à la préparation à la citoyenneté. N'en déplaise à certains, la diversité de la société québécoise s'accentuant toujours davantage, les citoyens de demain devront apprendre à se familiariser avec les différences et à coopérer avec des concitoyens dont les croyances et valeurs sont diverses. Les grandes finalités d'ÉCR sont ainsi la « poursuite du bien commun » et la « reconnaissance de l'autre ». Ce qui me trouble, dans cette décision de la Cour suprême, c'est le peu de cas fait pour les vecteurs d'une citoyenneté commune dans un monde diversifié où les différences sont reconnues et souvent accommodées.

Fait négligé par la Cour, les cours d'ÉCR ne comptent pas pour beaucoup dans la grille-horaire des écoles secondaires. Un enseignant me disait par exemple que son école accordait une période (de 75 minutes) *toutes les deux semaines* à ÉCR en première et deuxième secondaire et une période *par semaine* en quatrième et cinquième secondaire. C'est bien peu. Je n'arrive simplement pas à comprendre comment l'enseignement non confessionnel de la délibération éthique, quelques dizaines de minutes par semaine, peut enfreindre de façon significative la liberté de religion de Loyola. Je rappelle que le programme ÉCR sépare de façon étanche le volet « culture religieuse » et le volet « éthique ». C'est cette séparation qui, à l'origine, a rassuré ceux qui s'inquiétaient que le programme laisse entendre que la morale doive toujours dépendre d'une vision du monde totalisante[50]. Sur ce plan, le programme de rechange proposé par Loyola n'est pas « équivalent ».

50. Daniel Weinstock, « Un discours d'éthique et de culture religieuse : prochain épisode d'un malentendu ? », dans Fernand Ouellet (dir.), *Quelle formation pour l'enseignement de l'éthique à l'école ?*, Québec, Presses de l'Université Laval, 2006, p. 187-196.

Nous avons tous intérêt à ce que les citoyens de demain trouvent la capacité de réfléchir aux questions éthiques sur la base de principes « séculiers » ou « publics » que nous pouvons tous avoir en partage[51]. Cela ne signifie pas que les jeunes ne pourront pas, dans leur propre vie, s'appuyer sur leur religion pour s'orienter moralement, mais bien que l'école doive leur permettre d'acquérir la faculté de délibérer éthiquement en s'appuyant tant sur les faits que sur les valeurs publiques communes. Il s'agit, en quelque sorte, de mettre sur pied un « module mental » indépendant. L'acquisition de cette aptitude au raisonnement éthique indépendant est cruciale, car, dans les sociétés pluralistes, la poursuite du bien commun et la résolution équitable des désaccords politiques exigent qu'on soit capable de quitter momentanément les frontières de notre conception particulière (religieuse ou non) de ce qu'est une vie bonne pour réfléchir à partir de principes que les autres peuvent aussi accepter. Cette dimension du raisonnement public est complètement éludée par les juges. Si on ne peut leur reprocher de méconnaître les rouages du raisonnement éthique, on peut leur en vouloir de ne pas avoir fait preuve de plus d'humilité et de retenue en la matière.

L'argument récurrent des juges de la Cour suprême est que Loyola ne peut plus, en raison du caractère laïque d'ÉCR et de l'intransigeance du Ministère, enseigner la religion catholique à sa manière, c'est-à-dire dans une perspective de transmission de la foi. Les juges cèdent ici à la tentation de la caricature et de la dramatisation. Selon la juge Abella, « le fait d'empêcher une école comme Loyola d'enseigner et d'étudier le catholicisme, le cœur de son identité, selon sa propre perspective dans le cadre de l'ensemble du programme, contribue peu à l'atteinte des objectifs du programme ÉCR tout en portant gravement atteinte aux valeurs qui sous-tendent la liberté de religion ». La petite période d'ÉCR par semaine n'empêche pourtant nullement à Loyola d'avoir des cours de catéchèse à l'horaire. Elle ne l'empêche pas de préparer les élèves aux sacrements. Des activités parascolaires de pastorale peuvent être offertes. Comme il

51. John Rawls, *Libéralisme politique*, tr. fr. Catherine Audard, Paris, Les Presses universitaires de France, 2006; Jocelyn Maclure, « La culture publique commune dans les limites de la raison publique », dans Stéphan Gervais, Dimitrios Karmis et Diane Lamoureux (dir.), *Du tricoté serré au métissé serré? La culture publique commune au Québec en débats*, Québec, Presses de l'Université Laval, 2008, p. 87-108.

s'agit d'une école privée confessionnelle, une prière peut être récitée avant le début des classes, et des symboles religieux chrétiens peuvent orner les murs. Comme atteinte à la liberté de religion d'une personne morale, on a déjà vu pire.

La Cour suprême devait évaluer si les droits du Collège Loyola ont été restreints de façon indue par la décision du Ministère, et tenter de concilier la liberté de religion des appelants et l'intérêt légitime du gouvernement du Québec d'offrir une éducation laïque et pluraliste. La Cour ne pouvait faire autrement que de se fonder sur la preuve déposée pour répondre à la question qui lui était posée. Un tribunal n'est donc pas l'instance la mieux placée pour anticiper les effets collectifs d'un jugement sur un cas d'espèce. Néanmoins, la Cour suprême vient, par son jugement, de permettre à *toutes* les écoles privées confessionnelles de concevoir un programme dit « équivalent » à ÉCR. Les écoles privées qui ne sont pas que nominalement religieuses – qu'elles soient catholiques, protestantes, juives orthodoxes, musulmanes ou apostoliques arméniennes – seront sans doute tentées de concevoir leur propre programme en s'inspirant des balises esquissées dans l'arrêt de la Cour suprême. Lorsque j'étais conseiller pour la commission Bouchard-Taylor, je me souviens que des représentants de la communauté juive hassidique étaient venus nous dire qu'ils ne comptaient pas enseigner la version séculière d'ÉCR.

Il y a au moins 80 écoles religieuses qui offrent un « projet structuré d'éducation à la foi » au Québec, et 34 qui offrent des activités pastorales ou des cours de religion optionnels[52]. Personnellement, je ne vois pas d'un bon œil l'idée que les jeunes qui fréquentent les écoles religieuses apprennent moins bien que les autres que le raisonnement éthique ne doit pas nécessairement être enchâssé dans une doctrine religieuse. Et imaginons les hauts cris qui se feront entendre lorsque des écoles juives orthodoxes et musulmanes voudront élaborer leur propre version d'ÉCR.

En somme, il s'agit d'une décision qui s'appuie sur des arguments fragiles, et dont les conséquences à long terme pourraient être négatives. Les libertés de religion et d'association doivent être

52. Voir le chapitre 38.

protégées, les différences respectées, mais il est tout à fait légitime de se doter d'outils collectifs qui favorisent l'autonomie, le dialogue et la citoyenneté commune. L'arrêt de la Cour suprême nous éloigne d'un équilibre acceptable entre ces valeurs. Une analyse plus approfondie du jugement et des enjeux qu'il soulève est nécessaire, mais je pense que le ministre de l'Éducation du Québec devrait envisager sérieusement la possibilité de proposer un compromis différent aux écoles privées confessionnelles que celui imaginé par la Cour suprême – quitte à utiliser la clause dérogatoire s'il le faut[53].

53. Voir le chapitre 38.

SECTION III.
JUSTICE SOCIALE

19.
LA GAUCHE DE LA RUPTURE ET LA GAUCHE RÉFORMISTE[1]

« Le progrès n'est pas une illusion ; il se produit, mais il est lent et invariablement décevant. »

George Orwell

Je fais partie de la génération de ceux qui ont récolté les fruits des réformes mises en œuvre pendant la Révolution tranquille, en particulier celle de la démocratisation de l'éducation supérieure. J'ai été le premier de ma famille à obtenir un diplôme universitaire. C'est le cas aussi de ma conjointe et d'un très grand nombre de mes amis. En une génération, le Québec a créé les conditions d'une mobilité sociale extrême : des parents qui, dans plusieurs cas, n'avaient pas pu terminer leur secondaire et parfois même leur primaire ont mis au monde des enfants qui ont fait des doctorats et des postdoctorats ! Sans un environnement social et des institutions appropriés, je ne vois pas comment j'aurais pu envisager sérieusement de poursuivre des études avancées à l'université.

Même si les sociologues me classent dans la génération X, sur le plan de l'expérience vécue et interprétée, je n'en fais pas vraiment partie. Il nous a fallu travailler fort, étudier longtemps et parfois nous réorienter – je pense par exemple à mon ami d'enfance, qui doit être l'un des pompiers les plus bardés de diplômes au Québec –, mais nous avons pu trouver ou nous inventer des emplois intéressants. J'étais un gamin lorsque la dystopie punk du *No Future* s'est répandue.

1. Version révisée du texte « La Suède ne s'est pas construite en un jour », *Nouveau Projet*, no 2, automne 2012.

La prise de conscience, au début de l'âge adulte, que j'étais indiscutablement un héritier des réformes de la Révolution tranquille tempérait grandement le discours antiboomers que véhiculaient les vrais X, à savoir nos grands frères et grandes sœurs. À l'âge de vingt ans et des poussières, j'ai eu le plaisir de voir *Le Devoir* accepter de publier le premier texte que j'ai osé lui soumettre: «Pour en finir avec la génération sacrifiée». Je ne recommande à personne la lecture de ce texte, qui suintait l'existentialisme sartrien naïf qui m'imprégnait à l'époque, mais il témoigne d'une certaine expérience phénoménologique du Québec moderne. Indiscutablement trop vieux pour être un Y, je fais partie d'une microgénération qui est tombée dans l'angle mort du regard sociologique.

Cette mobilité sociale accélérée s'explique bien sûr en partie par le retard qui accablait le Québec en matière de scolarisation et par la transformation concomitante d'une économie centrée sur l'exploitation des ressources naturelles et la production industrielle en une économie misant sur le savoir et la créativité. Mais elle est aussi due à un choix collectif en faveur de l'égalité des chances et de la mobilité sociale. On ne l'entend souvent ni à droite ni à gauche par les temps qui courent, mais les progrès réalisés au Québec sur ce plan en quelques décennies seulement sont remarquables.

Le passé récent laisse toutefois penser qu'il est de plus en plus difficile d'établir ce qui constitue, pour le Québec d'aujourd'hui, un progrès. Certains des débats sur des questions de justice distributive ont mis en relief la difficulté, du moins pour les progressistes, de reconnaître le progrès lorsqu'il se présente. Comme je tenterai de le démontrer dans les prochains chapitres, les discours abstraits sur le «néolibéralisme», la «pensée unique» ou l'«austérité» font parfois en sorte que les progressistes s'opposent à des mesures qui auraient pour effet de réduire les inégalités ou de favoriser la mobilité sociale ascendante pour les moins bien nantis. Je prendrai les débats sur la hausse des droits de scolarité et des tarifs des places dans les centres de la petite enfance à témoin[2]. Ces débats ne sont que de nouveaux épisodes du désaccord pérenne entre une gauche volontariste et ambitieuse qui considère que le progrès social exige une rupture radicale par rapport à l'ordre existant et une gauche

2. Voir les chapitres 22 à 24.

réformiste et gradualiste qui soutient que la social-démocratie se construit à coup de victoires partielles obtenues à l'arraché, comme ce fut le cas par exemple avec les normes du travail, l'assurance maladie universelle, l'équité salariale, les congés parentaux, les CPE, les prestations de compassion pour les proches aidants, et ainsi de suite. Bien que cela dépende du contexte, je fais généralement partie du second camp. Le progrès, comme l'a écrit Orwell, est possible, mais il est la plupart du temps lent et décevant. La gauche de la rupture éclipse pourtant largement la gauche réformiste dans les débats sur la justice sociale. Il est temps que la gauche réformiste se redonne une philosophie politique cohérente et retrouve une épine dorsale politique.

• • •

Nos amis Tim et Talia, bien installés avec leurs deux jeunes enfants à Riverdale dans le Bronx, publient parfois sur leur mur Facebook des graphiques comparant les politiques familiales québécoises ou canadiennes aux politiques américaines, accompagnés de remarques annonçant leur départ pour Montréal. Les deux ont des emplois stimulants à Manhattan, mais le coût de l'accès à la propriété, les longues heures de travail et le trajet quotidien pour se rendre au bureau, la courte durée des congés parentaux et l'absence d'un réseau de garderies publiques font qu'ils rêvent à Montréal comme je rêve à Copenhague, Stockholm et Helsinki. En plus, ils connaissent mieux que moi la scène musicale indépendante montréalaise et, même s'ils ne l'admettront qu'à leur corps défendant, ils préfèrent les bagels montréalais à leurs rivaux new-yorkais (comme toute personne honnête).

Le Québec n'est pas un paradis social-démocrate pour autant. Un pourcentage encore trop élevé de la population ne peut utiliser les leviers de la mobilité sociale ascendante. Le filet de sécurité sociale qui leur permet d'éviter la précarité extrême ne s'est pas effiloché dans les dernières décennies[3], mais le train de l'ascension sociale ne s'arrête pas à leur station. Bien que leur destin ne soit pas complètement prédéterminé, les chances qu'ils ont de se réaliser pleinement sont trop restreintes. C'est là, à mon avis, un des

3. Voir le prochain chapitre.

chantiers toujours en cours de la Révolution tranquille. Des programmes visant la petite enfance – du suivi prénatal aux CPE en passant par l'*empowerment* des familles les plus vulnérables – sont les plus susceptibles d'être efficaces pour contrer ce phénomène de reproduction de la pauvreté et de la précarité.

Le progrès, pour le Québec d'aujourd'hui, serait entre autres d'en faire plus de ce côté sans pour autant augmenter le fardeau fiscal des prochaines générations. Peu importe ce qu'en disent les historiens, les politologues et les sociologues, je serai prêt à fermer le livre de la Révolution tranquille une fois que nous aurons progressé encore davantage sur le plan de l'égalité des chances. Je ne retiens pas mon souffle, mais être exposé jour après jour à la compétence et à la bienveillance des éducatrices et éducateurs du CPE que fréquentent mes enfants dans le quartier Centre-Sud à Montréal me permet de garder un peu d'espoir. Les enfants, qui viennent de tous les milieux, sont stimulés, aimés et nourris. C'est beaucoup.

• • •

Ce n'est pas être catastrophiste de penser que demain pourrait être pire qu'aujourd'hui. L'avenir est ouvert, tant au progrès qu'à la stagnation et à la régression. Marx a toujours la cote aujourd'hui, mais pas l'hégéliano-marxisme : rien ne nous garantit que nos échecs et nos apories ne sont que les ruses d'une histoire qui chemine nécessairement et rationnellement vers le progrès. Le capitalisme nous offre tous les jours le spectacle de ses contradictions internes, mais l'image d'une société égalitaire parfaitement immunisée contre les relations de domination est davantage une lubie qu'un horizon.

Nous sommes donc maintenant sagement sceptiques face au Progrès avec un « P » majuscule. C'est une des leçons les plus importantes du « court XXe siècle[4] ». Mais sommes-nous tellement désenchantés que tout ce qui se présente comme un progrès ne peut que relever de la compromission avec un « système » moralement corrompu ? On reproche souvent à la gauche réformiste d'être complaisante ou résignée par rapport au statu quo, voire de le défendre sournoisement. Il faut juger au cas par cas, mais cette attaque ne relève

4. Eric J. Hobsbawn, *L'Âge des extrêmes: Le court vingtième siècle, 1914-1991*, Bruxelles, Éditions Complexe, 1999.

souvent que du procès d'intention. Je préférerai toujours infiniment plus l'attitude, par exemple, d'un Paul Krugman, qui s'est montré un critique tenace de l'administration Obama, que celle d'un Chris Hedges, incapable de faire la part des choses et de reconnaître les bons coups de cette administration, ainsi que les formidables contraintes auxquelles elle a dû faire face. Alors que Krugman a encouragé Obama à *aller plus loin* – à adopter un plan de sauvetage et de stimulation de l'économie plus gros, à confronter les Républicains avec plus de pugnacité sur la régulation des institutions financières et sur les impôts des riches –, Hedges opinait plutôt qu'Obama est le digne représentant (plus précisément le «*posterchild*») de l'«hypocrisie de la classe libérale» et qu'il n'y avait plus rien de bon à attendre de la politique électorale. Peu importe que des dizaines de millions d'Américains de plus aient maintenant accès à une assurance maladie, Obama et Romney, c'est du pareil au même. Si c'est ça être progressiste, je ne vais pas renouveler ma carte de membre[5].

La gauche ambitieuse et volontariste n'a pas à abandonner ses projets de transformation sociale plus radicaux – ces derniers sont nécessaires à l'imagination progressiste. Elle pourrait toutefois aussi en faire davantage pour soutenir les victoires partielles qui nous font cheminer – souvent trop lentement – vers un monde (un peu) meilleur. Il ne sera jamais trop tard pour reprendre la discussion démocratique par la suite. Et dans un contexte où la droite québécoise s'autoexamine et cherche à se définir, il est impératif que la gauche se soumette au même exercice.

Il serait triste que nous perdions la capacité de reconnaître le progrès là où il se pointe, même de façon ombragée. Les pays scandinaves n'ont pas attendu le Grand Soir avant de construire des sociétés à la fois plus égalitaires et plus efficientes[6]. Entre l'indifférence et la table rase, il reste toujours la possibilité de se battre pour des progrès modestes mais bien réels.

---

5. «Libéral» est entendu ici au sens de «progressiste». Entrevue avec Allan Gregg http://allangregg.tvo.org/episode/140579/chris-hedges. Depuis l'écriture de la première version de ce texte, Krugman a émis l'opinion qu'Obama s'est avéré un président remarquable: «In Defense of Obama», *Rolling Stone*, 8 octobre 2014. Voir aussi Dylan Matthews, «Barack Obama is officially one of the most consequential presidents in American history», *Vox*, 14 juillet 2015.

6. Stéphane Paquin, «Quand croissance économique rime avec égalité: le modèle nordique», dans *Miser sur l'égalité*, Alain Noël et Miriam Fahmy (dir.), Montréal, Fides, 2014, p. 91-102.

20.
FAIRE LA JUSTE PART DES CHOSES SUR L'AUSTÉRITÉ[7]

Plusieurs s'inquiètent des conséquences sur la justice sociale et sur nos services publics des mesures d'austérité mises de l'avant par le gouvernement Couillard. Il est vrai que les orientations et engagements du Parti libéral lors de l'élection de 2014 ne laissaient pas entrevoir que nous serions plongés à ce point dans la rationalisation des dépenses publiques. C'est la publication du rapport Godbout-Montmarquette qui a parti le bal[8].

Il y a de bonnes raisons de s'opposer à l'une ou l'autre des mesures d'austérité proposées par le gouvernement Couillard, ou à leurs effets combinés. Les critiques de l'« austérité libérale » s'appuient toutefois généralement sur une lecture tronquée de l'évolution de nos finances publiques dans les deux dernières décennies. Le point de vue dominant chez les critiques est que la lutte actuelle contre les déficits est « idéologique ». Lorsqu'on qualifie un adversaire d'« idéologue », on affirme indirectement qu'il est dogmatique, qu'il est tellement habité par ses convictions, qu'il ne doute plus et qu'il n'est ainsi plus en mesure d'être raisonnable, ouvert d'esprit et pragmatique. Dans l'une de ses chroniques, Josée Legault écrit :

> Inutile de chercher la logique. L'austérité est « idéologique ». Un, parce qu'elle sabre les services publics pour mieux les ouvrir au privé. Deux, parce qu'elle multiplie les tarifs pour la classe

---

7. Version révisée et augmentée de « Faire la juste part des choses sur l'austérité », publié sur le blogue Politique de *L'actualité* le 24 novembre 2014.

8. Gouvernement du Québec, *Rapport d'experts sur l'état des finances publiques du Québec*, Québec, Éditeur officiel du Québec, avril 2014.

moyenne au lieu de tabler sur une fiscalité plus fortement « progressive » et équitable entre particuliers et entreprises[9].

Cette dérive idéologique ne caractérise pas seulement le gouvernement Couillard, mais aussi, selon elle, ceux qui l'ont précédé : « Depuis sa première quête sous Lucien Bouchard, à quelques rares exceptions près, on ne compte plus les génuflexions péquistes ou libérales devant le dogme du déficit zéro[10]. »

Je suis certain que des membres du cabinet Couillard pensent, comme Raymond Bachand avant eux, qu'une « révolution culturelle » s'impose quant au rôle de l'État et du financement des services publics, mais la réalité est néanmoins plus nuancée. Alain Noël, politologue à l'Université de Montréal, affirme que les réformes de la deuxième moitié des années 1990 et du début des années 2000 ont transformé le modèle fiscal et social québécois en *accentuant* son caractère redistributif plutôt qu'en le *réduisant*[11]. Le Québec a réussi à assainir ses finances publiques et à améliorer le ratio dette/PIB tout en adoptant des politiques sociales ingénieuses et en améliorant la situation des familles avec enfants dont les revenus sont modestes.

Comparant le Québec aux autres provinces canadiennes, les politologues Keith Banting et John Myles soutiennent que ces changements ont aidé le Québec à « défier la tendance pancanadienne d'augmentation des inégalités[12] ». Pourtant, je n'ai jamais cessé d'entendre, du début de mes études postsecondaires à aujourd'hui, qu'une vague néolibérale déferle sur le Québec et que l'universalité des services publics est menacée. Or, le Québec a réussi, jusqu'à la crise de 2007-2008, à faire preuve de prudence sur le plan des finances publiques tout en consolidant la solidarité sociale et en œuvrant pour l'égalité des chances. Des politiques comme la Loi sur l'équité salariale, les services de garde éducatifs à contribution réduite, les congés parentaux, l'allocation familiale, les primes au

9. Josée Legault, « À qui profite l'austérité ? », *Le Journal de Montréal*, 11 novembre 2014, p. 36.

10. *Ibid.*

11. Alain Noël, « Quebec's New Politics of Redistribution », dans Keith Banting et John Myles, *Inequality and the Fading of Redistributive Politics*, Vancouver, University of British Columbia Press, 2014, p. 256-284.

12. Keith Banting et John Myles, *art. cit.*

travail et le crédit d'impôt pour solidarité ont permis de maintenir le filet de sécurité sociale et favorisent l'employabilité, particulièrement celle des femmes. C'est une réussite.

Le redéploiement de l'État-providence québécois

La mise en place de services de garde à contribution réduite pour les enfants d'âge préscolaire est sans doute la politique phare de cette phase d'innovation sociale et politique. Dans le centre de la petite enfance que mes propres enfants fréquentent, des enfants vivant dans des HLM côtoient jour après jour des jeunes issus de familles aisées, le tout sous la supervision d'éducatrices et d'éducateurs qualifiés. Le Québec a aussi implanté en 2006 des congés parentaux plus généreux pouvant être répartis entre le père et la mère[13]. Des services de garde abordables et des congés parentaux relativement généreux favorisent grandement l'employabilité des femmes ainsi qu'une plus grande égalité dans la répartition des responsabilités parentales au sein de la famille. En plus d'être justes, ces programmes sont de formidables politiques de création d'emplois. Les chercheurs Luc Godbout, Pierre Fortin et Suzie St-Cerny estiment que la disponibilité de services de garde à contribution réduite au Québec avait incité, en 2008, près de 70 000 mères de plus à détenir un emploi qu'en l'absence d'un tel programme[14]. Ajoutons à cela que le gouvernement Bouchard a fait adopter en 1996 la Loi sur l'équité salariale qui a pour but de corriger les écarts salariaux dus à la discrimination fondée sur le sexe au sein des entreprises, ce qui a eu entre autres pour effet d'améliorer les conditions salariales inhérentes aux catégories d'emplois à prédominance féminine. Ce n'est

13. On perd souvent de vue que le régime québécois d'assurance parentale est progressif en ce sens que les pertes de revenus induites par l'arrêt de travail sont corrélatives au revenu du parent. Le Régime québécois d'assurance parentale (RQAP) remplace jusqu'à 70 % du salaire du parent jusqu'à concurrence d'un revenu de 70 000 $. Autrement dit, les revenus excédentaires ne sont pas assurables et ne sont donc pas compensés par le RQAP. Ajoutons que le RQAP prévoit un montant additionnel si le revenu familial net est inférieur à 26 000 $. En bref, plus on est riche, plus le congé parental est coûteux. Les régimes d'assurance parentale privés peuvent être plus généreux, mais la période couverte est généralement plus courte. Ajoutons que le programme québécois de Soutien aux enfants, qui a remplacé en 2005 les anciennes allocations familiales, est aussi ajusté en fonction du revenu.

14. Pierre Fortin, Luc Godbout et Suzie St-Cerny, *L'impact des services de garde à contribution réduite du Québec sur le taux d'activité féminin, le revenu intérieur et les budgets gouvernementaux*, Chaire de recherche en fiscalité et en finances publiques de l'Université de Sherbrooke, avril 2012.

pas le seul facteur, mais ce panier de politiques publiques a presque assurément contribué au mini *baby boom* que connaît le Québec depuis les années 2000. Le taux de fécondité des femmes est passé de 1,45 en 2000 à 1,73 en 2009.

Une autre politique qui est généralement passée sous silence mais qui me semble d'une importance cruciale est la prime au travail qui vise à inciter les personnes dont les revenus sont modestes à rester sur le marché du travail ou à l'intégrer[15]. Le but de la prime au travail est par exemple de faire en sorte qu'une personne recevant des prestations d'aide sociale ne se prive pas d'accepter un emploi parce que le jeu n'en vaudrait pas la chandelle. La prime au travail rend le travail payant par rapport à l'aide sociale puisque le bénéficiaire ne voit pas ses prestations gouvernementales disparaître complètement dès qu'il accepte un travail faiblement rémunéré.

De plus, les droits de scolarité à l'université ont été gelés de 1994 à 2007, ce qui, étant donné l'inflation, équivalait à une réduction du coût des études universitaires. Bien que j'expliquerai au chapitre 24 pourquoi je considère que des droits de scolarité bas et uniformes posent problème sur le plan de la justice sociale, il est indéniable qu'ils favorisent l'accès à l'enseignement supérieur, en particulier chez les jeunes adultes qui viennent de milieux modestes ou dont les parents ne sont pas allés eux-mêmes à l'université.

Toutes ces politiques publiques sont des mesures redistributives qui favorisent l'égalité et la mobilité sociale ascendante. De façon générale, elles contribuent à rendre la société plus juste puisqu'elles relativisent l'importance de facteurs comme les inégalités familiales et le genre dans le devenir des personnes. Cela dit, il faut aussi ajouter que ces mesures sont justifiées sur le plan de l'efficience ou de la richesse collective. Ces politiques s'inscrivent dans la perspective de l'« investissement social[16] ». Certaines politiques sociales n'ont pas d'abord pour but de soulager la misère et d'offrir un filet de sécurité sociale aux plus démunis, mais plutôt de favoriser l'employabilité ou l'acquisition de compétences chez les personnes qui en bénéficient.

---

15. Gouvernement du Québec, *La prime au travail, la prime au travail adaptée et le supplément à la prime au travail*, Québec, Éditeur officiel du Québec, 2015.

16. Voir Jane Jenson, « Historical Transformations of Canada's Social Architecture : Institutions, Instruments, and Ideas », dans Banting et Myles, *op. cit.*, p. 55.

Ces politiques permettent aux sociétés de se rapprocher de l'idéal d'égalité des chances tout en favorisant la participation des individus au marché du travail.

Les congés parentaux font en sorte que les parents peuvent prendre soin de leurs enfants pendant au moins leur première année de vie – une année cruciale sur le plan du développement de l'enfant – sans devoir se passer de salaire et craindre de perdre leur emploi. La disponibilité de places de qualité mais abordables en CPE incitent les parents qui le souhaitent à travailler et à développer ainsi leurs compétences professionnelles tout en sachant que leurs enfants évolueront dans un environnement sécuritaire et stimulant. Les primes au travail sont un incitatif à quitter l'aide sociale et contribuent à améliorer l'employabilité de personnes qui sont désavantagées par la structure contemporaine du marché de l'emploi. L'absence de droits de scolarité au cégep et les droits peu élevés à l'université encouragent l'éducation postsecondaire, ce qui est vital dans le contexte d'une économie du savoir.

Toutes ces mesures aident l'économie québécoise à se diversifier et à s'adapter aux exigences des sociétés postindustrielles. Il s'agit de politiques sociales qui sont aussi des politiques économiques efficientes. Pour reprendre le concept élaboré par Amartya Sen et Martha Nussbaum[17], ces politiques contribuent au développement des capacités des personnes qui en bénéficient, en particulier des populations vulnérables comme les enfants qui naissent dans des familles éprouvées par la pauvreté et des adultes ayant bénéficié d'assistance sociale.

De façon tout aussi impressionnante, le gouvernement péquiste de Lucien Bouchard a aussi adopté des mesures s'ancrant davantage dans une perspective de solidarité sociale que d'investissement social. En bonne partie, il est vrai que, pour construire un consensus sur les politiques d'austérité budgétaire, le gouvernement Bouchard a indexé à sa politique de « déficit zéro » une clause d'« appauvrissement zéro ». Grâce en bonne partie à la détermination du Collectif

17. Amartya Sen, *Un nouveau modèle économique : développement, justice, liberté*, tr. fr. Michel Bessières. Paris, Éditions Odile Jacob, 2003 ; Martha Nussbaum, *Femmes et développement humain : l'approche des capabilités*, tr. fr. Camille Chaplain Paris, Des femmes-Antoinette Fouque, 2008.

pour un Québec sans pauvreté, le gouvernement Landry a ensuite fait adopter en 2002 la *Loi visant à lutter contre la pauvreté et l'exclusion sociale.*

L'effet combiné des mesures a été, selon Alain Noël, une amélioration notable des conditions de vie des familles pauvres et de la classe moyenne inférieure ayant des enfants, alors que les conditions des personnes seules et des ménages sans enfants vivant sous le seuil de la pauvreté ne se sont guère améliorées. De plus, le coefficient de Gini, qui mesure les inégalités de revenu, a augmenté un peu à partir de 1993 pour se stabiliser en 2001. Alors que le coefficient de Gini s'est dégradé dans les autres provinces canadiennes, il a faiblement augmenté sur le plan du revenu après impôts au Québec de 1995 (0,280) à 2011 (0,293), et ce, en bonne partie grâce aux politiques redistributives québécoises.

Il y a certes place à l'amélioration, mais il est faux d'affirmer que le filet de sécurité sociale s'est effiloché et que les inégalités ont augmenté rapidement pendant les gouvernements Bouchard, Landry et Charest. Le gouvernement Charest a bien tenté d'opérer une « réingénierie » de l'État québécois, mais il a dû rapidement faire marche arrière dans sa tentative de réformer de fond en comble le « modèle québécois[18] ». S'ils veulent contribuer à une discussion démocratique véritablement éclairée, ceux qui reprennent le refrain de l'étau néolibéral qui comprime l'État-providence québécois depuis vingt ans doivent offrir un portrait plus nuancé de l'évolution de la social-démocratie québécoise.

18. Voir C. Rouillard, I. Fortier, É. Montpetit, A-G. Gagnon, *De la réingénierie à la modernisation de l'État québécois*, Québec, Presses de l'Université Laval, 2009.

21.
LES FINANCES PUBLIQUES ET LA CRISE DE 2008 : OÙ SONT LES KEYNÉSIENS ?[19]

Les progressistes décrient généralement les mesures de compression budgétaire. Ils se disent toutefois, pour la plupart, « keynésiens », en ce sens qu'ils s'inscrivent dans le sillage de la théorie de l'économiste britannique John Maynard Keynes (1883-1946). Pour mon propos, les « keynésiens » sont ceux qui soutiennent que l'État doit investir pour stimuler l'économie en période de récession, quitte à faire des déficits. Des néokeynésiens comme les économistes nobélisés Joseph Stiglitz et Paul Krugman disaient, avec raison, qu'il était absurde et contre-productif de réduire les dépenses de l'État pendant la Grande Récession de 2008 car une bonne partie, sinon la totalité, des économies allaient être annulées par la diminution des recettes fiscales engendrées par les coupes budgétaires. En temps de récession, les coupes font mal aux personnes affectées tout en étant inefficientes. Une politique d'austérité représente donc le pire des deux mondes.

Cela étant, un keynésien cohérent doit aussi défendre des politiques d'élimination des déficits en temps de croissance économique. C'est l'envers de la médaille. Il faut d'ailleurs rappeler que c'est précisément parce que le Québec n'accumulait pas déjà les déficits qu'il a pu adopter des mesures keynésiennes de stimulation de l'économie dans la foulée de la crise financière de 2007-2008. Ces mesures nous ont permis de sortir relativement rapidement de la récession, en dépit de la lente reprise aux États-Unis. Mais comme la croissance économique est faible, que la population active croît

---

19. Version révisée de « Is Quebec More Left-Wing ? », publié sur le blogue *In Due Course* le 22 avril 2014.

peu et que les coûts du système de santé continuent d'augmenter, la sortie des déficits post-crise financière s'avère laborieuse au Québec.

Comme j'ai commencé à l'expliquer au chapitre précédent, j'ai ainsi un peu de mal à comprendre ceux qui soutiennent que nous subissons l'idéologie de l'austérité depuis plusieurs années. Le Québec fait des déficits depuis 2009. Je suis d'accord avec ceux qui soutiennent que le gouvernement libéral de Philippe Couillard aurait dû étaler l'élimination du déficit sur quelques années plutôt que de vouloir atteindre l'équilibre budgétaire coûte que coûte dès 2015-16[20], mais ceux qui soutiennent cette position doivent aussi accepter que l'élimination du déficit demeure souhaitable.

Être préoccupé par nos finances publiques n'implique pas que l'on soit contre l'intervention de l'État ou que l'on dramatise la situation budgétaire du Québec. Comme l'explique Pierre Fortin[21], le ratio dette publique/PIB n'est pas, à 54 %, catastrophique. Mais ce ratio n'est pas catastrophique précisément parce que la prudence budgétaire a guidé les gouvernements péquistes et libéraux depuis le milieu des années 1990. Il est ainsi tout à fait possible et cohérent de souhaiter que les déficits se résorbent et que le poids de la dette dans l'économie diminue afin que le Québec ait les moyens de financer les politiques de solidarité sociale, d'égalité, de qualité de vie et d'employabilité qui en font une société distincte en Amérique du Nord, tout en étant prêt à faire face à de nouveaux épisodes de ralentissement économique ou même de récession.

Cela dit, le caractère déséquilibré des mesures proposées par le gouvernement pour éliminer le déficit, ainsi que son empressement qui semble plus motivé par le calendrier électoral que par une véritable nécessité économique, ne facilitent en rien une appréhension raisonnée de notre réalité. On sait que le gouvernement n'hésite pas à regarder du côté de la hausse des tarifs pour augmenter les recettes publiques, mais il faudra bien qu'on explique un jour pourquoi l'augmentation de la taxe sur les gains en capital et sur les dividendes, ou des impôts des très hauts salariés ou des entreprises,

20. Gilbert Leduc, « Finances publiques : Québec va trop vite, selon Pierre Fortin », *Le Soleil*, 21 novembre 2014, p. 24-25.

21. Pierre Fortin, « Dette du Québec : rien ne justifie la panique », *L'actualité*, 29 avril 2015.

n'est pas prise en considération. On sait que l'impôt sur les profits des entreprises et les gains en capital n'est pas particulièrement élevé au Québec. De plus, le seuil d'imposition marginal supérieur est placé à 100 000 $. N'y a-t-il pas lieu d'examiner l'impact d'une hausse des taux marginaux d'imposition pour les très fortunés ? Est-ce acceptable que le taux d'imposition marginal d'un contribuable qui a des revenus de 100 000 $ soit le même que celui dont les revenus dépassent 500 000 $? Jusqu'où pouvons-nous augmenter les taxes sur le capital ou sur la richesse totale des particuliers sans que cela entraîne des pertes d'efficience significatives qui auraient un impact négatif sur nos politiques redistributives[22] ? Et pourquoi pas un débat sur l'ajout d'une taxe progressive et modérée sur la transmission du patrimoine ?

Il faudrait aussi que l'on nous dise quelles sont les nouvelles mesures qui permettront de faire de nouveaux gains sur le plan de la lutte contre l'évasion fiscale[23]. Les critiques auront toujours la partie facile si ce sont toujours les mêmes qui sont appelés à faire des sacrifices.

Il y a beaucoup de surenchère, de catastrophisme et d'indifférence aux faits dans notre débat sur le financement des services publics. Le gouvernement Couillard doit toutefois donner l'assurance que l'élimination des déficits ne reposera pas exclusivement sur les épaules des salariés de la classe moyenne supérieure et de ceux qui se situent tout juste au-dessus. Si on peut demander à la gauche de dépasser le réflexe de la critique du « démantèlement de l'État » et du « néolibéralisme », on peut demander à la droite de ne pas disjoncter si l'augmentation du fardeau fiscal des plus fortunés et des entreprises est considérée.

22. Voir Thomas Piketty, « Un État social pour le XXIe siècle », dans *Le capital au XXIe siècle*, Paris, Éditions du Seuil, 2013, p. 751-792.

23. Voir l'ouvrage de mon collègue Peter Dietsch, *Catching Capital – The Ethics of Tax Competition*, Oxford, Oxford University Press, 2015.

22. LE FAUX DILEMME ENTRE L'IMPÔT PROGRESSIF ET LA TARIFICATION PROGRESSIVE : LE CAS DES CENTRES DE LA PETITE ENFANCE[24]

Le gouvernement Couillard a décidé d'augmenter le tarif des places en CPE pour bon nombre de familles. Les familles qui ont un revenu *net*[25] de 50 000 $ et moins continueront de payer 7,30 $/jour, alors que celles qui se trouvent dans la tranche de 50 000 $ à 75 000 $ paieront 8 $. Un ménage ayant un revenu net de 100 000 $ doit maintenant débourser 11,40 $/jour[26], un tarif qui monte à près de 18 $ pour ceux qui font 150 000 $. Le tarif maximal de 20 $ est atteint à un revenu net de 156 000 $ et plus. Comme c'est toujours le cas lorsqu'il s'agit des questions touchant à la tarification des services publics, cette décision a soulevé un débat passionné.

Une des dimensions particulièrement intéressantes du débat sur la tarification *progressive* est que l'on peut s'y opposer pour des raisons qui sont diamétralement opposées. D'un côté, des personnes, certaines à droite, d'autres non, s'insurgent contre l'idée de devoir payer davantage que les ménages dont les revenus sont plus modestes en raison du fait qu'ils paient déjà, toutes proportions gardées, plus d'impôts que ceux qui sont moins fortunés. Comme notre système d'imposition progressive fait déjà en sorte que le taux marginal d'imposition des mieux nantis est plus élevé, il serait

---

24. Tiré de « Le faux dilemme entre la tarification et l'impôt progressif », publié sur le blogue Politique de *L'actualité* le 7 novembre 2014, et de « Gel et dégel. Comment faire payer les riches ? », *Nouveau Projet – Suppléments Web*, 18 octobre 2012.

25. Le revenu net est le revenu brut moins un certain nombre de déductions admissibles.

26. L'outil de calcul du ministère du Revenu indique qu'il faut soustraire 2 $ à ce montant en raison de la déduction fédérale pour les frais de garde.

inéquitable de leur demander en plus de payer davantage pour des services publics. Autrement dit, la *progressivité de l'imposition* doit aller de pair avec *l'uniformité des tarifs* pour être équitable. Ces personnes ne militent pas nécessairement pour des baisses d'impôt, mais elles considèrent qu'elles font déjà largement leur juste part. Leur position n'est pas du tout frivole, mais je ne vais pas tenter de la contredire ici. Je considère de façon générale qu'il est légitime de demander aux fortunés et aux très fortunés d'en faire davantage, quitte à ce qu'ils réduisent leur consommation.

De l'autre côté, des progressistes se réveillent la nuit pour haïr la tarification. Contrairement aux premiers, ceux-ci soutiennent qu'il serait plus juste d'ajouter des paliers d'imposition pour les mieux nantis que de moduler les tarifs en fonction des revenus. Possiblement parce que la tarification est associée à la droite économique et à l'idéologie de l'« utilisateur-payeur », même l'idée d'une tarification *progressive* est rejetée. C'est à l'imposition progressive de redistribuer la richesse, pas à la tarification.

Rarement a-t-on vu la gauche et la droite s'entendre aussi bien sur une question concernant le financement des services publics et la distribution de la richesse. La Coalition Avenir Québec parle d'une « nouvelle taxe » qui augmente le fardeau fiscal des ménages, alors que Françoise David y voit, comme elle l'a exprimé sur sa page Facebook, une attaque en règle contre l'État-providence :

> Les plus riches paient déjà plus cher à travers l'impôt, pas besoin de nouvelles structures ! On s'apprête à mettre le doigt dans un engrenage bien dangereux. Les autres provinces nous envient et on s'apprête à sacrifier l'universalité qui fait notre fierté ! À Toronto, le coût mensuel d'une place en garderie à but non lucratif est de 835 $ pour un bambin et parfois de 1 500 $ pour un poupon.

Sachant que ce sont les ménages dont les revenus dépassent 156 000 $ qui subissent l'augmentation la plus forte des tarifs, il est pour le moins surprenant que la chef spirituelle de Québec solidaire monte aux barricades. D'autant plus que QS propose dans son programme d'ajouter des paliers d'imposition pour les plus riches !

Plus fondamentalement, je n'ai pas encore trouvé l'explication et la justification de la proposition voulant que seule l'imposition progressive puisse favoriser l'égalité et la solidarité. La tarification progressive, après tout, fait payer les plus riches pour des services qu'ils désirent obtenir. S'il s'agit, par exemple, d'augmenter modérément le prix des places dans les CPE, les droits de scolarité ou les tarifs d'hydroélectricité pour les plus fortunés, nous demeurons loin d'une application intégrale du principe régressif de l'« utilisateur-payeur ». Il s'agit plutôt de faire payer un peu plus le bénéficiaire d'un service public qui en a les moyens. Je note aussi qu'une tarification modulée en fonction du revenu pourrait aussi permettre de *diminuer* les tarifs pour les ménages les plus pauvres, ce qui serait particulièrement souhaitable en ce qui concerne les places en CPE.

Il faut éviter, lorsqu'il est question des politiques fiscales et de justice distributive, le sophisme du faux dilemme. Ce n'est pas parce que l'on pense que la tarification progressive doit être envisagée qu'on ne peut pas soutenir l'impôt progressif, la taxation du capital ou la lutte contre l'évasion fiscale. Il s'agit de se rapprocher de l'assortiment de mesures fiscales qui concilient le mieux équité, solidarité et efficience. L'impôt progressif demeure la pierre angulaire d'un schème redistributif qui se veut égalitariste. Mais il ne faut pas non plus en faire un fétiche.

Lorsqu'on défend la position qu'il est préférable d'ajouter des paliers d'imposition *plutôt* que de moduler les tarifs en fonction des revenus, on dit que ceux qui, par exemple, n'ont pas d'enfants doivent financer *à la même hauteur* les services de garde que les parents qui en bénéficient. Je suis parfaitement d'accord avec l'idée que ceux qui n'ont pas d'enfants bénéficient du fait que certains de leurs concitoyens aient des enfants, mais ils n'en bénéficient quand même pas autant que les parents qui, comme moi, ont des enfants en CPE. Ce principe est d'ailleurs déjà à l'œuvre. Après tout, les places en CPE ne sont pas gratuites. Les progressistes qui s'opposent à la tarification progressive considèrent-ils qu'il ne devrait pas y avoir de tarif du tout ? Ou que 7 $/jour est le montant maximal qu'il faut demander aux familles ? Le cas échéant, pourquoi ?

Je ne suis pas en mesure d'en proposer une ici, mais une philosophie politique de la fiscalité est plus que jamais nécessaire. L'État dispose de plusieurs types de ponctions et de cotisations pour financer ses activités. Tout cela relève de la logique des moyens. Au Québec, l'impôt sur le revenu compte pour 12 % du budget provincial. En Suède, l'imposition est progressive, mais bien moins qu'on le laisse souvent entendre. L'exemption de base est beaucoup plus basse qu'au Québec/Canada – ce qui signifie que même ceux qui ont un revenu modeste paient de l'impôt – et les taxes à la consommation sont très élevées. De façon générale, dans les pays scandinaves, les impôts sont élevés pour tout le monde, mais les paliers d'imposition sont peu nombreux[27]. L'impôt est en fait plus progressif dans les modèles libéraux ou anglo-américains de l'État-providence que dans les régimes sociaux-démocrates[28]. Ajouter des paliers d'imposition peut parfois être une solution souhaitable, mais on sait que la comptabilité agressive, les échappatoires et l'évasion fiscale réduisent l'efficacité d'une telle approche. Il est aussi difficile de prévoir quels sont les impacts d'une augmentation des impôts sur le revenu, les gains en capital et les dividendes. Si le « vote avec les pieds » d'un certain nombre de contribuables et d'entreprises et la plus grande difficulté à attirer des travailleurs spécialisés étrangers viennent neutraliser en partie l'effet des augmentations, nous y perdons au change. L'efficience ne doit pas prévaloir sur la justice, mais entre deux politiques justes, il faut choisir la plus efficiente[29].

Entendons-nous : j'aurais du mal à comprendre qu'une personne décide d'aller s'établir ailleurs en raison d'une augmentation de ses impôts, mais cela reste une possibilité réelle que ceux qui conçoivent les politiques publiques ne peuvent balayer du revers de la main. Il est difficile, en revanche, de contourner une hausse des

27. Olivier Jacques et Alain Noël, « Tous bénéficient, tous contribuent : Préserver et bonifier les assises fiscales du modèle québécois », Mémoire présenté à la Commission d'examen sur la fiscalité québécoise, Montréal, 10 octobre 2014.

28. Voir Gøsta Esping-Andersen, *Les trois mondes de l'État-providence : Essai sur le capitalisme moderne*, Paris, Les Presses universitaires de France, 2007.

29. Mon point de vue est un peu différent de celui de Joseph Heath. Si ce dernier a raison d'avancer que les progressistes devraient accorder plus d'attention au principe d'efficience, je ne crois pas qu'on doive lui attribuer le même statut que des valeurs comme l'égalité ou l'équité. Voir Joseph Heath, « Chapitre 1 : Qu'est-ce qu'une société efficiente ? », *La société efficiente*, Montréal, Les Presses de l'Université de Montréal, 2002.

tarifs : les plus fortunés ne cesseront pas d'envoyer leurs enfants au CPE ou de les encourager à aller à l'université. Et tant mieux s'ils décident de réduire leur consommation d'électricité ! La taxation de la consommation, en particulier sur les biens de luxe, doit aussi être envisagée pour financer les services publics[30]. L'exemption des produits de consommation essentiels, un remboursement partiel des taxes à la consommation (TVQ, TPS) payées par les moins bien lotis et une surtaxe sur des biens de luxe peuvent aussi contribuer à la progressivité de notre régime fiscal. L'impôt progressif sur le revenu n'est donc pas le *seul* mécanisme de redistribution de la richesse. La tarification en fonction du revenu ne me semble d'aucun intérêt lorsqu'il s'agit de financer une assurance collective comme un système de santé public. Elle mérite toutefois d'être prise en considération lorsque nous sommes en présence de ce que l'on peut appeler des « biens hybrides », c'est-à-dire des biens qui profitent à la fois à la collectivité et aux personnes qui en bénéficient[31]. C'est le cas des services de garde et des études universitaires. Dans les deux cas, les bénéficiaires paient environ 15 % du coût des services, et la collectivité paie le reste. Dans un contexte où le filet de solidarité sociale risque de commencer à s'effilocher, il m'apparaît sain que l'on considère augmenter certains tarifs pour ceux qui en ont les moyens.

En somme, il est temps de reconnaître que l'impôt sur le salaire et les autres sources de revenu, les taxes à la consommation et la tarification de certains services publics sont tous nécessaires, bien qu'ils puissent tous aussi avoir des effets indésirables. Cela ne fait pas un très bon slogan, mais il s'agit aujourd'hui de penser à l'assemblage le plus harmonieux et efficient de ces différentes sources de revenu pour le Trésor public.

30. Un économiste progressiste comme Robert H. Frank appelle de ses vœux le remplacement de l'impôt progressif sur le revenu, qu'il juge en partie contreproductif, par une taxe progressive sur la consommation. (*The Darwin Economy*, Princeton, Princeton University Press, 2011, chapitre 5). On sait que la commission Godbout sur la fiscalité a proposé de financer une baisse d'impôt sur le revenu par une hausse de la TVQ.

31. Voir le chapitre 24.

23.
À LA DÉFENSE DES CENTRES DE LA PETITE ENFANCE[32]

C'était une journée spéciale, jeudi, dans le groupe de ma plus vieille, au CPE. En arrivant le matin, un des éducateurs, qui est aussi artiste visuel à ses heures, m'a offert d'aller voir l'exposition de sculptures fabriquées par les enfants. Elles étaient accrochées sur des murs blancs, dans une petite salle à part, comme si on était dans une galerie. Les enfants y ont travaillé pendant deux ou trois semaines. La fierté se lisait sur leurs visages. À 17 h, nous étions conviés à assister au spectacle de cirque que les enfants avaient préparé avec leur autre éducatrice. Nous avons d'abord récupéré le plus jeune dans son groupe et nous nous sommes ensuite installés pour regarder notre fille et ses amis saltimbanques. Elle faisait partie du premier groupe. Elle devait marcher sur une poutre en gardant son équilibre et en agitant élégamment des rubans. Le second groupe plongeait dans un cerceau enflammé en terminant avec une culbute. Tous les enfants avaient pratiqué leur salut. Les parents étaient émus et les enfants ont été chaudement applaudis.

C'est la dernière année de Léanne au CPE. Ma conjointe et moi serons éternellement reconnaissants d'avoir pu bénéficier des investissements de la société québécoise dans la petite enfance. J'ai été, année après année, renversé par la qualité des services offerts. Les éducatrices et éducateurs sont compétents, allumés et aimants. Les installations sont très fonctionnelles. On porte attention à la qualité de l'alimentation. Les enfants vont souvent jouer dehors dans la cour ou dans l'un des nombreux parcs à proximité. En plus, comme le CPE est situé dans le quartier Centre-Sud de Montréal, les enfants

32. Publié sur le blogue Politique de *L'actualité* le 29 novembre 2014.

viennent de milieux socioéconomiques et culturels variés, exactement comme le souhaitaient ceux qui ont inspiré le Parti québécois lorsque le programme a été créé.

Il se peut que je tende à généraliser abusivement à partir de ma propre expérience lorsque je parle des CPE. Léanne a néanmoins passé quatre mois dans une garderie en milieu familial subventionnée avant qu'une place au CPE nous soit offerte. Je n'oublierai jamais Setareh, qui dirigeait une école primaire en Iran avant de s'installer au Québec, qui nous accueillait chez elle le matin. Elle était compétente et bienveillante, mais sa garderie ne pourra jamais offrir la même qualité d'expérience que notre CPE. Nos enfants vont aux pommes, au musée, à la bibliothèque et au zoo ; ils vont au centre communautaire une fois par semaine pour favoriser leur psychomotricité, ils font un spectacle de Noël, etc. Même si le ratio enfants/éducatrices n'est pas particulièrement bas dans les CPE[33], les éducatrices sont qualifiées et des stagiaires motivées viennent souvent leur prêter main-forte. Je suis certain que certaines garderies privées sont de grande qualité, mais les incitatifs à l'œuvre encouragent la réduction des dépenses en vue d'une plus grande rentabilité. Comme le rappelle le politologue Luc Turgeon, le tiers des places dans les services de garde au Québec est dans les garderies à but lucratif, mais 70 % des plaintes reçues par le ministère de la Famille pour l'année 2013-14 les concernaient.

Je l'ai déjà écrit : je considère qu'il est acceptable de demander aux ménages fortunés de payer davantage pour ce service public[34]. Le tarif maximum doit demeurer relativement bas et l'accessibilité doit être conservée pour les familles moins fortunées. Les services de garde à contribution réduite favorisent grandement la participation des femmes au marché du travail et sont une formidable politique de conciliation travail-famille. Bien que je demeure ouvert d'esprit, j'ai du mal à comprendre de quelle façon la modulation des tarifs pourrait décourager le travail des femmes ayant un revenu modeste.

33. Luc Turgeon, « Grandeur et misère du système québécois de services de garde à l'enfance », publié sur le blogue *In Due Course*, novembre 2014.

34. Voir le chapitre précédent.

Un ménage ayant un revenu net de 100 000 $ paierait 3,40 $ de plus par jour. Il n'est pas évident de comprendre pourquoi cela inciterait des femmes à se retirer du marché du travail. Je comprends les craintes de Laura O'Laughlin[35], mais son propos est très abstrait. Il aurait été utile qu'elle discute de cas de figure. Il est bien difficile de croire que la modulation en fonction des revenus aurait pour effet de faire fuir les parents des CPE, de décourager des femmes ou des hommes de travailler à l'extérieur de la maison, ou encore d'inciter à ne pas ou à ne plus avoir d'enfants. Comme l'a souligné Alec Castonguay, il y a de l'exagération dans l'air[36].

Ce qui est fortement déplorable dans la politique gouvernementale en matière de petite enfance, c'est plutôt l'absence évidente de volonté de poursuivre l'expansion du réseau des CPE. Le gouvernement compte augmenter le nombre de places à contribution réduite en misant sur les garderies privées[37]. Alors qu'il faudrait investir dans les services de garde *éducatifs* dans les milieux défavorisés, le gouvernement compte rendre l'ouverture de nouveaux CPE plus difficile. On sait que c'est pour les enfants des familles plus pauvres que les gains cognitifs sont les plus importants lorsqu'ils fréquentent des services de garde éducatifs[38], mais aussi que ce sont eux qu'on retrouve le moins dans ces installations[39]. Ce sont les familles les plus aisées qui envoient le plus massivement leurs enfants dans les CPE. Les politiques sociales les plus innovantes aujourd'hui sont celles qui favorisent l'égalité tout en étant des investissements pour l'avenir qui profitent à l'ensemble de la société. Les services de garde éducatifs abordables sont peut-être le meilleur exemple : ils favorisent la mobilité sociale ascendante, la participation au marché du travail et la conciliation travail-famille. Si on investissait dans les CPE une partie des sommes récoltées en faisant payer davantage les

35. Laura O'Laughlin, « Tarifs de garde : l'attrait du Québec en sera réduit », publié sur le blogue Économie de *L'actualité*, 26 novembre 2014.

36. Alec Castonguay, « Tarifs de garde : il y a de l'exagération dans l'air », publié sur le blogue Politique de *L'actualité* le 6 novembre 2014.

37. Robert Dutrisac, « Québec mise sur les garderies commerciales », *Le Devoir*, 28 novembre 2014, p. A1.

38. Luc Turgeon, *art. cit.*

39. Gouvernement du Québec (Institut de la statistique du Québec), *Enquête sur l'utilisation, les besoins et les préférences des familles en matière de services de garde, 2009*, Québec, Éditeur officiel du Québec, 2011.

familles aisées, notre réseau pourrait se rapprocher de ce qui se fait de mieux dans les pays scandinaves. Investir dans les CPE est bon à court et à long terme.

Philippe Couillard a dit, en campagne électorale, qu'il fallait assainir les finances publiques pour sauver la social-démocratie québécoise. Qu'en est-il de cet engagement ? Quelles sont les politiques qui permettront d'actualiser notre social-démocratie ? Pour l'instant, le « repositionnement » de l'État annoncé par le ministre Coiteux implique principalement une réduction des interventions de l'État et de ses revenus. Nous sommes bien loin de la social-démocratie.

24.
LE DÉBAT SUR LES DROITS DE SCOLARITÉ : LES PROGRESSISTES FONT-ILS FAUSSE ROUTE ?[40]

À l'heure où j'écris ces lignes, près de 200 000 étudiants des cégeps et des universités sont en grève illimitée, dont certains depuis déjà plus d'un mois. Il est bien difficile de ne pas être galvanisé par la force de la mobilisation étudiante contre la hausse des droits de scolarité décrétée par le gouvernement du Québec. Les étudiants se serrent les coudes et font preuve d'une détermination inspirante. Il est réjouissant aussi de constater qu'un grand nombre d'étudiants ont sauté sur l'occasion pour s'informer, développer un contre-discours crédible et se familiariser avec les rouages de l'engagement politique.

La frénésie environnante n'est toutefois pas très propice à une réflexion nuancée et authentiquement ouverte sur le financement des universités et les droits de scolarité. S'il y a un débat gauche-droite sur les droits de scolarité au Québec, les progressistes n'ont pas, à mon avis, suffisamment débattu des forces et des faiblesses des différents scénarios possibles. Il y a bien sûr des exceptions, mais la gauche est pour l'essentiel partagée entre le gel des droits de scolarité et leur abrogation pure et simple[41]. Ce positionnement n'a pourtant rien d'évident.

Le gouvernement libéral justifie la hausse en avançant que les universités québécoises sont sous-financées et que les étudiants doivent faire leur « juste part » dans la lutte pour assainir les finances publiques. Les droits de scolarité sont, au Québec, bas (dans le

40. Tiré de « Au Québec, une université accessible à tous », publié dans le quotidien français *Le Monde*, 16 mai 2012, et de « Le débat sur les droits de scolarité au Québec : les progressistes font-ils fausse route ? », *Options politiques*, vol. 33, no 5, mai 2012, p. 68-71.

41. Voir Gabriel Nadeau-Dubois (dir.), *Libres d'apprendre*, Montréal, Éditions Écosociété, 2014 ; Michel Seymour, *Une idée de l'université*, Montréal, Boréal, 2013 ; Normand Baillargeon, *Je ne suis pas une PME*, Montréal, Éditions Poètes de Brousse, 2011.

contexte nord-américain) et uniformes. Les étudiants, peu importe le programme choisi, paient présentement 2 168 $ par année (deux trimestres). L'augmentation des droits imposée par le gouvernement est relativement forte et rapide: 325 $ par année, 1 625 $ sur 5 ans, ce qui représente une augmentation de 75 %[42]. On mesure mieux l'importance de la hausse lorsqu'on fait ressortir que la cohorte d'étudiants qui débuteront l'université en 2017 devront payer 4 875 $ de plus pour obtenir un baccalauréat de trois ans que les étudiants qui ont terminé leur bac avant le début des augmentations. Pour certains, c'est-à-dire ceux qui comptent sur les prêts mais qui ne sont pas éligibles à des bourses, cette augmentation se traduira par un endettement personnel significativement plus élevé. Comme je le soutiendrai plus loin, si je ne crois pas que la politique gouvernementale constitue une menace véritable sur le plan de l'*accessibilité* aux études universitaires, elle en demande beaucoup aux étudiants et aux familles de la classe moyenne inférieure.

À l'ère des dérives immobilières, de l'augmentation continue des coûts de gestion des universités et de la rivalité excessive entre les universités pour les «clientèles étudiantes», il est difficile de reprocher aux opposants à la hausse de dénoncer les problèmes de gouvernance des universités. Il est pour le moins délicat de demander des efforts supplémentaires aux étudiants et aux parents si ces derniers n'ont pas la conviction que tout est fait pour que la bureaucratie universitaire soit plus efficace et que l'université serve toujours des finalités qui ont été débattues et validées démocratiquement. La révision de la politique québécoise concernant les droits de scolarité serait sans doute perçue comme étant plus légitime si elle faisait partie d'un plan plus large qui nous permettrait d'examiner la gouvernance des universités québécoises. En outre, les salaires et avantages sociaux des administrateurs universitaires devraient être passés sous la loupe.

La juste part

Les opposants à la hausse des droits de scolarité le font souvent au nom d'une conception holistique de la société et d'un idéal corrélatif

42. Le gouvernement a amendé sa position lors des négociations: les droits de scolarité seraient passés de 2 168 $ par année en 2012 à 3 946 $ en 2018, soit une augmentation de 1 778 $ étalée sur sept ans.

de solidarité entre ses membres. La société est vue comme un schème d'interdépendance entre les citoyens qui fait en sorte que les destins individuels sont inextricablement liés. Ils considèrent que la logique de « l'utilisateur-payeur » fragmente ou atomise la société. Dans cette perspective, les services publics, y compris l'éducation universitaire, devraient être financés par l'ensemble des contribuables.

Ils ont en bonne partie raison. Même si les ressources naturelles continuent d'être importantes, le Québec est une société du savoir qui cherche à le devenir encore davantage. Dans ce contexte, l'éducation universitaire est un bien collectif. Elle profite à toute la société, y compris à ceux qui n'ont pas mis les pieds à l'université. Les citoyens sont dans une situation d'interdépendance les uns par rapport aux autres. Concrètement, l'entrepreneur qui réussit à mettre sur pied une entreprise rentable sans jamais être allé à l'université dépend de multiples façons des savoirs élaborés et transmis dans les universités. De même, les industries fondées sur l'exploitation des ressources naturelles ont besoin des savoirs développés dans les universités pour transformer les ressources, réduire l'impact environnemental de leur exploitation, mettre en place des modèles de gestion efficaces, bien comprendre les enjeux politiques et économiques internationaux, etc. C'est pourquoi les économistes qui soutiennent que le degré de scolarité d'une population est l'indicateur le plus fortement corrélé au développement économique comptent tout simplement le nombre de diplômes universitaires dans une population donnée.

Bref, les retombées directes et les externalités positives générées par l'éducation universitaire sont nombreuses. Ce que l'on peut inférer, d'un point de vue éthique, de ce constat, est que *la société tout entière*, et non seulement ceux qui en bénéficient personnellement, doit contribuer au financement de l'éducation universitaire.

Une fois cela établi, il faut aussi admettre que les études universitaires rapportent aussi à celui qui les poursuit. Les chercheurs arrivent à des résultats différents, mais on peut avancer que les détenteurs d'un baccalauréat gagneront beaucoup plus pendant leur vie active que les détenteurs d'un diplôme d'études secondaires (entre 600 000 et 800 000 $ selon les études)[43]. Il s'agit, évidemment, de moyennes qui mettent le médecin et le littéraire dans le même panier. Mais le retour sur l'investissement est considérable et cela, tant au Québec que dans les provinces et pays où les droits de scolarité sont élevés. Il ne semble pas déraisonnable d'en inférer que, du point de vue de l'équité, les bénéficiaires devraient payer *une partie* des coûts de leur éducation. Ils bénéficient personnellement de l'investissement collectif en éducation.

Il est donc juste de considérer que l'éducation supérieure est un bien hybride, c'est-à-dire qu'il a le double statut de bien individuel et de bien collectif. Une des forces du modèle québécois actuel est qu'il accepte cette conclusion. L'étudiant paie présentement un peu moins de 13 % des coûts de son diplôme universitaire, le reste étant assumé majoritairement par l'État (près de 65 % si on additionne la part des deux gouvernements), et par le privé et la philanthropie[44]. Il est à noter que la hausse des droits de scolarité imposée par le précédent gouvernement faisait passer, sur une période de sept ans, la part exigée de l'étudiant à 17 %. On peut penser que cette hausse était raisonnable ou excessive, mais elle n'était pas en rupture totale avec l'approche québécoise en vigueur depuis le rapport Parent.

Un argument populaire parmi les progressistes veut que la « gratuité » ou des frais de scolarité bas combinés à un schème d'imposition progressif soit la politique la plus appropriée pour atteindre l'équilibre souhaité entre l'égalité des chances et l'équité. Des droits de scolarité bas font en sorte que personne n'est exclu sur la base du revenu, alors que l'impôt progressif s'assure que le bénéficiaire de l'éducation universitaire, dont les revenus sont généralement supérieurs à la moyenne, rembourse amplement sa dette à la société une fois arrivé sur le marché du travail. De plus, pour faire bonne mesure, il faut aussi souligner que plusieurs progressistes soutiennent que le régime d'imposition québécois devrait être encore plus progressif; des chercheurs de l'IRIS suggèrent par exemple qu'il devrait compter dix paliers d'imposition (plutôt que les quatre actuels).

---

43. Comité consultatif sur l'accessibilité aux études, *Hausse des droits de scolarité et modifications à l'aide financière aux études 2012-2013 à 2016-17*, Avis au MELS, septembre 2011, p. 28 et suivantes.

44. En fait, la part de l'État augmente si on déduit le crédit d'impôt pour les études universitaires disponible pour les étudiants ou leurs familles.

Ce raisonnement est dans une large mesure valide. Il néglige toutefois un aspect de la question. L'impôt progressif s'applique à *tous les contribuables*. Il ne fait pas de distinction entre le contribuable qui détient un diplôme universitaire et celui qui n'est pas allé à l'université. L'entrepreneur et un psychologue qui ont le même revenu paieront les mêmes impôts. Or, il m'apparaît raisonnable de penser que le principe d'équité exige que le détenteur d'un diplôme universitaire doive rembourser une fraction du coût de sa formation universitaire. L'entrepreneur bénéficie aussi de l'éducation universitaire, qui est un bien collectif, mais de façon moins directe que le psychologue. Les droits de scolarité sont une façon de faire en sorte que le pacte entre les universitaires et les non-universitaires soit équitable. C'est l'une des raisons pour lesquelles je considère que la suggestion d'ajouter des paliers d'imposition n'offre pas la réponse optimale à la question de la juste part de ceux qui ont un diplôme universitaire et de ceux qui n'en ont pas.

De plus, l'élimination des droits de scolarité aurait pour effet de favoriser encore davantage les ménages bien nantis. Une politique de frais de scolarité bas et uniformes est une aubaine pour eux. Et comme l'université est fréquentée massivement par les jeunes issus de la classe moyenne supérieure et des familles riches, l'État subventionne présentement généreusement les ménages les plus fortunés. L'abrogation des droits de scolarité accentuerait encore davantage ce phénomène[45]. D'un point de vue redistributif, une des vertus de la position finale du gouvernement précédent sur les droits de scolarité était qu'elle augmentait la progressivité de la fiscalité québécoise. Selon les calculs de Luc Godbout, c'étaient les ménages ayant un revenu de 125 000 $ et plus qui étaient les plus durement touchés par la hausse des droits de scolarité. Les modulations proposées à l'aide financière aux études faisaient en sorte que les moins fortunés n'auraient pas été affectés par les hausses, en raison de l'augmentation des bourses, et que les étudiants de la classe moyenne inférieure auraient dorénavant eu droit à des bourses en raison du relèvement

45. Pour d'autres points de vue sur la question, voir Peter Dietsch, «Financing Higher Education: The Case for a Graduate Tax», *Les Ateliers de l'éthique*, vol. 1, no 1, 2006; Philippe Van Parijs, «L'Université doit-elle être gratuite?», *Éthique et économique*, vol. 2, no 1, 2004; Harry Brighouse, «Paying for Higher Education: Are Top-Up Fees Fair?», *Éthique et économique*, vol. 2, no 1, 2004.

du seuil où une cotisation parentale était exigée[46]. À l'inverse, dans le contexte actuel, une politique d'abrogation des droits de scolarité favoriserait exagérément les bien nantis[47].

L'accessibilité aux études universitaires est-elle compromise ?

L'opposition à la hausse des droits de scolarité a d'abord été – et demeure parfois – justifiée au nom de l'accessibilité aux études. Si cet argument était convaincant, la position anti-hausse, qui pourrait reposer sur un principe d'égalité raisonnable des chances défendu entre autres par l'égalitarisme libéral, serait imparable. Cet argument, toutefois, est fragile, pour plusieurs raisons.

D'abord, lorsqu'on compare les différents modèles de financement des études universitaires, il est difficile d'établir un lien clair entre la hauteur des droits de scolarité et l'accessibilité à l'université. Cette question exigerait une analyse comparative fine à laquelle je ne peux me livrer ici, mais on sait que la compréhension des déterminants de l'accessibilité à l'université exige que de nombreuses variables soient mises en relation, dont le revenu et la scolarité des parents, le soutien aux étudiants, etc.

Ensuite, on sait que le véritable combat pour l'accessibilité à l'université se joue « en amont », selon la formule maintenant consacrée, c'est-à-dire de la petite enfance jusqu'à l'école secondaire. Trente pour cent des jeunes Québécois n'obtiennent pas leur diplôme d'études secondaires avant l'âge de 20 ans. Le suivi pré et post-partum, l'accès à des places en CPE pour les familles défavorisées, l'embauche de spécialistes pour épauler les enseignants au primaire et au secondaire, et des mesures pour encourager la persévérance

46. La majoration de l'aide financière aux études incluse dans la proposition finale du gouvernement faisait en sorte que la situation des ménages ayant un revenu de 30 000 $ à 45 000 $ aurait été bien préférable après la réforme qu'avant. La situation des familles se situant dans la frange 45 000 $ - 60 000 $ se serait aussi améliorée.
C'est à partir de 72 000 $ que les familles auraient été affectées négativement par la hausse, et ce, de façon progressive. Voir Luc Godbout, *Analyse des impacts de la hausse des droits de scolarité et de la bonification du programme des prêts et bourses*, Document de travail non publié, 29 mai 2012.

47. Kelly Foley et David A. Green, « Why More Education Will Not Solve Rising Inequality (and May Make it Worse », dans David A. Green, W. Craig Riddell et France St-Hilaire (dir.), *Income Inequality: The Canadian Story*, Montréal, Institut de recherche en politique publique, 2015.

scolaire sont infiniment plus importants que les droits de scolarité si notre objectif est d'assurer une chance égale à tous les jeunes d'avoir un jours accès à l'université.

Enfin, et de façon plus spécifique, la politique gouvernementale a pour effet de neutraliser l'effet de la hausse des droits pour les étudiants les moins bien nantis. Ceux qui ont droit à des bourses dans le régime actuel verront ces dernières majorées pour couvrir la totalité de la hausse imposée.

Un combat pour la classe moyenne

Un des retournements les plus remarquables dans le débat sur la hausse des droits de scolarité est l'apparition de la classe moyenne comme principal bénéficiaire de la lutte. Les véritables victimes de la hausse sont les étudiants qui n'ont pas droit à des bourses, le revenu de leurs parents étant un peu trop élevé. Je ne crois pas que l'on devrait trop s'inquiéter pour les familles de la classe moyenne supérieure et pour les familles riches. La politique actuelle est une aubaine pour elles. L'État subventionne généreusement d'une main le bien précieux qu'est l'éducation universitaire et leur remet, de l'autre, un intéressant crédit d'impôt pour les études universitaires. Ces ménages peuvent en faire plus. C'est une façon intelligente et ciblée de faire payer les plus riches. La question que l'on doit se poser est donc : sommes-nous prêts, à ce moment précis, à demander un effort supplémentaire à la classe moyenne inférieure et à demander aux jeunes issus de ces familles de s'endetter encore davantage ? Répondre non me semble tout à fait raisonnable, mais il faut être conscient qu'il s'agit là du véritable objet du débat.

Une politique de financement de l'éducation universitaire adaptée aux défis du XXIe siècle doit tenter d'harmoniser les idéaux d'égalité des chances, d'équité et de qualité de la recherche et de l'enseignement. La conciliation de ces idéaux exige une politique plus complexe et nuancée que la « gratuité scolaire » et l'« utilisateur-payeur ». Le maintien de droits de scolarité plus bas que la moyenne nord-américaine doublé de leur modulation en fonction du revenu parental par l'entremise d'un système d'aide financière aux études plus généreux m'apparaît constituer une politique ingénieuse et équilibrée.

25.
LE FINANCEMENT DES ÉCOLES PRIVÉES : LE DILEMME DES ÉGALITARISTES[48]

Le gouvernement libéral contemplerait l'idée de réduire de 50 % le financement des écoles privées. Si on considère généralement que 60 % du financement des écoles privées subventionnées est public, un rapport récent démontre que le financement public réel du système privé atteint dans certains cas 75 %. Le financement de l'éducation primaire et secondaire est un terrain de jeu idéal pour la gauche et la droite. La gauche soutient généralement que le système d'éducation doit favoriser l'égalité réelle des chances et doit, par conséquent, être universel et unique. Puisque les écoles privées subventionnées, principalement parce qu'elles attirent les élèves venant de milieux relativement privilégiés, offrent en moyenne un meilleur encadrement, les jeunes qui les fréquentent partent avec une longueur d'avance par rapport à ceux qui vont à l'école publique. Un système à « deux vitesses » contribue ainsi à la production des inégalités. C'est pourquoi l'État, selon la gauche, devrait mettre un terme au financement public de l'école privée. Des inégalités subsisteront vraisemblablement toujours, mais l'État ne doit pas favoriser leur accentuation.

La droite est divisée. Il y a consensus au sujet de l'idée que l'État doive œuvrer en faveur de la liberté des parents ; la possibilité du « libre choix » en matière d'éducation doit être réelle. Cela peut signifier que l'État permette la création d'écoles privées non subventionnées et qu'il encourage la compétition entre toutes les écoles. La

48. Publié sur le blogue *In Due Course* le 3 octobre 2014 et en version abrégée dans *Le Devoir*, 6 octobre 2014, p. A7.

compétition favorise la qualité ou l'excellence, ainsi que l'élargissement de la gamme de choix des parents. Les écoles privées doivent être permises mais non subventionnées, la droite s'opposant généralement à l'interventionnisme étatique.

D'autres à droite considèrent plutôt que le maintien d'un système privé vigoureux et relativement accessible est nécessaire à la compétition. Il faudrait continuer à subventionner le privé afin que ce dernier tire le public vers le haut en rivalisant pour sa clientèle et en lui offrant des modèles à émuler. De plus, comme le public n'offre pas, selon plusieurs, un éventail suffisamment large de choix aux parents, les circonstances imparfaites qui sont les nôtres justifient le financement des écoles privées.

Que faut-il penser de tout ça ? Mon intuition première est que l'État ne devrait pas financer les écoles privées. Les perspectives des enfants étant déjà fortement influencées par des facteurs arbitraires comme le milieu familial et le bagage génétique, les institutions publiques doivent contribuer à niveler les chances et non le contraire. Le système scolaire doit favoriser la mobilité sociale ascendante et non la reproduction des classes sociales. Les choses ne sont toutefois pas si simples. Je laisse de côté pour l'instant l'épineuse question du coût de l'inévitable transfert des élèves de la classe moyenne qui fréquentent présentement l'école privée vers l'école publique si le gouvernement décidait d'aller de l'avant. Si la réduction des subventions au privé entraîne des dépenses publiques plus élevées en éducation, faudrait-il attendre la fin des mesures d'austérité avant de modifier le modèle de financement ? Le gouvernement a songé, doit-on le rappeler, à sabrer dans l'aide aux devoirs.

La question qui me trouble en est une de principe et de vision du vivre-ensemble. L'égalité des chances n'est pas le seul principe en cause lorsqu'il est question du financement de l'éducation primaire et secondaire. Si on est un égalitariste *libéral*, il faut aussi penser à l'impact des choix publics sur la liberté. Des principes comme la liberté individuelle, la liberté d'association et le droit qu'ont les parents de prendre des décisions structurantes pour l'avenir de leurs enfants font en sorte que l'État peut difficilement aller jusqu'à interdire la création d'écoles privées ou de toute autre école capable de s'autofinancer. L'État peut légitimement refuser de subventionner les écoles privées et imposer un curriculum d'études et des examens uniformes, mais il me semble abusivement autoritaire de penser que l'État peut aussi imposer les *moyens* de la scolarisation obligatoire. Autrement dit, l'État peut s'assurer que les enfants soient scolarisés, mais il ne peut empêcher ni la création d'écoles parallèles ni même l'éducation à la maison sans faire preuve d'autoritarisme. Bien que cela puisse paraître hyperbolique dans le contexte contemporain, J. S. Mill formulait ainsi dans ses *Principes d'économie politique* l'inquiétude eu égard au monopole étatique en éducation :

> Il n'est pas tolérable qu'un gouvernement ait, *de jure* ou *de facto*, un contrôle complet sur l'éducation des gens. Posséder ce contrôle et surtout l'exercer est le propre d'un comportement despotique. Un gouvernement qui puisse mouler les opinions et les sentiments des gens depuis l'enfance jusqu'à la jeunesse peut faire avec eux ce qu'il veut. (Livre V, chapitre IX)

Tant le droit international que la loi québécoise sur l'instruction publique reconnaissent une certaine autonomie aux parents en ce qui concerne les moyens de la scolarisation de leurs enfants. L'article 13 (3) du *Pacte international relatif aux droits économiques, sociaux et culturels*[49] se lit comme suit :

> Les États parties au présent Pacte s'engagent à respecter la liberté des parents et, le cas échéant, des tuteurs légaux, de choisir pour leurs enfants des établissements autres que ceux des pouvoirs publics, mais conformes aux normes minimales qui peuvent être prescrites ou approuvées par l'État en matière d'éducation, et de faire assurer l'éducation religieuse et morale de leurs enfants, conformément à leurs propres convictions.

Bref, il semble bien difficile de penser qu'un système unique et universel refusant toute mixité des modèles soit acceptable. On peut cesser de financer les écoles privées, mais on ne peut guère interdire les écoles non subventionnées et l'école à la maison. Cette mixité

49. Haut-commissariat des Nations Unies aux droits de l'homme, *Pacte international relatif aux droits économiques, sociaux et culturels*, adopté et ouvert à la signature, à la ratification et à l'adhésion par l'Assemblée générale dans sa résolution 2200 A (XXI) du 16 décembre 1966, entré en vigueur le 3 janvier 1976.

– écoles publiques, alternatives, privées, instruction à la maison, etc. – modifie-t-elle l'analyse éthique de la situation ? Une des conséquences repoussantes pour l'égalitariste de la fin du financement public de l'école privée est sans aucun doute l'accentuation du caractère élitiste des écoles privées qui réussiraient à survivre en augmentant radicalement les frais de scolarité. En gros, seuls les enfants du 1 % le plus riche fréquenteraient les écoles privées. On sait que des écoles privées à Toronto – l'Ontario ne subventionnant pas les écoles privées – imposent des frais qui vont de 15 000 $ à 25 000 $ par année ! Des écoles comme Brébeuf à Montréal et Saint-Charles-Garnier à Québec exigent actuellement des frais d'environ 3 500 $ par année. Les écoles privées deviendraient de petits clubs sélects radicalement homogènes d'un point de vue socioéconomique, et les enfants qui les fréquenteraient auraient moins de contacts avec les enfants de la classe moyenne qu'à l'heure actuelle. Est-ce le prix à payer pour valoriser le système d'éducation publique québécois ? Faut-il accepter cette conséquence en se pinçant le nez ? La France et la Suède ont-elles raison de financer les écoles privées ? Ces questions n'ont pas de réponses faciles.

Je l'ai déjà écrit[50], un des problèmes de l'exercice auquel le gouvernement nous convie actuellement est que les choix qui sont contemplés sur le plan de l'offre des services publics et de leur financement soulèvent des questions difficiles de justice distributive, mais nous n'avons pour l'instant aucune indication que les considérations d'ordre éthique sont au cœur des délibérations. Elles le sont peut-être – je veux éviter les procès d'intention –, mais cela aurait dû être clairement affirmé et des moyens concrets faisant en sorte que le point de vue de la justice ne soit pas éclipsé par celui de l'efficience auraient dû être mis en œuvre. Une chose est certaine, les commissions Godbout et Robillard, malgré le fait que leurs recommandations s'enracinent indéniablement dans des conceptions implicites de la justice sociale, n'ont pas senti le besoin de faire appel aux champs du savoir que sont l'éthique économique et la philosophie politique. Quoi qu'il en soit, en ce qui concerne le financement des écoles, une analyse sérieuse, y compris éthique, de la situation s'impose avant de modifier radicalement le statu quo.

---

50. Jocelyn Maclure, « Le rapport Godbout-Montmarquette : une place pour l'éthique économique et sociale ? », publié sur le blogue *In Due Course* le 1er mai 2014.

26.
LE FINANCEMENT DES ÉCOLES PRIVÉES : L'ERREUR DES LIBERTARIENS[51]

Le financement des écoles est l'une des questions dont on aime débattre au Québec. Les écoles publiques et privées ont leurs pasionarias. J'ai tenté d'expliquer dernièrement, dans une lettre ouverte au *Devoir*[52], pourquoi le dossier du financement de l'école privée était plus compliqué qu'il n'en a l'air, y compris pour les progressistes qui valorisent le réseau public et qui pensent que le système scolaire doit contribuer à la réduction des inégalités.

Je voudrais maintenant répondre à un argument souvent utilisé par ceux, généralement à droite, qui défendent le financement public de l'école privée. Joanne Marcotte l'a évoqué dans une discussion à l'émission *Médium large* à ICI Radio-Canada Première[53]. L'argument va comme suit : les parents qui envoient leurs enfants au privé paient les mêmes taxes et impôts que les ménages qui choisissent le public. Alors que les places dans les écoles publiques sont financées à 100 % par l'État, les parents qui envoient leurs enfants au privé acceptent de recevoir un financement plus bas et de combler la différence avec leurs propres ressources. Les parents qui choisissent le privé paieraient deux fois, en quelque sorte, pour l'éducation de leurs enfants. Or, comme ces parents ont en principe droit à un financement public égal pour l'éducation de leurs enfants, il serait tout à fait acceptable, sur le plan de l'équité, de maintenir ou même d'augmenter le financement des écoles privées. C'est sur cette base

51. Publié sur le blogue Politique de *L'actualité* le 28 octobre 2014.

52. Voir le chapitre précédent.

53. Table ronde réunissant Jocelyn Maclure, Joanne Marcotte et Antoine Robitaille, « Faut-il vraiment revoir le financement des écoles privées ? », *Médium large*, ICI Radio-Canada Première, 14 octobre 2014.

que Marcotte s'appuie lorsqu'elle affirme qu'il faut cesser de dire que les écoles privées sont « subventionnées » par l'État. Les écoles privées ne sont pas subventionnées ; les parents qui choisissent le privé reçoivent plutôt un financement moins important que ceux qui optent pour le public. Au fond, on devrait les remercier !

Cet argument repose toutefois sur une prémisse, d'inspiration libertarienne, erronée. Marcotte présuppose que tous les parents ont droit à un montant donné – disons 5 000 $ – qu'ils doivent pouvoir utiliser comme bon leur semble. C'est l'approche des *vouchers* (ou des bons d'éducation) souvent discutée aux États-Unis. Si l'on suit cette logique, il faudrait aussi envoyer des chèques de 5 000 $ aux parents qui choisissent l'école à domicile. Considérant que les enfants éduqués à la maison doivent apprendre les matières de base et réussir les examens uniformes, je ne vois pas comment Marcotte pourrait s'y opposer. Il faudrait remercier encore davantage les parents qui scolarisent leurs enfants à la maison !

Heureusement, notre système est différent. La prémisse est qu'un système d'éducation *commun* est un bien collectif de grande valeur. L'école publique sert évidemment à éduquer les enfants et à favoriser leur épanouissement individuel, mais elle permet aussi de réaliser des objectifs collectifs, comme promouvoir l'égalité des chances et le brassage culturel entre des enfants qui viennent de milieux familiaux très différents. Une école publique mixte, tant d'un point de vue socioéconomique que culturel, favorise la mobilité sociale ascendante et les rapprochements entre des jeunes d'origines ethniques diverses. C'est l'idée, populaire en France, de l'école comme « creuset » de la démocratie ou de la citoyenneté. Ainsi, il n'existe pas de « droit » d'obtenir un financement public pour les places dans les écoles privées. Une société peut bien entendu choisir de financer les écoles privées, mais celles qui ne le font pas ne sont pas inéquitables pour autant.

C'est pourquoi il me semble légitime de demander aux parents qui ne souhaitent pas participer au système public de financer complètement leur choix. La raison principale est que leur choix a pour effet de rendre plus difficile la réalisation des missions collectives du système public, dont l'égalisation des chances et la création d'une citoyenneté commune. Une démocratie libérale qui défend la liberté d'association et l'autonomie parentale peut difficilement abolir les écoles privées, mais elle n'est pas tenue, au nom de la justice sociale, de les financer.

Il reste bien sûr à déterminer si, sur le plan des politiques publiques, il est préférable de continuer à financer les écoles privées pour qu'elles demeurent accessibles à la classe moyenne, ou d'abolir le financement public. C'est une question difficile. Sans régler cette question de fond, il me semble clair que l'école publique ne peut se rétablir si le privé continue sa razzia auprès de la classe moyenne. Des mesures peuvent rapidement être mises en œuvre pour stopper l'hémorragie, dont une diminution graduelle du financement de l'école privée et une augmentation proportionnelle du financement de l'école publique.

27.
LA CHARITÉ N'EST PAS LA JUSTICE[54]

La grande guignolée annuelle des médias a débuté le 4 décembre dernier. Plus de 1,7 million de dollars auraient été amassés jusqu'ici[55]. Si plusieurs mettent l'épaule à la roue de façon enthousiaste, des voix discordantes, comme chaque année, se sont aussi fait entendre. Il y aurait quelque chose d'hypocrite dans ce sursaut annuel de générosité chorégraphiée et médiatisée. La pauvreté, la précarité alimentaire, l'itinérance, l'analphabétisme, le sous-financement des écoles dans les quartiers défavorisés sont des réalités permanentes. Où sont nos âmes charitables le reste de l'année ? Le spectacle de la grande guignolée des médias est, selon Léo-Paul Lauzon, « pathétique[56] » et devrait être interrompu. « N'y a-t-il rien de mieux à espérer que pareille charité pour contrer les inégalités[57] ? » demande élégamment le chroniqueur Jean-François Nadeau.

Oui, sans aucun doute. L'idée de la droite conservatrice voulant que la générosité naturelle et la solidarité spontanée pourraient prendre la place laissée vacante par un État social amaigri est archaïque et invraisemblable. L'atteinte d'une plus grande justice sociale exige d'abord et avant tout des institutions et des politiques publiques qui visent à atténuer les inégalités (qu'elles soient naturelles ou produites socialement) et à mettre en place un filet de sécurité sociale. La philanthropie ne peut pas remplacer l'impôt et l'intervention de l'État. Une économiste m'a déjà dit qu'il ne fallait pas

---

54. Publié sur le blogue Politique de *L'actualité* le 11 décembre 2014.

55. Agence QMI, « Grande guignolée des médias : 1,7 million $ amassés jusqu'à maintenant », *Le Journal de Montréal* (en ligne), 8 décembre 2014.

56. Léo-Paul Lauzon, « Pathétique guignolée de médias : il faut y mettre fin », Blogues du *Journal de Montréal*, 12 novembre 2012, mise à jour : 24 octobre 2013.

57. Jean-François Nadeau, « Les radicaux libres », *Le Devoir*, 8 décembre 2014, p. A3.

trop augmenter le fardeau fiscal des fortunés[58], car cela découragerait la philanthropie. On serait fous de se plaindre que des ultra-riches – comme Guy Laliberté, Bill Gates et Warren Buffet – donnent beaucoup, mais cela ne peut se faire au détriment du financement adéquat de l'État. La lutte contre les injustices et l'infortune ne peut être laissée à la bonne volonté des riches et aux tribulations de leur conscience morale. Comme le rappelle mon collègue Patrick Turmel, la charité n'est pas la justice[59]. Il faudrait en outre imposer davantage la transmission intergénérationnelle de la fortune. Personne ne « mérite » d'être né riche ou pauvre.

D'ailleurs, le ministre Barrette devrait nous assurer que nos médecins de famille ne nous feront pas sentir que notre temps est écoulé après 10 minutes d'entrevue plutôt que d'inviter les Québécois à être plus généreux[60]. Décourager les médecins de famille à voir des « multipoqués », qui prennent beaucoup de temps et qui exigent l'intervention de multiples professionnels de la santé, est l'une des pires choses que l'on puisse faire sur le plan de la solidarité sociale.

Cela étant dit, je doute que la position des critiques de la grande guignolée soit que la charité – l'acte de donner alors que rien ne nous y oblige – devrait être bannie de notre répertoire moral. Les deux grandes raisons qui semblent être le plus souvent exprimées dans la critique des campagnes de financement sont la dépolitisation de la question de la solidarité et l'exhibitionnisme de la charité médiatisée. Je comprends bien l'idée que la charité discrète soit vue comme plus noble. Il est vrai que l'on peut donner dans le but de ragaillardir son statut social, et que le « don intéressé » est sans doute autant un investissement qu'un véritable don. Il ne faudrait toutefois pas que l'irritation envers la médiatisation du partage nous fasse voir la charité en elle-même d'un mauvais œil. S'il y a une chose qui se fait trop rare dans la vie moderne, c'est bien le don, en particulier envers les étrangers. Tout ce qui peut refaire surgir dans notre conscience la valeur de la générosité et du partage doit, au final, être encouragé. Un monde sans charité serait dur et aride d'un

58. Dominique Vachon et Jocelyn Maclure, « Discussion sur le rôle des riches », *Bazzo.tv*, 15 septembre 2011.

59. Patrick Turmel, « La grande guignolée de la fausse conscience », *lajustepart.com*, 5 décembre 2013.

60. Joany Dufresne, « Barrette invite les Québécois à être plus généreux », *Le Journal de Montréal* (en ligne), 9 décembre 2013.

point de vue moral, même en présence d'un État interventionniste. N'oublions pas que l'on peut à la fois être pour l'État-providence tout en déplorant la déresponsabilisation individuelle qui lui semble coextensive – pensons par exemple aux aînés qui terminent leurs jours dans les centres d'hébergement et de soins de longue durée. Cette responsabilité incombait avant aux familles.

On voit souvent ce sursaut de conscience quant à l'importance du partage à l'approche de Noël chez les parents qui tiennent beaucoup à ce que leurs jeunes enfants choisissent des jouets ou achètent des denrées qu'ils offriront à ceux qui n'ont pas la chance de grandir dans des familles relativement aisées. La crainte que nos enfants, trop gâtés, ne réalisent pas la chance qu'ils ont et deviennent insensibles à la détresse d'autrui est lancinante. On réalise alors que quelque chose cloche dans l'ordonnancement de nos valeurs. Il faut souvent des électrochocs pour sortir de notre torpeur morale. Nous redécouvrons l'importance du don dans les moments de grande adversité, de même qu'à l'approche du temps des Fêtes. C'est parce que la raison a besoin d'être attisée par des émotions qu'il en est ainsi. On sait rationnellement que la misère et les calamités sont permanentes, mais il faut, la plupart du temps, que notre cœur soit touché pour que l'on sorte le portefeuille ou que l'on se mobilise. C'est pour cela que la grande guignolée fait, malgré tout, œuvre utile.

28.
CAPITALISME ET LUTTE CONTRE LES CHANGEMENTS CLIMATIQUES : L'ERREUR DE NAOMI KLEIN[61]

Naomi Klein a fait un passage remarqué à *Tout le monde en parle*[62]. On n'en voudra certainement pas à l'équipe de *TLMEP* d'avoir invité l'essayiste canadienne. Son plus récent bouquin, *Tout peut changer: Capitalisme et changement climatique*[63], a été traduit en français. Comme elle rejoint un grand nombre de lecteurs, on ne peut que se réjouir qu'elle ait décidé de se concentrer sur les changements climatiques et le réchauffement de la planète. Klein a sans aucun doute raison d'attirer notre attention sur l'importance des changements climatiques et la nécessité d'amorcer une transition vers une économie plus verte. Les catastrophes écologiques vont se succéder et bouleverser radicalement notre mode de vie si les énergies fossiles ne sont pas remplacées par des énergies renouvelables. Mes enfants, qui sont d'âge préscolaire, nous reprocheront probablement un jour notre inconscience et notre manque de détermination.

Cela dit, un aspect questionnable du propos de Klein réside dans son opposition aux solutions basées sur le marché qui prétendent pouvoir contrecarrer les changements climatiques. Klein nous assure que des modestes réformes compatibles avec le capitalisme seront insuffisantes. Elle soutient que la lutte contre les changements climatiques exigera une sortie du capitalisme comme modèle

---

61. Ce texte est issu de deux billets, « Naomi Klein, le capitalisme et la lutte contre les changements climatiques », publié sur le blogue Politique de *L'actualité* le 13 mars 2015 et « What's Wrong With Cap and Trade ? Klein on Climate Change », publié sur le blogue *In Due Course* le 20 septembre 2014. Traduction de l'anglais : Raphaël Zummo.

62. Entrevue du 8 mars 2015.

63. Montréal, Lux éditeur, 2015.

économique. Son propos devient ici nettement plus nébuleux. Si le capitalisme est défini comme un système faisant la promotion de l'extension continue de l'économie de marché, d'une croissance économique forte et infinie et de l'idée d'un État minimal qui régule peu l'action des entreprises, Klein a sans aucun doute raison. Ce capitalisme pur, toutefois, n'existe nulle part. Même les États qui ont été les plus transformés par la vague conservatrice du début des années 1980 ne correspondent pas à cette image.

Dans plusieurs entrevues, Klein donne, paradoxalement, l'exemple de l'Allemagne pour démontrer que son programme n'est pas complètement utopique. « En Allemagne, dit-elle, 25 % de l'électricité provient dorénavant d'énergies renouvelables[64]. » Si l'exemple de l'Allemagne démontre qu'il est parfaitement possible d'investir bien davantage dans les énergies renouvelables, il est très mal choisi si l'on veut défendre l'idée qu'une sortie du modèle actuel soit nécessaire. A-t-on besoin de rappeler que la puissante économie allemande s'appuie lourdement sur ses exportations et a, par conséquent, beaucoup profité de la libéralisation des échanges commerciaux, en particulier au sein de l'Union européenne ? L'exemple des pays scandinaves n'amène pas lui non plus beaucoup d'eau au moulin de la thèse qu'une rupture radicale avec l'économie de marché soit nécessaire.

Klein a raison lorsqu'elle affirme qu'il ne faut pas placer nos espoirs entre les mains des riches entrepreneurs et investisseurs qui pensent pouvoir renverser le cours des choses par la philanthropie et l'innovation technologique. J'ai tenté de démontrer au chapitre précédent que la philanthropie ne peut ni ne doit remplacer les prélèvements fiscaux appropriés sur les hauts revenus et que la décision d'un philanthrope quant à la répartition de ses dons n'a rien à voir avec une prise de décision démocratique. Je salue les bien nantis qui donnent beaucoup, mais cela ne constitue pas un argument pour diminuer les taux d'imposition ou pour déréglementer les marchés financiers. Klein a également raison d'avancer que nous ne devrions pas non plus compter sur l'autorégulation des entreprises et qu'il

64. Camille Laurin-Desjardins, « Un "espoir crédible" pour la planète », *Le Journal de Montréal*, 7 mars 2015, p. 33.

nous faut nous méfier de l'écoblanchiment (« *greenwashing* »). Bref, la lutte contre les changements climatiques exige des mesures collectives débattues démocratiquement.

Cela dit, ce qui me semble le plus contre-productif dans le discours de Klein, c'est ce qui apparaît comme une hostilité de principe aux solutions fondées (au moins partiellement) sur le marché. Le défi des changements climatiques est trop important pour que des solutions efficaces soient sacrifiées sur l'autel de l'idéologie. Une bonne partie de la gauche est intuitivement sceptique face à toute politique basée sur le marché. Ainsi Klein s'oppose-t-elle aux politiques qui auraient pour effet de mettre un prix sur la production de gaz à effet de serre, comme une taxe sur le carbone ou un schème de plafonnement et d'échange de droits d'émission[65] (*cap and trade*). Michael Sandel, philosophe politique à l'Université Harvard, épouse aussi ce scepticisme dans son livre *Ce que l'argent ne saurait acheter*[66]. Ces mesures sont, selon Klein, des « diachylons[67] », des pseudo-solutions qui alimentent ce qu'elle appelle le « fondamentalisme du marché ».

Pourtant, une taxe sur les émissions, si elle est suffisamment élevée, permet de sanctionner les grands pollueurs qui résistent au changement. Un système de plafonnement et d'échange fait quant à lui en sorte que les compagnies qui dépassent le seuil d'émission maximal doivent acheter, sur un marché du carbone, des droits d'émission non utilisés par des entreprises qui n'atteignent pas leur propre limite. Ainsi, les entreprises qui verdissent leurs modes de production sont récompensées, alors que celles qui ne le font pas doivent en payer le prix. Dans les deux cas, les industries polluantes doivent enfin assumer – c'est-à-dire « internaliser », dans le langage des économistes – les coûts sociaux de leurs activités polluantes, plutôt que de les faire payer par l'ensemble des citoyens. L'utilisation de pétrole et de charbon pour produire de l'énergie

65. Voir les documents consacrés à ce schème sur le site du ministère québécois du Développement durable, de l'Environnement et de la Lutte contre les changements climatiques, section « Système de plafonnement et d'échange de droits d'émission de gaz à effet de serre du Québec (SPEDE) ».

66. Michael Sandel, *Ce que l'argent ne saurait acheter*, tr. fr. Christian Cler, Paris, Seuil, 2014.

67. Voir Jessica Corbett et Ethan Corey, « 5 Crucial Lessons for the Left From Naomi Klein's New Book », *In These Times*, 21 août 2014.

deviendrait ainsi très coûteuse, et même le coût du gaz naturel pourrait monter, ce qui rendrait les énergies renouvelables plus concurrentielles[68].

Comment, comme le demande l'économiste Paul Krugman, s'y opposer ? Dans une chronique portant sur la tarification du carbone publiée dans *The New York Times*, Krugman déboulonne la croyance voulant que la réduction des gaz à effet de serre nuise nécessairement à la croissance économique :

> Fixer un prix sur le carbone aurait d'importants « co-bénéfices » – des effets positifs s'ajoutant à la réduction des risques climatiques – et ces bénéfices se feraient sentir assez rapidement. Le plus important de ces co-bénéfices, selon une publication du FMI, aurait trait à la santé publique : brûler du charbon a une incidence directe sur plusieurs affections respiratoires, lesquelles font grimper les coûts médicaux et réduisent la productivité. Et grâce à ces co-bénéfices, souligne l'article du FMI, un argument courant qui est opposé à la tarification du carbone – soit qu'il ne vaut pas la peine de la mettre en place à moins d'un accord international – se trouve à être faux. Même sans accord international, il existe de nombreuses raisons pour lutter contre la menace climatique[69].

Il est tout à fait possible de penser qu'il y a des limites morales à la marchandisation[70] – c'est-à-dire qu'on ne devrait pas, par exemple, pouvoir payer pour tuer des espèces animales protégées, faire porter un bébé ou stériliser des femmes toxicomanes –, tout en se disant que des incitatifs économiques doivent faire partie de l'arsenal de politiques publiques qui nous permettra de réduire les émissions de gaz à effet de serre et d'atténuer les effets de ces émissions sur la santé, l'économie, etc. L'idée que de vendre des « droits de polluer » serait moralement répréhensible néglige le fait que l'activité humaine produit nécessairement des gaz à effet de serre, et

68. Voir Joseph Heath, « Naomi Klein : This Changes Everything », publié sur le blogue *In Due Course*, le 6 mars 2015.

69. Paul Krugman, « Errors and Emissions : Could Fighting Global Warming Be Cheap and Free ? », *The New York Times* (en ligne), 18 septembre 2014.

70. Debra Satz, *Why some things should not be for sale*, Oxford, Oxford University Press, 2010.

que l'objectif est, par conséquent, de les réduire et non de les éliminer. Le plafond d'émissions peut être placé trop bas ou les modalités d'implantation du schème peuvent être complexes[71] – je suis ouvert à de telles démonstrations –, mais on ne devrait pas écarter *a priori* une politique efficace pour des raisons idéologiques.

Si la position de Klein était qu'il ne faut pas tout miser sur des solutions basées sur le marché, nous ne pourrions qu'être d'accord. La lutte contre les changements climatiques passe aussi par la diminution du nombre de véhicules sur nos routes – ce qui ne se fera pas, cela dit, sans l'adoption de taxes rendant leur utilisation plus coûteuse – et par une réduction importante de la consommation de viande. Mais la tarification de la pollution atmosphérique fait certainement partie de la solution aux changements climatiques. Ce n'est pas, malheureusement, ce que nous dit Klein.

Naomi Klein était digne, brillante et respectueuse dans son entrevue à *TLMEP*, et elle écrit des livres qui éveillent des consciences et invitent à la mobilisation. Je crains, toutefois, que ses prises de position encouragent la fermeture dogmatique à l'égard de politiques fondées en tout ou en partie sur le marché, comme l'adoption d'une taxe sur le carbone ou d'un schème de plafonnement et d'échange de droits d'émission qui sont déjà décriés par les lobbyistes des entreprises concernées. Cela peut sans doute ralentir aussi la transition vers une économie plus verte. Si le « fondamentalisme du marché » doit être rejeté, le refus *a priori* de se servir du marché ou d'incitatifs économiques pour atteindre des objectifs collectifs doit l'être aussi.

71. Voir à ce sujet Bertrand Schepper, « La bourse au carbone : une fausse bonne idée ? (Deuxième partie) », blogue de l'IRIS, 16 septembre 2014.

29.
L'ALBERTA NE SUBVENTIONNE PAS L'ÉTAT-PROVIDENCE QUÉBÉCOIS[72]

Il n'est pas inhabituel d'entendre des Canadiens de toutes les provinces, incluant certains Québécois de droite, se plaindre de ce que le fédéralisme fiscal avantage le Québec de façon disproportionnée. Au cœur de telles préoccupations se trouve l'idée que le programme de péréquation permet au Québec de transférer les coûts de ses programmes sociaux vers les provinces les plus riches, principalement l'Alberta, et qu'il maintient le Québec dans un état de dépendance économique.

Le programme de péréquation est enchâssé dans la Constitution canadienne, précisément dans l'article 36 de la *Loi constitutionnelle de 1982*, qui stipule que: « [l]e Parlement et le gouvernement du Canada prennent l'engagement de principe de faire des paiements de péréquation propres à donner aux gouvernements provinciaux des revenus suffisants pour les mettre en mesure d'assurer les services publics à un niveau de qualité et de fiscalité sensiblement comparables[73] ».

En 2014, le Québec a reçu 9,3 milliards de dollars du programme fédéral de péréquation. L'économiste Pierre Fortin souligne qu'un tel montant « porte même certains Québécois à exprimer publiquement la honte qu'ils éprouvent à voir leur province dépendre à ce point du "BS fédéral[74]" ». Un point de vue similaire sur les paiements

---

72. Billet écrit avec François Boucher (chercheur postdoctoral au Centre interuniversitaire de recherche en éthique), initialement publié sur le blogue *In Due Course* le 4 septembre 2014. Traduit de l'anglais par Raphaël Zummo. Je tiens à remercier le politologue André Lecours pour ses éclaircissements sur la péréquation.

73. Article 36(2) de la *Loi constitutionnelle de 1982*.

74. Pierre Fortin, «Pourquoi le Québec reçoit-il des milliards en péréquation?», blogue Économie de *L'actualité*, 16 juin 2014.

de péréquation du Québec est également répandu hors de la province. Il y a quelques années par exemple, Danielle Smith, à la tête du parti albertain de droite Wildrose Alliance, déplorait que la péréquation ne profite jamais à l'Alberta, et que les versements soient utilisés pour couvrir les frais de programmes sociaux que le Québec pourrait subventionner en exploitant ses propres ressources naturelles.

Plus récemment, dans son rapport *Super-sized Fiscal Federalism* commandé par le Fraser Institute[75], Mark Milke avance que les contributeurs nets au programme de péréquation (l'Alberta, la Colombie-Britannique et la Saskatchewan) ont de « plus petits gouvernements » et dépensent moins en programmes sociaux alors que les bénéficiaires, les soi-disant « provinces démunies » (« have-not provinces »), tendent à dépenser davantage en programmes sociaux. Milke semble ensuite supposer que le programme de péréquation permet aux provinces « démunies », qui sont vues comme fiscalement irresponsables, de refiler leurs factures aux provinces les mieux nanties. Les contributeurs nets à la péréquation financeraient ainsi les goûts dispendieux en matière de programmes sociaux des provinces bénéficiaires, lesquelles n'ont pas à couper leurs dépenses, à emprunter ou à prélever plus de taxes et d'impôts. Comme il l'explique :

> Dans une juridiction sans transferts fiscaux depuis l'extérieur de ses propres frontières, un gouvernement provincial [s'il veut équilibrer son budget] n'aurait de choix qu'entre ces trois options : taxes plus élevées, réduction des dépenses, endettement plus élevé. Dans un système incluant de tels transferts, un gouvernement dispose d'une quatrième option : utiliser les fonds prélevés à même les impôts de non-résidents, ce qui lui permet d'éviter d'avoir à répondre aux priorités des électeurs locaux en fonction des trois premières options. Au lieu de cela, les priorités peuvent être établies en ne prenant en compte ni le caractère souhaitable ou abordable d'un programme ou d'un service donné, ni la taille du secteur public et celle du gouvernement[76].

75. Mark Milke, *Super-sized Fiscal Federalism : How Equalization over-serves have-not provinces*, Vancouver, Fraser Institute, novembre 2013.

76. *Ibid.*, p. 37.

Milke ne fait que reprendre un mythe populaire ici. Bien sûr, cela serait injuste si le Québec et d'autres provinces bénéficiaires pouvaient maintenir un État-providence fort tout en ayant des taux d'imposition plus bas que ceux des autres provinces grâce aux paiements de péréquation qu'ils reçoivent. Toutefois, la position de Milke repose sur une compréhension déficiente du calcul des droits de péréquation des provinces. L'allocation des ressources dans le cadre du programme de péréquation est fondée sur un *potentiel* fiscal, c'est-à-dire sur la capacité d'une province à générer des recettes sur la base d'un niveau d'imposition standard (soit le taux moyen des dix provinces). L'unité de mesure du programme canadien de péréquation – ce qu'il cherche à égaliser – est la capacité fiscale des provinces. Une telle capacité correspond aux revenus qu'une province générerait *si* l'on y appliquait le niveau d'imposition standard.

Cela signifie que la capacité fiscale d'une province est indépendante de ses taux d'imposition réels et de son niveau de dépenses publiques. En d'autres mots, les droits de péréquation d'une province ne s'accroissent pas si elle dépense plus, emprunte moins ou baisse ses taux d'imposition et, inversement, ces droits ne décroissent pas si une province dépense moins, emprunte davantage et hausse ses taxes et impôts. Le Québec et les autres provinces bénéficiaires ne sont pas les bénéficiaires du schème de péréquation en raison de dépenses excessives et de taux d'imposition inférieurs, mais plutôt parce qu'ils sont moins riches, au sens où leur capacité fiscale est plus petite : ils ont à appliquer de plus hauts taux d'imposition que les autres provinces pour s'assurer des recettes comparables à partir de leurs différentes sources de revenus.

Quelques difficultés s'ajoutent à tout ceci. L'absence d'un lien entre les droits de péréquation d'une province et ses recettes réelles a peut-être été exagérée jusqu'ici. La capacité fiscale d'une province s'appuie sur différentes sources de revenus. En plus des revenus qu'une province générerait grâce à différentes formes de taxation *si* elle appliquait un taux de taxation standard, sa capacité fiscale reflète également les revenus *réels* qu'elle génère par l'exploitation de ses ressources naturelles. Ainsi il n'est pas tout à fait faux de dire, par exemple, que le Québec utilise l'argent des contribuables albertains pour financer des programmes sociaux qui pourraient être financés par une exploitation plus intensive de ses propres ressources naturelles: les droits de péréquation du Québec diminueraient si la province générait plus de revenus en exploitant davantage (ou plus efficacement) ses ressources naturelles. Toutefois, nous devons garder à l'esprit que l'exploitation des ressources naturelles ne représente qu'une source de revenus parmi plusieurs qui sont prises en compte dans le calcul des droits de péréquation, et que les revenus générés par les ressources naturelles sont parfois partiellement exclus du calcul.

De plus – et cette dimension est souvent négligée – les paiements de péréquation sont des transferts *verticaux* (du gouvernement fédéral aux gouvernements provinciaux) et non des transferts *horizontaux* des provinces les plus riches aux provinces bénéficiaires. Par conséquent, les paiements de péréquation que les provinces bénéficiaires reçoivent sont en partie financés par ces mêmes provinces par l'entremise des taxes perçues par le gouvernement fédéral. La péréquation est en partie financée par les impôts des Québécois. Le Québec tire un bénéfice du système de redistribution canadien, mais un bénéfice bien inférieur (et difficile à chiffrer avec exactitude) au paiement de neuf milliards qu'il reçoit du fédéral.

Enfin, il faut se rappeler que, per capita, le Québec ne se classe pas parmi les principaux bénéficiaires des paiements de péréquation. En 2013[77], il a reçu 961 $ par habitant, se classant ainsi cinquième parmi les six provinces bénéficiaires, derrière l'Île-du-Prince-Édouard, le Nouveau-Brunswick, la Nouvelle-Écosse et le Manitoba (lesquelles ont reçu respectivement 2 343 $, 2 001 $, 1 549 $ et 1 418 $ par habitant). Il n'y a que l'Ontario qui, parmi les provinces bénéficiaires, a reçu moins que le Québec (234 $ par habitant). De plus, les paiements de péréquation ne constituent qu'un des paiements de transfert fédéraux, qui incluent aussi les paiements pour la santé et les programmes sociaux. *Tous* les paiements de transfert et les investissements fédéraux dans les provinces et territoires doivent être considérés si l'on veut évaluer l'équité du système canadien de répartition des ressources.

77. On trouvera les données suivantes dans Francis Fortier, «Note socio-économique: Le Québec, dépendant de la péréquation?», Institut de recherche et d'informations socio-économiques, mars 2014, p. 4.

Par-dessus tout, il est important de souligner que la communauté politique canadienne tente de concilier l'aspect fédéral du pays avec un certain souci pour l'égalité. D'un côté, l'objectif d'assurer que chaque citoyen canadien ait un accès égal à des services publics comparables aurait pu être atteint en centralisant l'État-providence et en attribuant la responsabilité exclusive des dépenses publiques au gouvernement fédéral. Cela exigerait toutefois, aujourd'hui, des modifications constitutionnelles draconiennes qui seraient mal reçues, avec raison, par les provinces. L'idée d'un État-providence centralisé n'est pas compatible avec le principe du fédéralisme, qui repose sur l'équilibre entre l'autonomie des États fédérés et la capacité du gouvernement fédéral de prendre des décisions qui engagent le pays dans son entier.

D'un autre côté, laisser aux provinces la responsabilité de la quasi-totalité des dépenses publiques et éliminer les transferts intergouvernementaux porte atteinte au principe d'égalité. En effet, quand les provinces sont en charge des dépenses publiques et des programmes sociaux, celles qui ont une capacité fiscale moindre ont plus de difficulté à offrir à leurs citoyens des services comparables à ceux offerts dans les provinces mieux nanties, car elles doivent soit s'endetter davantage, soit hausser leurs taux d'imposition. Dans un régime fédéral, ceux qui soutiennent des politiques égalitaristes devraient le faire non seulement *au sein* de leur province, mais aussi *entre* les provinces.

Malgré ses imperfections, le programme de péréquation établit un équilibre entre l'égalité et l'autonomie fiscale. Cela devrait être célébré par ceux et celles qui se réclament à la fois du principe d'égalité et du principe fédéral[78].

78. Pour une démonstration plus complète, voir François Boucher et Jocelyn Maclure, « Federal Distributive Justice. Lessons from Canada » dans Jean-François Grégoire and Michael Jewkes, *Redistribution and Recognition in Multinational Federations*, Leuven, Leuven University Press, 2015, p. 157-182.

SECTION IV.
LAÏCITÉ

30. CHARTE DES VALEURS : LE JEU DANGEREUX DU PARTI QUÉBÉCOIS[1]

Établissons d'abord une chose: les questions liées à la place de la religion dans l'espace public, aux exigences de la laïcité et aux demandes d'accommodement ne sont pas frivoles. Des pays aux cultures politiques aussi différentes que le Royaume-Uni, la France, l'Allemagne, la Tunisie, la Turquie et l'Inde se débattent aussi avec ces enjeux. Ce n'est pas la seule, mais la question de savoir comment bien vivre ensemble alors que les citoyens épousent des systèmes de croyances et des modes de vie contrastés est l'une des questions philosophico-politiques fondamentales de notre époque.

Il est probable que le Parti québécois se serve de la question identitaire pour polariser l'opinion publique et se démarquer des autres partis. C'est de la politique de division (*wedgepolitics*) classique. Je suis de ceux, toutefois, qui considèrent que les ressorts de ce débat ne se trouvent pas uniquement dans les stratégies partisanes, ni d'ailleurs dans la xénophobie. Des désaccords légitimes sur le plan des principes et des visions de la justice et de la communauté politique s'affrontent.

Il est bien révolu le temps où le Parti québécois était dominé par des intellectuels et des élus qui tentaient de montrer comment le nationalisme indépendantiste était compatible avec une reconnaissance positive de la diversité culturelle et religieuse. On y trouve maintenant des partisans d'une laïcité plus prompte à restreindre la liberté de religion et l'égalité dans l'accès aux emplois et aux services

1. Publié le 23 août 2013 dans *Le Devoir*, soit dans la semaine suivant la fuite du projet de Charte des valeurs du Parti québécois dans les médias.

publics au nom d'une conception (à mon avis erronée) de la neutralité de l'État. On y trouve aussi des nationalistes qui considèrent que la « majorité historique », trop longtemps apathique, doit maintenant s'affirmer et imposer sa volonté aux minorités. L'amalgame de ces positions mène à un autoritarisme étatique plus grand et à une catho-laïcité : les symboles et pratiques catholiques appartiennent au patrimoine historique, alors que les symboles et pratiques minoritaires doivent être relégués, pour l'essentiel, à la sphère privée et aux lieux de culte. C'est une coalition un peu incongrue, mais dotée d'un pouvoir persuasif réel.

La Charte des valeurs sur laquelle planche le ministre Drainville inclut une interdiction mur à mur des signes religieux pour les employés des organismes publics et parapublics[2]. Les employés qui arborent des signes religieux visibles dans les CPE, les écoles, les hôpitaux, les ministères et les autres organismes publics devraient choisir entre le respect de leur conscience et l'occupation d'un emploi valorisant.

Pas question, toutefois, de toucher au crucifix à l'Assemblée nationale. On ne va pas non plus embêter le maire Tremblay avec la question de la prière au conseil municipal de Saguenay. La *wedge-politics* ne fait pas dans la dentelle argumentative.

Je ne peux reprendre ici les arguments en faveur d'une laïcité plus libérale et pluraliste[3]. Je vais me contenter de souligner que la rupture avec la culture politique québécoise issue de la Révolution tranquille que proposent les tenants d'une Charte des valeurs serait malheureuse. Une des forces du Québec des dernières décennies est l'équilibre, difficile mais réel, qu'il a réussi à atteindre entre la reconnaissance des aspirations légitimes de la majorité démocratique et le respect des droits des minorités. Il est faux d'affirmer que la « majorité historique », prétendument manipulée par l'« élite multiculturaliste » – une majorité donc perçue comme étant faiblarde et crédule – s'est écrasée en s'ouvrant à la diversité de la société québécoise.

2. Projet de loi n° 60 : Charte affirmant les valeurs de laïcité et de neutralité religieuse de l'État ainsi que d'égalité entre les femmes et les hommes et encadrant les demandes d'accommodement, projet de loi présenté à la 40e législature, 1re session, Assemblée nationale du Québec, 7 novembre 2013.

3. Voir Jocelyn Maclure et Charles Taylor, *Laïcité et liberté de conscience*, Montréal et Paris, Boréal/La Découverte, 2010.

Elle a continué à affirmer ses préoccupations identitaires en mettant de l'avant, par exemple, une politique de sélection des nouveaux arrivants fondée sur ses valeurs et intérêts et en maintenant une politique linguistique qui fait du français la langue publique commune.

Il est également faux d'affirmer que les chartes québécoise et canadienne des droits neutralisent toute poursuite du bien commun. Des politiques qui visent l'intérêt général peuvent, en vertu de dispositions explicites des chartes en question, justifier des restrictions raisonnables aux droits fondamentaux. C'est ainsi qu'une étudiante portant le niqab dans un cours de francisation a été exclue en raison des contraintes excessives engendrées par son comportement et que l'objectif d'assurer la pérennité du français a été reconnu comme légitime par la Cour suprême du Canada.

La « majorité », au Québec, n'est ni homogène ni silencieuse. Les majorités démocratiques sont fluides, complexes ; elles se recomposent constamment en fonction des enjeux et du contexte. Les citoyens débattent en permanence, et les partis se positionnent de différentes façons car ils sont divisés sur les grandes questions politiques. La nouvelle charte du PQ, malheureusement, en plus d'être incohérente, nous ferait reculer sur le plan de la protection des droits sans servir de véritables finalités communes. Le PQ, en voulant jouer la carte identitaire comme l'ADQ l'a fait en 2006[4], joue un jeu dangereux. Les rapports entre les majorités et les minorités sont fragiles en Occident depuis le 11 septembre 2001. La sagesse la plus élémentaire impose de ne pas souffler sur les braises des tensions identitaires pour des motifs de stratégie politique.

4. Voir Jocelyn Maclure, « Le malaise relatif aux pratiques d'accommodement de la diversité religieuse. Une thèse interprétative », dans Eid, Paul et al. (dir.), *L'accommodement raisonnable et la diversité religieuse à l'école publique. Normes et pratiques*, Montréal, Fides, 2008.

31.
UNE VISION APPAUVRIE DE LA LIBERTÉ DE CONSCIENCE[5]

La controverse continue au sujet du projet de Charte des valeurs du Parti québécois. La mesure la plus controversée du plan proposé par le gouvernement est l'interdiction du port des signes religieux « ostentatoires » pour tous les employés des secteurs public et parapublic. S'il existe un large consensus au sujet de l'affirmation officielle de la neutralité religieuse de l'État et de l'opportunité de clarifier les balises encadrant les demandes d'accommodement, la prohibition du port de signes religieux visibles suscite une vive opposition, notamment au sein du mouvement souverainiste.

Le ministre des Institutions démocratiques et de la Participation citoyenne du Québec, Bernard Drainville, soutient qu'une telle interdiction est nécessaire pour assurer la neutralité religieuse de l'État. J'ai déjà expliqué ailleurs pourquoi ce qui compte vraiment, c'est que les normes et les décisions publiques soient neutres. Un fonctionnaire, un enseignant, un soignant, une éducatrice ne doivent ni faire du prosélytisme ni laisser leurs convictions religieuses guider leur jugement professionnel, ce qu'ils peuvent très bien éviter tout en portant un signe religieux[6].

Ceux qui, comme le ministre Drainville, tentent de justifier rationnellement l'interdiction des signes religieux visibles ont l'habitude de compléter leur démonstration en ajoutant deux arguments complémentaires. Le premier est l'argument du « sacrifice

---

5. Publié dans le magazine *Options politiques*, vol. 34, no 8, nov.-déc. 2013, p. 49-52. Il s'agit du magazine de l'Institut de recherche en politiques publiques.

6. Jocelyn Maclure et Charles Taylor, *op. cit.* p. 62. La Cour suprême du Canada a réaffirmé récemment que la neutralité religieuse de l'État est un corollaire nécessaire des droits à l'égalité et à la liberté de conscience protégés dans la *Charte canadienne des droits et libertés*. Voir Mouvement laïque québécois *c.* Saguenay (Ville), 2015 CSC 16.

raisonnable » : demander aux personnes religieuses de retirer leurs signes religieux visibles pendant qu'elles sont au travail est une exigence modérée. Elles demeurent libres de pratiquer leur religion lorsqu'elles ne sont pas en fonction. Le second consiste en une analogie avec les signes politiques : ceux qui sont rémunérés par l'État ont un devoir de réserve eu égard à l'expression de leurs convictions politiques lorsqu'ils sont en fonction. Or, comme l'État doit être neutre par rapport à la religion, ce devoir de réserve s'étend aussi à l'expression des convictions religieuses, y compris au port d'un signe religieux visible.

Je soutiendrai que ces deux arguments reposent sur une compréhension appauvrie de la liberté de conscience et de religion. On sait que les principes de tolérance et de liberté de conscience ont joué un rôle essentiel au début de l'époque moderne dans le processus de pacification d'une Europe déchirée par les conflits religieux. Tout porte à croire qu'une reconnaissance appropriée de la liberté de conscience et de religion demeure aujourd'hui également une des clés de la justice, de la coopération sociale et de la solidarité en contexte de diversité morale, culturelle et religieuse profonde.

L'argument du sacrifice raisonnable et la nouvelle rectitude religieuse

Les défenseurs de l'interdiction générale du port de signes religieux visibles dans les secteurs public et parapublic affirment qu'il est tout à fait raisonnable de demander aux personnes religieuses de se départir de leurs signes religieux lorsqu'elles sont en fonction. Elles demeurent libres de pratiquer leur religion dans leur vie privée et associative, mais leur devoir de réserve au travail exigerait qu'elles remisent leur symbole de prédilection. Le ministre Drainville répétait ce point de vue sur toutes les tribunes. Des constitutionnalistes comme Henri Brun et Caroline Beauchamp, qui ont conseillé le gouvernement, partageaient cet avis.

Cette perspective présuppose que d'exiger d'un croyant qu'il se défasse de son signe religieux lorsqu'il est en fonction est lui demander un sacrifice raisonnable. Cette vision prend racine dans un rapport particulier à la religion, un rapport profondément ancré dans la pensée chrétienne. Pensons, d'abord, à l'appel augustinien en faveur du déplacement du point focal de la foi: « N'allez pas au dehors, rentrez en vous-mêmes; car la vérité réside dans l'homme intérieur[7]. » La voie vers Dieu réside en nous-mêmes, dans notre vie spirituelle et dans le dialogue intérieur.

Pensons, ensuite, au schisme au sein de la chrétienté engendré par la Réforme protestante, qui a elle aussi encouragé un recentrement de l'expérience de la foi sur la quête spirituelle. Le chrétien a été encouragé à découvrir la parole de Dieu à l'aide de ses propres lumières, et l'autorité du clergé catholique a été remise en question, tout comme le caractère ostentatoire de ses symboles et rituels. C'est par ses propres moyens que l'on pouvait avoir accès à la vérité divine et non en respectant aveuglément les prescriptions de Rome.

Il est facile de comprendre l'attrait de cette vision: si j'étais croyant, je considérerais sans doute que la foi est d'abord et avant tout une quête spirituelle et une recherche personnelle de transcendance. Ce mode de religiosité s'harmonise plus facilement avec le principe de l'autonomie individuelle ou du libre usage de notre raison. Les sociologues des religions ont bien montré que le phénomène de la « protestantisation » ou de l'« individualisation » de la croyance était un phénomène répandu aujourd'hui en Occident.

Cela étant dit, les témoignages abondent de croyants nous expliquant que se départir de leurs signes religieux lorsqu'ils sont au travail n'est tout simplement pas une option. Pensons à cet urgentologue sikh qui disait qu'il n'aurait d'autre choix que de démissionner si on le contraignait à retirer son turban[8]. Des hommes portant la kippa et des femmes portant le hijab ont dit la même chose. Ils auraient le sentiment de se trahir et de manquer de pudeur s'ils retiraient leur couvre-chef. Des catholiques ont peut-être encore ce rapport avec la croix. Demander à une personne religieuse de ne pas respecter un code vestimentaire jugé essentiel pendant qu'elle est au travail équivaut à demander à une personne végétarienne de mettre ses convictions éthiques entre parenthèses de 9 à 5. C'est faire bien peu de cas des convictions profondes et des rituels à dimension spirituelle.

---

7. Saint-Augustin, « De la vraie religion », XXXIX, *Œuvres complètes*, tome 3, Paris, Louis Vivès éditeur, 1873, p. 643.

8. Katia Gagnon, « Signes religieux: "Ça fait partie de mon identité" », *La Presse*, 11 septembre 2013.

Pour des millions de croyants à travers le monde, la religion est autant un système de croyances qu'un mode de vie constitué de gestes, de pratiques, de vertus et de symboles qui permettent de mieux vivre leur foi ; les croyances et les pratiques sont indissociables. Dans les cas où l'assiduité dans la foi est la plus grande, l'ortho*doxie* est aussi une ortho*praxie*.

Serait-il excessif de demander au ministre Drainville et aux supporteurs de l'interdiction de prendre un peu de recul et de considérer la possibilité que nous soyons en train d'imposer une façon de croire parmi d'autres, une forme d'attitude *religiously correct* ou de « rectitude religieuse » ? L'acceptation d'un seul mode de religiosité légitime impliquerait une compréhension bien pauvre de la liberté de conscience. Bien vivre ensemble dans une société diversifiée exige non seulement d'accepter la diversité religieuse, mais aussi la pluralité des formes de l'expérience religieuse. C'est vrai, des personnes religieuses pratiquantes ne considèrent pas toutes être tenues de porter un signe religieux. Et des végétariens sont en fait des « flexitariens ». Et alors ? La finalité de la liberté de conscience et de religion est de nous permettre à tous de déterminer par nous-mêmes, dans les limites du raisonnable, quels sont les convictions et engagements qui nous permettent de donner un sens à notre vie.

L'argument du signe politique et du devoir de réserve

Les défenseurs de la position gouvernementale font valoir un argument complémentaire, soit celui fondé sur une analogie entre les signes religieux et les signes politiques : il est légitime de demander à ceux qui sont rémunérés par l'État de ne pas exprimer leurs opinions politiques lorsqu'ils sont en fonction. L'administration publique doit être neutre ; son rôle est d'appliquer les décisions prises par le gouvernement. De même, on ne veut pas que les enseignants tentent d'endoctriner leurs élèves et que le personnel hospitalier harangue les patients. Or, le même raisonnement s'appliquerait aux opinions religieuses : l'État et ses représentants doivent être neutres par rapport à la religion. Comme le port d'un signe religieux exprime une conviction religieuse, il est raisonnable de l'interdire, tout comme il est raisonnable de censurer l'expression des convictions politiques.

Admettons d'abord qu'il s'agit d'un argument sérieux. L'analogie proposée est *prima facie* plausible. La validité d'un raisonnement par analogie dépend des similarités et des différences entre les situations comparées. Dans le cas qui nous occupe, les similarités sont assez nombreuses pour que l'argument soit pris au sérieux.

L'argument n'est pas convaincant pour autant. Tout d'abord, personne, sauf peut-être quelques excentriques, ne prétend devoir porter un chandail sur lequel un slogan politique est imprimé ou une épinglette politique de façon permanente en public. Comme citoyen engagé, nous voulons jouir de la liberté d'expression dans la société civile, nous voulons avoir le droit de nous réunir pacifiquement et de manifester, nous voulons avoir le droit de vote et être éligible aux élections, nous tenons à la liberté de presse, etc. La comparaison avec les signes religieux visibles a pour unique but de justifier l'interdiction des signes religieux. Qui a vraiment l'impression de s'éloigner de ses obligations morales ou de sa conception de ce qu'est une vie digne d'être vécue parce qu'il ne porte pas un signe politique pendant qu'il est au travail ? Les droits et libertés sont fondés sur les intérêts fondamentaux de la personne humaine et non sur des situations fictives tirées par les cheveux.

Si on parvenait à démontrer que le port d'un signe religieux visible est en soi une forme de prosélytisme ou une atteinte à la neutralité des institutions publiques, il serait légitime de les interdire. Cette démonstration n'a pas été faite. Personne ne conteste que les employés des secteurs public et parapublic doivent respecter un devoir de réserve. Personne ne conteste que leur liberté de religion est limitée lorsqu'ils sont en fonction : ils ne peuvent pas faire la promotion de leur religion, leurs convictions religieuses ne doivent pas brouiller leur jugement professionnel, et il est fort possible qu'ils ne pourront pas pratiquer leur religion de la façon dont ils le souhaiteraient. Il n'y a pas, par exemple, de droit absolu à obtenir un lieu de prière au travail. Il se peut aussi que la nature d'un emploi ne permette pas qu'un employé prenne cinq courtes pauses dans sa journée pour prier. Il se peut aussi que les conditions de travail ne permettent pas à un employé de partir plus tôt le vendredi pour arriver à la maison avant le coucher du soleil. Un employé de l'État doit transiger avec des hommes et des femmes. Si le nombre d'utilisateurs ne le justifie pas, il est normal que la cafétéria ne puisse servir des repas halal ou kasher, etc. S'il n'accepte pas ces conditions, le pratiquant s'auto-exclut des secteurs public et parapublic.

En somme, il est vrai que la fonction publique doit être neutre politiquement. Elle assure la permanence et la stabilité de l'État, ainsi que l'administration juste et équitable des lois et des politiques publiques. Toutefois, s'il faut séparer l'État et la religion, il est évidemment impossible de séparer l'idéologie politique de l'État. Des partis avec des visions politiques rivales s'affrontent pour l'obtention du pouvoir. Si le gouvernement ne peut pas être neutre sur le plan de l'idéologie politique, la fonction publique doit, en revanche, l'être. Son rôle est d'administrer les lois et les politiques de façon impartiale. L'obtention des postes dans la fonction publique doit en outre reposer d'abord sur le mérite des candidats et non sur leur allégeance politique.

Il y a donc une différence fondamentale entre le rapport État-allégeance politique et le rapport État-religion : il n'y a pas une séparation complète entre l'État et l'idéologie politique ; le gouvernement, en tant qu'organe crucial de l'État, se fait nécessairement élire sur la base d'un programme politique. À l'inverse, l'État, du moins au Québec, est séparé des religions et est en principe neutre à leur égard. Qu'un fonctionnaire ou un autre employé public porte un signe religieux visible ne fait pas en sorte que les lois ont un fondement religieux ou que l'État s'identifie à une religion. Les employés de l'État appliquent des lois qui ont fait l'objet de contestations politiques avant d'être adoptées et ils doivent être neutres par rapport à ces débats entre les partis politiques. La religion, pour sa part, n'intervient pas dans le processus de formulation et d'adoption des lois. L'analogie entre les signes religieux et les signes politiques néglige cette différence pourtant cruciale[9].

Les défenseurs de l'interdiction se rabattent finalement sur le principe voulant que la présence d'un signe religieux chez un agent de l'État puisse indisposer des citoyens qui ne veulent pas être exposés à la religion des autres. De façon plus sophistiquée, on peut aussi arguer que le port d'un signe religieux est un geste expressif

9. Je remercie mon collègue Daniel Weinstock de m'avoir encouragé à élaborer cet argument.

ou un « acte de langage » implicite qui communique des croyances incompatibles avec l'éthique publique commune. Ces arguments ne résistent pas non plus à l'analyse.

D'une part, il y a plusieurs choses qui peuvent nous indisposer dans nos interactions avec ceux qui travaillent dans les secteurs public et parapublic. Tolérer des choses qui nous irritent est une condition essentielle à la coopération sociale et à la coexistence pacifique. La liberté de conscience et de religion n'inclut pas, heureusement, le droit de ne pas être exposé aux apparences et aux croyances qui nous déplaisent. Si c'était le cas, la tolérance et la liberté de conscience favoriseraient le développement de communautés séparées, un peu à l'instar de l'ancien modèle des « piliers » aux Pays-Bas, en vertu duquel les communautés protestante, catholique et séculière étaient dotées de leurs propres institutions. Cette ségrégation n'est pas souhaitable.

D'autre part, s'il est indéniable que le port d'un signe religieux est un acte expressif doté *de* sens, rien ne nous autorise à lui attribuer a priori *un* sens univoque qui contredit les valeurs publiques communes. On infère souvent, par exemple, du fait que des femmes dans des pays musulmans se battent contre l'obligation de porter un voile que ce dernier symbolise nécessairement la domination de l'homme sur la femme. Mais cette inférence est fausse. Dans une société libérale et démocratique comme le Québec, une femme musulmane peut bien entendu avoir d'autres raisons, liées à sa foi et à sa construction identitaire, de porter le foulard. Et on ne peut accepter la pensée magique selon laquelle l'interdiction des signes religieux visibles dans les institutions publiques viendrait soulager les femmes qui sont assujetties au pouvoir des hommes dans leur vie quotidienne. D'un côté, la prohibition restreint la liberté de ceux et de celles qui décident volontairement de porter un signe religieux visible. De l'autre, elle ne fait pratiquement rien pour aider les femmes les plus vulnérables, qui sont vraisemblablement bien peu présentes en tant qu'employées dans les secteurs public et parapublic[10].

10. Voir Vicki Plourde, *L'argument de la fausse conscience à l'égard des minorités vulnérables au sein des minorités culturelles et religieuses*, mémoire de maîtrise, Faculté de philosophie, Université Laval, septembre 2015.

L'analogie avec le signe politique ne parvient pas à justifier la restriction de la liberté de religion ou de l'égalité des chances dans l'accès aux postes dans les secteurs public et parapublic. Nos intérêts politiques fondamentaux sont protégés par les droits civils et politiques. Les libertés de conscience et de religion protègent quant à elles les convictions et les engagements religieux *et* séculiers qui donnent un sens à la vie humaine. Que nos institutions démocratiques protègent convenablement les uns comme les autres est un acquis dont nous pouvons être fiers.

32. LA MODÉRATION DE JEAN-FRANÇOIS LISÉE : TROP PEU, TROP TARD[11]

Jean-François Lisée est revenu sur l'épisode du débat sur la Charte de la laïcité dans son livre *Le journal de Lisée – 18 mois de pouvoir, mes combats, mes passions*[12]. « Humaniste avant d'être indépendantiste », il se présente comme l'homme de la modération et du compromis au sein du cabinet péquiste. La modération, pour Lisée, s'incarnait essentiellement dans une mesure : une clause grand-père. Aucun employé actuel d'un organisme public ou parapublic n'aurait été congédié sur la base du port d'un signe religieux visible. Le gouvernement aurait reconnu aux employés un « droit acquis » de porter des signes religieux au travail.

Pas question, pour lui, de congédier celle qu'il appelle « Fatima », une infirmière fictive qui porte le hijab et qui fait un travail exemplaire depuis 15 ans. « Si le refus d'inscrire la clause [des droits acquis] était maintenu », écrit-il, « j'allais, en privé, indiquer à Pauline ma ferme opposition ». Rappelons-nous que Pauline Marois a dit, en campagne électorale, que l'application de la Charte de la laïcité pourrait mener au congédiement de ceux et celles refusant de remiser leurs signes religieux pendant les heures de travail. « Nous les aiderons à se trouver du travail dans le privé », avait-elle dit. Lisée défendait donc bel et bien une position de compromis par rapport à celle de Bernard Drainville et de Pauline Marois.

11. Publié sur le blogue Politique de *L'actualité* le 3 novembre 2014.

12. Jean-François Lisée, *Le journal de Lisée: 18 mois de pouvoir, mes combats, mes passions*, Montréal, Édition Rogers, 2014.

Notons toutefois que d'autres positions nettement plus modérées étaient aussi disponibles. Très tôt dans le débat sur la Charte, des intervenants ont suggéré au ministre Drainville de scinder son projet en deux : il pourrait d'abord s'appuyer sur le consensus québécois pour affirmer la neutralité religieuse de l'État et établir les balises encadrant les demandes d'accommodement raisonnable et, dans un deuxième temps, revenir à la charge avec une politique sur le port des signes religieux par les employés des organismes publics. La société québécoise aurait pu faire un premier pas, et débattre ensuite – de manière plus ciblée et plus posée – des obligations des employés du secteur public. J'ai moi-même soumis cette idée à Bernard Drainville lors d'un débat à *Bazzo.tv*, le 12 septembre 2013. Cette proposition n'intéressait pas le PQ le moins du monde. Les commentatrices aguerries que sont Josée Legault et Chantal Hébert l'ont souligné : le PQ a enchâssé le projet de Charte dans une politique de la division (*wedgepolitics*)[13]. Le but n'était pas de construire un consensus, mais plutôt de se démarquer des autres partis, de polariser l'opinion publique et de créer un conflit avec le gouvernement fédéral. Pourquoi l'humaniste Lisée n'a-t-il pas, dès le départ, pesé de tout son poids en faveur d'une politique sensible et responsable ? Pourquoi n'a-t-il pas porté l'idée de scinder le projet de loi ?

Un autre compromis possible était de soutenir, comme Québec solidaire, la recommandation du rapport Bouchard-Taylor, selon laquelle les agents publics en position d'autorité ou exerçant un pouvoir de coercition devraient se voir imposer un devoir de réserve plus exigeant. Seuls les juges, les procureurs de la Couronne, les policiers, les gardiens de prison et le président de l'Assemblée nationale auraient perdu le droit de porter des signes religieux visibles au travail. À cette courte liste, la Coalition Avenir Québec ajoutait les enseignants. Je ne soutiens pas, personnellement, la recommandation du rapport Bouchard-Taylor, mais il s'agit sans aucun doute d'une position plus modérée que celle défendue par le Parti

13. Chantal Hébert, « Charte des valeurs : La petite noirceur », *L'actualité*, 19 novembre 2013 ; Josée Legault, « Charte des valeurs et loi 101 : à ne pas confondre », *L'actualité*, 30 août 2013 : http://www.lactualite.com/opinions/le-blogue-de-josee-legault/charte-des-valeurs-loi-101-a-ne-pas-confondre. Dernière consultation le 10 juillet 2015.

québécois, qui touchait aussi les employés de bureau n'ayant pas de contacts avec le public. L'humaniste Lisée aurait pu en faire la promotion.

Le mieux que l'on puisse dire de la vision défendue par Lisée, c'est qu'elle était moins mauvaise que la position officielle du PQ. L'injustice allait toucher « seulement » ceux qui auraient voulu postuler pour des emplois dans les secteurs public et parapublic ; des jeunes musulmanes ayant fait des études en droit ou en enseignement, des jeunes juifs ou sikhs souhaitant pratiquer la médecine ou les soins infirmiers, etc. Ces derniers auraient eu à choisir entre leurs convictions religieuses et un accès égal aux postes dans les organismes publics. C'est cette iniquité qui avait poussé le professeur émérite de philosophie Georges Leroux et moi-même à critiquer la clause des droits acquis, défendue entre autres par le non moins émérite professeur de sociologie Guy Rocher[14].

Je n'ai aucune raison de douter que Lisée aurait défendu bec et ongles la clause grand-père. C'est une position qu'il défendait déjà en 2011[15], alors qu'il était blogueur à *L'actualité*. C'était toutefois trop peu, trop tard. Il aurait pu défendre des positions nettement plus modérées, et il aurait pu le faire plus tôt. Le débat sur la Charte a donné lieu à des dérapages majeurs. En outre, l'islamophobie a bondi en flèche. On aurait voulu que Lisée – et les autres qui se sont désolidarisés de la Charte, dont l'ex-candidat à la chefferie du PQ Alexandre Cloutier – rue dans les brancards et monte au front lorsque le débat a commencé à déraper[16].

Qu'a dit Lisée à l'interne au sujet des sorties fracassantes de Janette Bertrand et consœurs ? Était-il trop absorbé par la rédaction, avec Drainville, de la lettre[17] qu'ils ont fait paraître dans *The New York Times* – une missive dans laquelle ils travestissaient la pensée de Thomas Jefferson, grand défenseur de la séparation entre l'Église et l'État *et* du libre-exercice de la religion, y compris des employés

14. Voir le chapitre 33.

15. Jean-François Lisée, « Laïcité, mode d'emploi : 2) Le calendrier », publié sur le blogue Politique de *L'actualité* le 28 février 2011 : http://www.lactualite.com/zzz_archives/blogue-de-jean-francois-lisee/laicite-mode-demploi-le-calendrier/7708/. Dernière consultation le 17 juillet 2015.

16. Voir le chapitre 36.

17. Bernard Drainville et Jean-François Lisée, « Jefferson in Quebec », *The New York Times*, 19 novembre 2013, p. A24.

de l'État[18] ? Tout cela est d'autant plus déroutant que Lisée nous apprend, au chapitre 18 de son livre, qu'il préparait, avec la ministre de l'Immigration Diane De Courcy, une politique de lutte contre la discrimination et le racisme. Ne pas faire de la laïcité une politique de la division aurait été un bon début.

Mon but n'est pas de m'acharner sur Jean-François Lisée. Comme il propose une interprétation de son rôle dans cet épisode marquant de l'histoire politique québécoise récente, il est normal que cette interprétation soit discutée et contestée. Je suis convaincu que Lisée favorisait une approche plus modérée et graduelle que celle qui a été choisie par la direction du PQ. Mais le débat sur la Charte aura été pour plusieurs, tout comme le printemps érable en 2012 et les référendums de 1980 et 1995, un grand moment de construction de l'identité politique. Pour ceux qui ont été profondément heurtés par la décision de vouloir forcer sans raisons suffisantes une petite minorité de citoyens à choisir entre le respect de leurs convictions de conscience et la possibilité d'obtenir un poste à la hauteur de leurs compétences dans le secteur public et parapublic, la « modération » dont Lisée fait l'apologie apparaîtra comme bien insuffisante.

18. En tant qu'auteur du *Virginia Statute for Religious Freedom* adopté en 1786, Jefferson a pourtant écrit ceci : « Le fait d'écarter un citoyen, comme indigne de la confiance du public, en le tenant pour indigne d'être appelé aux fonctions de confiance et lucratives, à moins qu'il ne professe telle ou telle opinion religieuse, ou n'y renonce, revient à le priver, en le lésant, de privilèges et d'avantages auxquels, au même titre que ces concitoyens, il peut naturellement prétendre. »

33. POURSUIVRE SUR LE CHEMIN DE LA LAÏCITÉ ÉQUILIBRÉE. RÉPLIQUE À GUY ROCHER[19]

Guy Rocher a témoigné hier devant la commission parlementaire chargée d'étudier le projet de Charte de la laïcité. Le ministre Drainville, qui préfère habituellement banaliser les sorties des intellectuels, a fait grand cas de la comparution de Rocher. Il a eu raison de le faire. M. Rocher est l'un des bâtisseurs du Québec moderne et des sciences sociales québécoises.

La pierre angulaire de la position de Rocher est le principe voulant que « le respect des convictions en matière de religion de toutes les "clientèles" qui recourent aux services d'institutions publiques financées par des fonds publics a priorité sur les convictions de tout le personnel de ces institutions ». Cette position est surprenante. Notre système est heureusement construit sur la base du principe de l'égalité des droits de tous les citoyens[20]. Il n'y a pas de « priorités » en la matière. Les droits des uns doivent être mis en équilibre avec ceux des autres.

Rocher affirme, sans le démontrer, que les opposants à l'interdiction générale des signes religieux pensent que « les convictions religieuses d'un(e) enseignant(e) devraient désormais avoir priorité sur les convictions religieuses des parents, des élèves, des étudiants ». C'est faux. Ceux qui s'opposent à l'interdiction des signes religieux ne soutiennent nullement que les droits des usagers doivent

---

19. Texte rédigé avec Georges Leroux et publié dans *Le Devoir* le 23 janvier 2014. Guy Rocher a répondu à notre texte dans l'édition du 30 janvier 2014 du *Devoir*.

20. Comme l'exprime par exemple John Rawls dans le premier principe de sa théorie de la justice, à savoir le principe de la « liberté égale » de tous les citoyens. Voir John Rawls, *Théorie de la justice*, tr. fr. Catherine Audard, Paris, Éditions du Seuil, 1993 [1971].

être subordonnés à ceux des employés. La liberté de conscience et de religion des employés ne permet ni le prosélytisme, ni l'interférence des croyances religieuses dans le jugement professionnel, ni les accommodements déraisonnables. La liberté de religion des employés doit s'harmoniser avec l'exigence de neutralité des institutions publiques et avec les droits des usagers.

Les critiques de l'interdiction ont souvent soutenu, depuis la commission Bouchard-Taylor, que la neutralité de l'État s'incarne dans les actes et les décisions des employés publics, et non dans leur apparence. Un fondamentaliste chrétien, par exemple, peut très bien donner priorité à ses croyances religieuses lorsqu'il est en fonction sans porter un signe religieux visible. Pourquoi lui accorder une présomption d'impartialité et le juger à ses actes, mais refuser une telle présomption à ceux qui se sentent tenus d'extérioriser leur appartenance religieuse ?

Lorsque Rocher affirme que les droits des employés ont présentement priorité sur ceux des « clientèles », il est difficile de ne pas conclure qu'il soutient implicitement que les usagers ont un droit fondamental à ne pas être exposés à l'appartenance religieuse d'autrui. Les usagers des services publics ont le droit d'être traités de façon professionnelle et impartiale, et de ne pas être harangués. Le malaise que certains ressentent à la vue d'un hijab, d'une kippa ou d'un turban ne saurait toutefois justifier l'obligation pour celui qui les porte de choisir entre le respect de ses convictions profondes et un poste dans un organisme public. Les malaises des uns ne justifient pas la restriction des droits fondamentaux des autres.

Rocher a parfaitement raison de rappeler que l'accélération de la laïcisation de l'État pendant la Révolution tranquille a fait du Québec une société plus juste et harmonieuse. Nous devons exprimer notre reconnaissance envers ceux qui ont rendu cette mutation sociale possible. La laïcité de l'État québécois est un acquis précieux qu'il est possible de préserver sans restreindre les droits de citoyens qui sont déjà sous-représentés dans les organismes publics.

Rocher nous met en garde contre les approches indûment « individualistes ». Il a raison. Les droits individuels peuvent être limités, de façon raisonnable, lorsque l'intérêt public le justifie, comme c'est le cas avec la *loi 101*. Assurer la neutralité religieuse de l'État est un objectif noble, mais il ne nécessite nullement l'interdiction du port des signes religieux visibles pour les employés des organismes publics. Si la déconfessionnalisation des institutions publiques était, comme l'affirme Rocher, véritablement remise en question, nous serions au front avec lui pour lutter contre une telle régression.

Rocher nous rappelle que nous devons aborder la question du rapport entre religion et pouvoir public avec une « attitude prospective ». Nous le croyons aussi. La société québécoise continuera à se diversifier. Nous croyons qu'une laïcité équilibrée est mieux en mesure de favoriser la participation pleine et entière des citoyens de tous les horizons à nos institutions publiques. Dire aujourd'hui à un élève au secondaire, ou à un étudiant du cégep ou de l'université qu'il ne pourra pas devenir enseignant, travailleur social, fonctionnaire, médecin ou juriste de l'État car il porte un signe religieux visible risque de favoriser le ressentiment et la désaffection. Ce n'est pas la « vision d'avenir » que nous souhaitons pour le Québec de demain.

34.
PRIÈRE À SAGUENAY : DEVONS-NOUS CHOISIR ENTRE LA CATHO-LAÏCITÉ ET LA LAÏCITÉ INTRANSIGEANTE ?[21]

La Cour suprême du Canada vient de commencer à entendre la cause de la prière à l'hôtel de ville de Saguenay. On sait que le maire Jean Tremblay, s'appuyant à la fois sur ses convictions personnelles et sur le respect des « traditions québécoises », tient fortement à la récitation d'une courte prière en ouverture des assemblées du conseil municipal. Infirmant la décision du Tribunal des droits de la personne, la Cour d'appel du Québec a débouté en 2013[22] le Mouvement laïque québécois (MLQ) et le citoyen Alain Simoneau, qui soutenaient que la prière contrevenait au principe de la neutralité religieuse des institutions publiques et portait atteinte aux droits des citoyens athées et agnostiques.

Je n'adhère pas à la thèse du « gouvernement des juges », et personne ne m'a jamais accusé de manquer d'égards envers le pouvoir judiciaire. Je crois fermement à l'importance de la séparation des pouvoirs et du contrôle de la constitutionnalité des lois. L'arrêt *Saguenay c. MLQ* est toutefois l'une des décisions les plus fragiles, confuses et décevantes que j'ai lues.

En gros, la Cour d'appel soutient que les droits des non-croyants ne sont pas véritablement enfreints puisque la prière récitée est théiste, mais non confessionnelle[23] – son unique référence à un « Dieu tout-puissant » fait en sorte que celle-ci n'est pas strictement

---

21. Publié sur le blogue Politique de *L'actualité* le 20 octobre 2014.

22. Saguenay (Ville de) *c.* Mouvement laïque québécois, 2013 QCCA 936.

23. Une perspective théiste affirme l'existence d'au moins un dieu. Un point de vue confessionnel fait la promotion d'une confession religieuse particulière. Un discours peut ainsi être théiste sans promouvoir ou s'associer à une église particulière.

catholique – et que les citoyens peuvent soit sortir de la salle, soit rester assis et ignorer le moment de prière. De plus, la Cour affirme que la conception de la neutralité religieuse de l'État qui s'est imposée en droit canadien est modérée et compatible avec le respect des traditions historiques, y compris religieuses.

Bien que je pense que la Cour ait, au final, erré, il faut reconnaître que la stratégie adoptée par l'avocat du MLQ s'est avérée mal avisée. Les trois juges de la Cour d'appel ont refusé de reconnaître l'expertise du témoin expert choisi par les plaignants, entre autres en raison de son statut de militant au sein du MLQ. Ils ont en revanche accordé une importance à mon avis disproportionnée aux témoignages plausibles mais controversés des deux experts choisis par la Ville de Saguenay, à savoir Solange Lefebvre et Gilles Bibeau, deux professeurs-chercheurs chevronnés de l'Université de Montréal.

Le jugement de la Cour d'appel repose pour l'essentiel sur le constat, correct, que la récitation d'une courte prière édulcorée en début de séance n'impose aucune croyance aux citoyens non religieux. La prière n'a pas pour effet de contraindre les consciences et il ne s'agit pas vraiment de prosélytisme. La Cour a sans doute raison sur ce point. À moins d'être facétieux, il est difficile de soutenir qu'une brève prière, alors que l'on peut sortir de la salle ou refuser de la réciter sans être ostracisé, porte atteinte de façon sérieuse à la liberté de conscience des récalcitrants[24].

Le problème avec le jugement est qu'une compréhension adéquate de la laïcité et de la neutralité religieuse de l'État révèle que la liberté de conscience n'est pas le seul principe que les institutions publiques laïques doivent respecter. Dans les sociétés où l'on trouve des citoyens athées et agnostiques et d'autres qui adhèrent à une large gamme de traditions religieuses et spirituelles, l'État doit tenter d'accorder un respect et un traitement égaux à tous en s'abstenant de prendre parti ou de s'identifier à une option particulière[25]. C'est pour cette raison que l'Assemblée nationale a remplacé la prière par un moment de réflexion en silence et que la loi qui obligeait les commerces à fermer le dimanche a été abrogée. Or, si le conseil

24. Voir la nuance que j'apporte au chapitre suivant.

25. Jocelyn Maclure et Charles Taylor, *op. cit.*, p. 30 et suivantes.

municipal, en incorporant la prière à ses procédures, n'exerce pas une forme de coercition sur la conscience des athées et agnostiques, il échoue néanmoins à les traiter avec le même respect que les citoyens monothéistes.

Le juge Guy Gagnon, qui écrit pour la Cour, cite la commission Bouchard-Taylor au sujet du critère qui permet d'évaluer dans quelles circonstances la présence d'un signe ou d'un rituel religieux n'érode pas la laïcité de l'État : « Un symbole religieux est donc compatible avec la laïcité lorsqu'il s'agit d'un rappel historique plutôt que le signe d'une identification religieuse de la part d'une institution publique. »

Mais il oublie de souligner que la commission Bouchard-Taylor – je suis bien placé pour m'en souvenir, puisque j'ai rédigé les premières versions de ce passage – s'est prononcée *contre* la récitation de la prière dans les institutions publiques :

> Une conception adéquate de la laïcité doit, selon nous, chercher à distinguer ce qui constitue une forme d'établissement de la religion de ce qui relève du patrimoine historique de la société. L'ancienne loi sur le dimanche, les privilèges accordés aux catholiques et protestants en matière d'enseignement de la religion dans les écoles publiques, la récitation d'une prière au début des séances d'un conseil municipal [...] constituent des formes d'affirmation de la religion de la majorité[26].

C'est une omission majeure de la part de la Cour. De plus, comme le juge Allan R. Hilton, dans son opinion concurrente, le souligne, la commission Bouchard-Taylor a aussi suggéré le retrait du crucifix à l'Assemblée nationale, et ce, même si les députés de l'Assemblée nationale oublient probablement la présence du crucifix lorsqu'ils font leur travail de législateurs. La croix sur le mont Royal et les dénominations religieuses dans notre toponymie sont des rappels du passé, pas la récitation d'une prière par un maire en fonction. Il faut beaucoup d'imagination pour affirmer, comme le

26. Gérard Bouchard et Charles Taylor, *Fonder l'avenir : le temps de la conciliation*, rapport final de la commission sur les pratiques d'accommodement reliées aux différences culturelles, Québec, Éditeur officiel du Québec, 2008, p. 152. Je souligne.

fait la Cour, que la récitation d'une prière au conseil municipal n'est pas « le signe d'une identification religieuse de la part d'une institution publique ».

En somme, ce qui est déplorable, dans ce dossier, c'est que personne n'a plaidé pour une laïcité à la fois authentique et apaisée, équilibrée. On ne peut être béatement optimiste quant au verdict que rendra la Cour suprême[27]. Ce tribunal a sans contredit les ressources intellectuelles, l'audace et la hauteur de vue pour élaborer une conception plus juste de la neutralité religieuse des institutions publiques, mais ses mains sont peut-être déjà liées. Elle pourrait interpréter différemment les témoignages des experts, mais elle doit composer avec la preuve qui a été déposée en première instance.

De plus, la Cour d'appel ontarienne a elle aussi permis la prière dans les assemblées municipales, tout comme la Cour suprême américaine dans un arrêt récent[28]. Enfin, l'Assemblée nationale du Québec a malencontreusement voté unanimement une motion en 2008 témoignant de son « attachement à notre patrimoine religieux et historique représenté notamment par le crucifix de notre Salon bleu », et la Cour européenne des droits de l'homme a validé la décision des tribunaux italiens de conserver les crucifix dans les salles de classe des écoles publiques. Les avocats du maire Tremblay ont aussi beau jeu de rappeler que le préambule de la *Loi constitutionnelle de 1982* affirme la « suprématie de Dieu ». La pente à remonter est abrupte.

Ni la catho-laïcité du maire Tremblay et de la Cour d'appel, ni la laïcité qui donne trop souvent l'apparence d'être antireligieuse du MLQ ne conviennent au Québec d'aujourd'hui. C'est d'une laïcité adaptée à la diversité des options morales, religieuses et spirituelles dont nous avons besoin.

---

27. Voir le chapitre 35.

28. U.S. Supreme Court, *Town of Greece v. Galloway*, 572, 2014.

35.
UNE VICTOIRE POUR LA LAÏCITÉ[29]

Le 15 avril 2015, la Cour suprême du Canada a jugé que la récitation d'une prière avant le début des séances d'un conseil municipal est incompatible avec la neutralité religieuse de l'État et que, ce faisant, elle porte atteinte à la liberté de conscience des non-croyants[30]. Ce jugement a été accueilli avec un soupir de soulagement par tous ceux qui ont soutenu que la Cour d'appel du Québec avait erré en maintenant que la prière n'entamait pas la neutralité religieuse de l'État et qu'elle n'enfreignait pas véritablement les droits des athées et des agnostiques.

Lorsqu'une administration municipale incorpore une pratique religieuse à son mode de fonctionnement, elle s'identifie à la religion et prend parti en faveur d'une vision du monde. La laïcité implique que les *citoyens* jouissent de la liberté de religion et que les *institutions publiques* demeurent neutres[31]. Contrairement à ce que soutient l'éditorialiste Antoine Robitaille dans *Le Devoir*[32], la Cour suprême a été cohérente avec elle-même. Elle avait affirmé l'importance de la neutralité religieuse de l'État dès 1985, dans une décision invalidant la loi – d'origine chrétienne – interdisant l'ouverture des commerces le dimanche[33]. Dans un État laïque, le fondement des lois ne doit pas être religieux.

Le jugement ne va pas pour autant sans poser problème. En outre, la justification principale de l'interdiction de la prière est fragile. L'argument qui a été plaidé par le Mouvement laïque québécois

---

29. Publié sur le blogue Politique de *L'actualité* le 16 avril 2015.

30. Mouvement laïque québécois *c.* Saguenay (Ville), *op. cit.*

31. Voir le chapitre 31.

32. Antoine Robitaille, « Neutralité multi », *Le Devoir*, 16 avril 2015.

33. R. c. Big M Drug Mart Ltd., [1985] 1 R.C.S. 295.

est que la récitation d'une prière viole la liberté de conscience des non-religieux. Or, la Cour peine beaucoup à expliquer pourquoi une prière édulcorée fait violence à la conscience des athées et des agnostiques. La liberté de conscience est généralement comprise comme la liberté de croire ce que l'on veut, d'être souverain par rapport à nos convictions ultimes et d'agir en conformité avec nos croyances. Par extension, elle implique également que l'État ou toute autre organisation ne puisse nous imposer un système de croyances particulier. Or, il est difficile de voir comment la récitation d'une prière qui se réfère à Dieu sans être confessionnelle contraint de façon significative la conscience d'une personne. Elle peut irriter, indisposer, mais il serait exagéré de dire qu'elle impose des croyances ou qu'elle empêche l'exercice de la liberté de conscience. Fait révélateur, la Cour suprême qualifie d'ailleurs l'athéisme de religion[34], ce qui lui facilite la tâche. S'il est vrai que certains défendent l'athéisme avec une ferveur religieuse, la plupart le voient plutôt comme l'impossibilité, faute de preuves, de croire en l'existence d'une entité supranaturelle capable d'ordonner le monde ou d'intervenir dans le cours des choses. Cela dit, la Cour suprême a sans doute raison d'affirmer que de forcer les citoyens non religieux à dévoiler indirectement leurs convictions en sortant de la salle s'ils ne veulent pas subir la prière n'est pas souhaitable. Un citoyen ne devrait pas être contraint d'afficher ses croyances s'il ne le souhaite pas.

Le problème principal avec les pratiques et symboles religieux dans les institutions publiques, c'est qu'elles mettent à mal le principe de l'égalité fondamentale entre tous les citoyens, peu importe leur conception du monde. Nous vivons dans des sociétés plurielles, marquées par la diversité des systèmes de croyances et de valeurs. Pour traiter tout le monde également, l'État ne doit pas prendre parti en faveur d'une conception particulière du monde. Lorsqu'un conseil municipal débute ses travaux par la récitation d'une prière, il ne traite pas avec le même égard les citoyens non religieux.

---

34. « Cette discrimination serait fondée sur ses positions religieuses, c'est-à-dire son athéisme. » [par. 63] ; « La prière récitée par le conseil municipal en violation du devoir de neutralité de l'État engendre une distinction, exclusion et préférence fondée sur la religion, soit l'athéisme de M. Simoneau » [par. 120], Mouvement laïque québécois c. Saguenay (Ville), *op. cit.*

D'ailleurs, l'argument le plus intéressant et le plus original de la Cour s'appuie sur le principe d'égalité politique. L'État, écrit le plus haut tribunal, « ne peut utiliser ses pouvoirs d'une manière qui favoriserait la participation de certains croyants ou incroyants à la vie publique au détriment des autres » (paragraphe 76). Autrement dit, la prière, tout comme la croisade menée par le maire Tremblay pour la défendre, rendait la participation des citoyens non religieux à la démocratie municipale très peu invitante. Cela n'était pas acceptable.

Des citoyens s'inquiéteront sans doute de l'oubli éventuel de l'importance du catholicisme dans l'histoire québécoise et de l'érosion du patrimoine religieux. Suivant la recommandation du rapport Bouchard-Taylor, la Cour rappelle que l'on doit distinguer ce qui appartient au patrimoine historique de ce qui équivaut à un parti pris de l'État envers la religion. Notre toponymie continuera à témoigner de notre passé catholique, l'État peut toujours subventionner l'entretien de bâtiments religieux patrimoniaux et la croix sur le mont Royal est là pour rester.

Ce jugement constitue un pas de plus dans le processus de laïcisation de l'État québécois. Il rappelle d'ailleurs, contrairement à ce que Bernard Drainville affirmait dans le débat sur la Charte des valeurs, que les États québécois et canadien sont, dans les faits et dans le droit, déjà laïques – et que des balises existent bel et bien pour déterminer quelle doit être la place de la religion dans l'espace public. Une loi sur la laïcité ou la neutralité religieuse de l'État serait utile socialement, ne serait-ce que pour empêcher que des élus et des chroniqueurs instrumentalisent à nouveau la question pour donner l'impression qu'il y a péril en la demeure, mais le modèle québécois de laïcité est déjà enviable à plus d'un titre.

Rien, par ailleurs, ne laisse entendre dans le jugement que l'interdiction des signes religieux visibles pour les employés des organisations publiques passerait le test des tribunaux[35]. Une infirmière portant un hijab au travail exprime une conviction personnelle. Elle ne parle pas au nom de l'institution. Logiquement, toutefois, le jugement de la Cour suprême devrait aussi sonner le glas du crucifix

35. Jocelyn Maclure et Charles Taylor, « La présomption d'impartialité », *La Presse*, 21 février 2010.

à l'Assemblée nationale, bien que le principe du « privilège parlementaire » (par. 142) puisse inciter les tribunaux à faire preuve de déférence à l'égard du législateur si le cas leur était soumis. Quoi qu'il en soit, on peut souhaiter que des élus fassent preuve de courage politique et suggèrent de déplacer le crucifix dans un autre lieu du Parlement.

Enfin, la Cour suprême a affirmé de façon non équivoque que la référence à la « suprématie de Dieu » dans le préambule de la *Loi constitutionnelle de 1982* ne permettait pas aux législateurs de favoriser la religion et ne modifiait pas l'interprétation du droit à la liberté de conscience. Ce qui est amusant, toutefois, c'est que le raisonnement de la Cour sur la prière pourrait tout aussi bien s'appliquer à cette référence à Dieu dans la Constitution canadienne. Bien que strictement symbolique, cette référence peut parfaitement être vue comme incongrue et indésirable par les non-croyants. Il est indéniable qu'il y a là un accroc à la neutralité religieuse de l'État. La loi fondamentale du pays ne devrait pas prendre parti dans le débat sur l'existence de Dieu, et encore moins en faire un des soubassements de notre ordre constitutionnel. Heureusement, cette inégalité n'est que symbolique et ne permet pas aux élus de faire marche arrière en matière de laïcité.

36.
LES DÉRAPAGES « LAÏQUES »[36]

La juge de la Cour du Québec Eliana Marengo a décidé, en février 2015, qu'un citoyen ne pouvait porter un couvre-chef religieux en salle de cour[37]. L'article 13 du règlement de la Cour du Québec dit que « [t]oute personne qui comparaît devant le tribunal doit être convenablement vêtue ». La Québécoise de confession musulmane Rania El-Alloul n'était pas, selon la juge, « convenablement vêtue », parce que les signes religieux visibles ne peuvent pas être admis en cour. Mme El-Alloul ne pouvant se résoudre à enlever son hijab, la cause n'a pas été entendue. Il est donc possible de se faire élire au Parlement en portant un hijab, une kippa ou un turban, mais un citoyen ne peut faire annuler la saisie de son véhicule au palais de justice s'il porte un couvre-chef religieux.

Les juges doivent interpréter ce qu'on désigne comme le « droit positif », c'est-à-dire les lois et la jurisprudence. D'un côté, le règlement de la Cour du Québec ne précise d'aucune façon que les signes religieux visibles sont proscrits dans les salles de cour – parions que des juifs, des sikhs et des musulmanes y ont souvent fait valoir leurs droits en arborant un couvre-chef religieux en toute quiétude dans le passé. De l'autre côté, la liberté de conscience et de religion est protégée par les chartes québécoise et canadienne des droits et libertés. Seule une raison sérieuse pouvait permettre à la juge Marengo de restreindre la liberté de religion et les garanties juridiques de Mme El-Alloul. Il faut dire que le respect d'un code vestimentaire ne semble pas être protégé par la liberté de religion, selon la juge. Elle n'a dit voir aucune différence entre les casquettes, les lunettes de soleil et les couvre-chefs religieux.

---

36. Publié sur le blogue Politique de *L'actualité* le 27 février 2015.

37. *La Presse canadienne*, « Une juge québécoise refuse d'entendre une femme portant le hijab », 26 février 2015.

C'est au nom de la laïcité que la juge Marengo a décidé d'interdire le port du foulard islamique: « Selon moi, la salle de cour est un endroit et espace séculiers. Il n'y a pas de symboles religieux dans cette pièce – pas sur les murs ni sur les personnes. » Mais où était donc la juge Marengo pendant toutes ces années où nous avons débattu du sens de la laïcité ? Une des propositions du rapport Bouchard-Taylor qui a été largement acceptée précise que la laïcité est un principe qui s'applique aux institutions publiques et non aux individus, y compris aux personnes qui fréquentent ces institutions[38]. L'école publique, par exemple, doit être neutre par rapport aux religions. L'enseignement ne doit pas être confessionnel et les classes ne doivent pas débuter avec une prière, mais le fait qu'un élève porte un signe religieux ne rend pas l'école moins laïque. Le même raisonnement s'applique au tribunal. La religion ne doit pas fonder le droit; les symboles religieux ne doivent pas, en principe, être visibles au palais de justice, et personne ne doit être obligé de prêter serment sur la Bible[39], mais les citoyens peuvent arborer des signes religieux sans que la laïcité de l'institution soit compromise. La laïcité ne donne pas le droit de ne pas voir la religion d'autrui. Même les défenseurs de la Charte des valeurs du Parti québécois acceptaient la distinction entre les institutions et les individus.

On pourrait rétorquer, sur la base d'une philosophie judiciaire peu vraisemblable, que les juges n'ont pas à être au diapason des débats de société et qu'ils doivent s'appuyer uniquement sur les normes juridiques. Cela ne serait pas d'un très grand secours pour la juge Marengo. La Cour suprême ayant jugé qu'une plaignante peut, dans certaines circonstances, porter un niqab (un voile intégral qui laisse seulement voir les yeux) en cour[40], on voit mal comment le port d'un hijab – qui laisse voir le visage – pourrait être interdit. Mme El-Alloul a toutes les chances d'avoir gain de cause si elle porte plainte au Conseil de la magistrature. En fait, le plus

38. Voir le chapitre 31.

39. Élisabeth Fleury, « La présence de la Bible au palais de justice remise en question », *Le Soleil*, 29 janvier 2015.

40. R. *c.* N.S., 2012 CSC 72, [2012] 3 R.C.S. 726.

ironique dans tout ça est peut-être qu'aucune règle, comme le souligne le professeur de droit Pierre Bosset, « ne semble [...] interdire spécifiquement au *juge* le port d'un signe religieux[41] » !

Je ne suis pas du genre catastrophiste, mais le climat social est inquiétant présentement au Québec. Il faut jouer à l'autruche pour ne pas reconnaître que l'islamophobie est en hausse.

Les deux tiers des Québécois qui ont répondu à un sondage affirment ne pas voir d'un bon œil l'ouverture d'une mosquée dans leur quartier[42]. Les élus municipaux à Shawinigan n'ont pas voulu qu'une mosquée soit ouverte dans le quartier industriel de la ville[43]. Montréal a modifié en catastrophe un règlement pour éviter qu'un imam qui a tenu des propos certes rétrogrades et préoccupants – mais qui, jusqu'à preuve du contraire, n'ont pas incité à la haine ou menacé l'ordre public – puisse ouvrir un centre culturel[44]. La Coalition Avenir Québec veut damer le pion au PQ en envoyant des enquêteurs dans les lieux de culte musulmans pour s'assurer que les prêcheurs respectent les « valeurs québécoises[45] ». Et certains chroniqueurs intarissables trouvent le moyen d'affirmer qu'il n'est pas possible de « critiquer l'islam » dans le débat public.

Je comprends l'inquiétude d'une partie de la population à l'égard des dangers de la radicalisation et du recours à la violence par des personnes qui disent agir au nom de l'islam. Il est normal que les actes de barbarie du groupe État islamique et de Boko Haram, ainsi que les attentats de Saint-Jean-sur-Richelieu, d'Ottawa, de Paris et de Copenhague frappent durablement l'imaginaire. Cela dit, il n'y a aucune incompatibilité entre la dénonciation du recours

41. Pierre Bosset, « Réflexions d'un juriste sur l'idée d'interdire le port de signes religieux aux agents de l'État », *Vivre ensemble*, vol. 20, no 70, été 2013, p. 1-9. Je souligne.

42. *La Presse canadienne*, « Les 2/3 des Québécois ne veulent pas de mosquée dans leur quartier », 26 février 2015.

43. Stéphanie Marin, « Le projet de mosquée de Shawinigan écope pour les actes terroristes d'ailleurs », *La Presse canadienne*, 13 février 2015.

44. Alain Martineau, « L'imam Hamza Chaoui n'aura pas de permis pour son centre communautaire », *La Presse canadienne*, 31 janvier 2015. Voir, de façon plus générale, Paul May, « L'affaire Chaoui et les contraintes imposées à la liberté d'expression », dans Alain-G. Gagnon et Jean-Charles St-Louis (dir.), *Les conditions du dialogue au Québec: laïcité, pluralisme, réciprocité*, Montréal, Québec Amérique, collection Débats, 2016.

45. Martin Ouellet, « L'ouverture d'une mosquée devrait être précédée d'une enquête, selon Legault », *La Presse*, 17 février 2015.

à la violence et la lutte contre l'islamophobie. Les musulmans qui vivent leur vie en respectant les lois ne doivent pas faire les frais des actes des djihadistes. Ni notre État de droit.

Il n'y a sans doute aucun moyen de se prémunir parfaitement contre les actes de terreur. Ces actes, d'ailleurs, visent parfois des musulmans, comme ce fut le cas, récemment, à Chapel Hill, aux États-Unis, où trois membres d'une famille musulmane ont été sommairement abattus[46]. On peut toutefois être certain que de favoriser la participation pleine et entière des musulmans aux institutions sociales, économiques et politiques, et de lutter contre la stigmatisation, l'exclusion et l'aliénation doivent faire partie de la gamme de stratégies que nous devons déployer pour prévenir la radicalisation et l'usage de la violence.

46. Le Monde.fr avec l'AFP, « Trois étudiants musulmans assassinés sur un campus en Caroline du Nord », *Le Monde.fr*, 12 février 2015.

37.
QUI A INTÉRÊT À ALIMENTER LA GUERRE CONTRE NOËL ?[47]

Depuis plusieurs années, des nationalistes conservateurs tentent d'instaurer une nouvelle tradition du temps des Fêtes : la dénonciation de la « guerre contre Noël ». Ces nationalistes lisent avidement les entrefilets des journaux, dans l'espoir qu'un politicien qui a peur de son ombre décide de ne plus souhaiter « joyeux Noël » à la population, ou alors qu'un gestionnaire zélé choisisse de remiser un symbole de Noël. Ils étaient comblés en apprenant que l'hôpital d'Ottawa a décidé de ne pas mettre une crèche en dessous du sapin de Noël dans l'entrée principale[48]. Ils auraient évidemment préféré qu'un nouvel épisode de la guerre contre Noël ait lieu au Québec – question de montrer comment le « multiculturalisme » détruit en douce la culture québécoise –, mais il ne faut pas faire la fine bouche : l'important est qu'il y ait une controverse.

Les guerres contre Noël sont déclenchées lorsque des personnes se plaignent de la présence de références à Noël dans l'espace public. Les détenteurs de charges publiques devraient, par exemple, souhaiter « bon solstice d'hiver » ou « joyeux décembre » à la population, et l'iconographie religieuse devrait être absente des décorations du temps des Fêtes dans les organismes publics. Ces demandes peuvent venir, en théorie, tant des défenseurs d'une laïcité qui ne veut voir aucun signe religieux dans les institutions publiques que de personnes s'identifiant à des religions non chrétiennes.

---

47. Publié sur le blogue Politique de *L'actualité* le 16 décembre 2014.

48. Pascal Robidas, « Le petit Jésus banni de sous le sapin de l'hôpital d'Ottawa », *SRC* (en ligne), 12 décembre 2014.

L'ennui pour ceux qui veulent se servir des appels à la privatisation de Noël pour agiter encore une fois l'épouvantail du multiculturalisme, c'est qu'on a beaucoup de peine à trouver des Québécois issus de l'immigration qui se formalisent des rappels publics de cette tradition chrétienne. En effet, ce sont souvent les athées militants et les tenants d'une laïcité républicaine qui désirent que les symboles et rituels chrétiens disparaissent des institutions publiques. Ils n'ont pas toujours tort – pensons, par exemple, à la prière à l'hôtel de ville de Saguenay[49] –, mais les citoyens issus de l'immigration ou le modèle interculturel québécois n'y sont pas pour grand-chose.

En France, c'est la Fédération nationale de la libre pensée qui revendique le retrait de la crèche à l'hôtel de ville de Vendée[50] et qui a saisi le Tribunal administratif de Nantes au nom de la loi sur la séparation entre l'Église et l'État de 1905. Le tribunal lui a donné raison. Bien entendu, il peut y avoir des exceptions, mais il est difficile de trouver des Québécois issus de l'immigration qui contestent le statut particulier dont jouit la fête de Noël dans notre vie publique. L'attitude de la psychoéducatrice Elsy Fneiche, une Québécoise de confession musulmane, me semble assez représentative :

> Tout comme le Nouvel An et d'autres fêtes chrétiennes, nous avons fini par faire une place à cette pratique culturelle dans nos vies [...]. De nombreuses familles musulmanes résidant au Québec réalisent qu'outre le Noël religieux, il existe aussi un Noël culturel porteur de valeurs d'harmonie et de rassemblement. Ainsi, malgré les différences religieuses, certains musulmans ont pris coutume de souligner cet événement. Que ce soit aux fêtes de bureau ou de façon plus familiale, ceux-ci ont trouvé leur façon d'échanger des traditions du pays d'accueil. De la même façon que bon nombre d'amis non musulmans viendront partager avec nos familles des soupers du mois de Ramadan, mois de la générosité[51].

49. Voir le chapitre 34.
50. Agence France-Presse, « Les Français favorables aux crèches de Noël dans les bâtiments publics », *Le Point*, 14 décembre 2014.
51. Elsy Fneiche, « Un Noël arc-en-ciel », *La Presse*, 16 décembre 2013.

Cette attitude admirable est sans aucun doute plus répandue, comme le souligne aussi Lise Ravary[52], que les demandes de privatisation des symboles de Noël. C'est dans ce genre de comportements que l'idéal interculturel québécois prend vie. Pourquoi ne pas en parler davantage ? Serait-ce parce que les exemples de partage des références culturelles et de respect des rituels qui comptent pour certains de nos concitoyens sont des faits fâcheux pour ceux qui aiment souffler sur les braises de l'inquiétude identitaire ressentie par certains Québécois ? Personnellement, je ne crois pas que les élus, dans une société comme le Québec, devraient s'abstenir d'offrir leurs vœux de Noël, et il faut être bien susceptible pour penser qu'une crèche en dessous d'un sapin dans un hôpital contrevient à la laïcité de l'État. En contrepartie, je m'attends à ce que les élus offrent leurs meilleurs vœux aux citoyens de confessions juive et musulmane à Hanoucca et au début de Ramadan.

Ceux qui arguent que l'héritage chrétien du Québec aurait été liquidé dans la foulée du processus de sécularisation et d'ouverture à la diversité pourraient nous dire comment ils interprètent le fait que les fêtes chrétiennes de Noël, du jour de l'An, de Pâques et de l'Action de grâce soient des jours fériés, et que notre architecture et notre toponymie témoignent abondamment de notre passé religieux. Il est tout à fait correct qu'il en soit ainsi, mais cela nous incite à prendre les discours sur la « déchristianisation » avec un grain de sel. C'est pour cette raison, également, que les accommodements raisonnables sont parfois nécessaires : l'équité exige que les membres de religions minoritaires puissent aussi chômer le jour de leur fête religieuse la plus importante.

Noël approche à grands pas. Ne laissons ni ceux qui ne peuvent souffrir la présence d'un symbole chrétien dans l'espace public ni ceux qui ont intérêt à entretenir les guerres de Noël ternir cette période de rapprochement, de partage et de recueillement.

---

52. Lise Ravary, « Noël multiculturel », *Le Journal de Montréal*, 15 décembre 2014.

38.
QUE FAIRE AVEC LES ÉCOLES RELIGIEUSES ?[53]

Brian Myles a soutenu dernièrement que si le gouvernement était sérieux dans sa lutte contre l'intégrisme et dans son appui à la laïcité, il devrait impérativement mettre un terme au financement public des écoles privées religieuses[54]. Comme pour les autres écoles privées, 60 % du financement des écoles confessionnelles subventionnées est public. Paul Journet et Rima Elkouri appellent aussi à une plus grande vigilance et détermination de la part du gouvernement[55].

Il y a plusieurs bonnes raisons de s'opposer au financement public des écoles religieuses. Dans les sociétés profondément travaillées par la diversité des cultures, des religions et des visions du monde, l'école peut être l'un des lieux permettant de forger une citoyenneté commune et des liens de solidarité entre les citoyens de demain. Il faut voir la diversité de la société québécoise comme une richesse, mais nous devons aussi soutenir les institutions qui favorisent les rapprochements, la coopération, la mise en commun.

Cela dit, il n'est pas du tout évident que l'on puisse cesser de financer les écoles privées religieuses tout en continuant à soutenir les écoles privées séculières. Cibler exclusivement les écoles privées confessionnelles présuppose-t-il que l'on entretient une vision négative de la religion ? En effet, pourquoi financer des écoles privées dont le projet pédagogique est centré par exemple sur le sport, les arts, les langues ou l'internationalisme tout en refusant de le faire

53. Publié sur le blogue Politique de *L'actualité* le 2 février 2015.

54. Brian Myles, « Les écoles religieuses à l'âge de la laïcité », publié sur le blogue Politique de *L'actualité* le 20 janvier 2015.

55. Paul Journet, « La fin des autruches », *La Presse +*, section Débats, écran 3, 25 janvier 2015 ; Rima Elkouri, « Un choix personnel, vraiment ? », *La Presse +*, section Actualités, écran 12, 29 janvier 2015.

pour les écoles à vocation religieuse ? On sait que la laïcité de l'État implique une position de neutralité par rapport à la religion et aux autres conceptions de ce qu'est une vie bonne. L'État laïque doit être agnostique en la matière ; une laïcité qui se veut une morale antireligieuse traite les citoyens qui ont la foi comme des citoyens de deuxième classe.

L'argument le plus convaincant en faveur d'un traitement particulier pour les écoles à vocation religieuse est peut-être que la religion contient généralement une vision du monde et une morale particulières, ce qui n'est pas le cas des projets pédagogiques des écoles privées séculières. Comme le philosophe François Boucher le rappelle dans un texte éclairant publié dans l'ouvrage *Penser la laïcité québécoise*, on peut penser que c'est à la famille et non à l'école de transmettre des croyances sur la place de l'individu dans le monde et sur ce qu'est une vie réussie. L'école doit plutôt favoriser le développement de l'autonomie de l'enfant et faire en sorte qu'il puisse choisir par lui-même son plan de vie ; qu'il ait un « avenir ouvert[56] ».

Qui plus est, les écoles confessionnelles sont nécessairement plus homogènes, du moins sur le plan des visions du monde. Or, l'école doit aussi former de futurs citoyens qui évolueront dans une société plurielle et qui devront apprendre à interagir avec des concitoyens aux origines et convictions diverses. Mais n'est-il pas possible pour l'école, comme le demande Boucher, d'accompagner les jeunes dans leur cheminement spirituel tout en visant le développement de leur autonomie, en plus de les sensibiliser à la diversité ?

La réflexion sur le financement des écoles confessionnelles doit s'appuyer sur une compréhension plus fine de la réalité. En 2012, le Comité sur les affaires religieuses a réussi à établir qu'il y a 138 établissements privés religieux au Québec[57]. Les écoles confessionnelles constituent seulement 9 % des écoles québécoises. Parmi elles, on trouve trois types d'écoles religieuses :

---

56. François Boucher, « Une société libre, démocratique et laïque peut-elle autoriser le financement public des écoles privées à vocation religieuse ? », dans Sébastien Lévesque (dir.), *Penser la laïcité québécoise*, Québec, Presses de l'Université Laval, 2014. p. 79-98.

57. Comité sur les affaires religieuses, *Le fait religieux dans les écoles privées du Québec : Rapport de recherche*, juin 2012.

- celles qui s'identifient nominalement à une tradition religieuse sans que cette appartenance influe véritablement sur l'enseignement et le projet pédagogique (23 écoles) ;
- celles qui offrent des activités pastorales parascolaires ou des cours de religion optionnels (34) ;
- celles qui offrent un « projet structuré d'éducation à la foi », la plupart du temps obligatoire (81).

Eu égard au développement de l'autonomie critique des élèves et à l'apprentissage du vivre-ensemble, c'est principalement le troisième type d'école qui peut poser problème. On voit mal ce qui pourrait justifier la fin du financement public des écoles des deux premiers types, du moins si les écoles privées séculières continuent d'être financées.

Quant aux 81 écoles dans lesquelles la religion a un effet structurant sur l'enseignement et la vie scolaire, un certain nombre d'entre elles ne sont pas subventionnées par l'État, et certaines ont du mal à respecter ou cherchent activement à contourner les exigences minimales du ministère de l'Éducation. La fin du financement public des écoles confessionnelles ne réglerait donc pas le problème. Rappelons – panique morale par rapport à l'islam oblige – que 3 % des enfants d'âge scolaire vivant au sein de familles musulmanes fréquentent une école privée musulmane.

Bref, un dialogue social sérieux sur les écoles religieuses exige que les différents types d'écoles soient distingués. Un collège jésuite ou une école apostolique arménienne bien établis peuvent difficilement être mis dans la même catégorie qu'une école juive non subventionnée qui ne respecte pas les exigences du Ministère. Ensuite, le cas des écoles privées confessionnelles ne peut pas être pensé en vase clos. Il est tout à fait possible de défendre la fin du financement public des écoles religieuses sur la base d'arguments sérieux, mais je ne crois pas qu'on puisse le faire sans rouvrir le dossier épineux du financement de toutes les écoles privées. Or, la fin du financement public des écoles privées semble favoriser l'équité et l'égalité des chances, mais elle soulève aussi des problèmes, comme celui de la création d'un petit réseau d'écoles privées non subventionnées fréquentées exclusivement par les très bien nantis[58]. Il semble bien que rien ne soit simple lorsqu'il est question du financement des écoles.

58. Voir le chapitre 25.

SECTION V.

IDENTITÉ NATIONALE ET DIVERSITÉ

39.
LA FIN DU PROJET SOUVERAINISTE ?[1]

Au-delà des lignes de fracture partisanes, un consensus a rapidement émergé au lendemain de la correction sévère qu'a subie le Parti québécois (PQ) lors de l'élection du 7 avril 2014 : l'option souverainiste a été un boulet au pied du PQ pendant la campagne électorale. Les causes de l'échec du parti sont multiples, mais il est clair que la profession de foi souverainiste de Pierre Karl Péladeau et la focalisation sur le référendum en début de campagne ont fortement contribué à la remontée du Parti libéral.

Le PQ a souffert de son ambiguïté et de son double discours sur la souveraineté. Si l'article premier de son programme dit bien que son objectif principal est de « réaliser la souveraineté », l'intérêt pour la question nationale est faible dans l'électorat québécois. Même parmi les souverainistes, nombreux sont ceux qui considèrent que le projet d'indépendance doit être mis en veilleuse pour l'instant. Or, puisque le PQ cherche aussi à gouverner, il souffle le chaud et le froid sur son option souverainiste depuis la défaite référendaire de 1995. Au cours de la dernière campagne électorale, il a tout fait pour balayer la souveraineté sous le tapis en plus de louvoyer sur la question du référendum, si bien qu'il ne s'est engagé ni à tenir ni à ne pas tenir un référendum dans l'éventualité d'un mandat majoritaire. Incapable d'assumer ses choix, le parti a plutôt opté pour une position bancale et insuffisamment transparente. Le Parti libéral et la Coalition Avenir Québec ont eu beau jeu de dénoncer « l'agenda caché » du gouvernement sortant, tandis que Québec solidaire a pu s'affirmer plus clair et déterminé que le PQ. Comment expliquer l'absence d'enthousiasme envers le projet d'indépendance ?

1. Version révisée d'un texte publié dans le magazine *Options politiques*, vol. 35, no 3, mai-juin 2014, p. 34-37.

Le Canada a pourtant été gouverné pendant neuf ans par un Parti conservateur profondément impopulaire au Québec et aucun projet de renouvellement du fédéralisme ou de reconnaissance constitutionnelle du Québec n'est à l'horizon. Comment expliquer que ce contexte ne soit pas un terreau fertile pour le projet souverainiste ?

De plus, si le ressentiment envers le « Canada anglais » a diminué considérablement, en particulier chez les plus jeunes générations, il a vraisemblablement été remplacé par de l'indifférence, si bien qu'il est difficile d'affirmer que la métaphore des « deux solitudes » soit désormais surannée. Une majorité de Québécois s'identifient, à différents degrés, à la fois au Québec et au Canada, mais la part canadienne de leur identité semble pour le moins abstraite, davantage notionnelle que matérielle. Il est vrai que les compétences du Québec font en sorte que le citoyen moyen se trouve davantage interpellé par la politique provinciale que par la politique fédérale, mais il n'en demeure pas moins que les décisions prises à Ottawa ont un impact sur la vie des Québécois. Que s'est-il passé ? Pourquoi n'y a-t-il pas de corrélation positive entre le soutien à la souveraineté et la consolidation de l'identité québécoise dans la foulée de la Révolution tranquille ?

Je voudrais proposer une hypothèse à contre-courant du récit historique de l'« inachèvement » de la Révolution tranquille ou de la « stagnation » de la société québécoise. C'est une hypothèse qui s'oppose aussi à une lecture voulant que l'ordre fédéral canadien soit unilatéralement défavorable au Québec et que le gouvernement fédéral représente un « rouleau compresseur » qui écrase la nation québécoise.

Les interprètes du parcours historique québécois doivent tenter d'expliquer pourquoi – malgré le coup de force de 1982, l'échec des négociations constitutionnelles du lac Meech et de Charlottetown, la quasi-victoire du oui en 1995, le plan B, le scandale des commandites et le « uncool Canada »[2] de Stephen Harper – l'idée de l'indépendance politique complète apparaît pour un grand nombre de Québécois de moins en moins nécessaire. Pourquoi 60 % des Québécois

2. Madelaine Drohan, « Uncool Canada », *The Economist*, 18 novembre 2013.

s'opposent-ils au projet souverainiste, et pourquoi une part importante de souverainistes ne souhaite pas que le Québec soit replongé dans des discussions référendaires ?

Certains souverainistes inébranlables seront tentés d'expliquer le désintérêt envers le projet d'indépendance par une forme d'aliénation ou de fausse conscience des Québécois francophones. Dans le premier livre que j'ai écrit[3], il y a déjà 15 ans, j'ai mis en relief le fait que des grands auteurs nationalistes comme Hubert Aquin et Fernand Dumont soutenaient que les Québécois d'origine canadienne-française avaient intériorisé le mépris que les « Anglais » manifestaient à leur égard. Cette intériorisation du regard condescendant de l'autre ne pouvait que créer, selon eux, un sentiment d'infériorité paralysant chez les membres de la majorité francophone.

Quelques auteurs recyclent aujourd'hui cette théorie en parlant de la « trudeauisation des esprits » ou de « l'intériorisation de l'*ethos* multiculturel canadien ». D'autres recyclent jusqu'à plus soif la thèse d'Aquin voulant que les Québécois francophones soient accablés par une apparemment congénitale « fatigue culturelle »[4]. Tout cela est fort commode. Il est nettement plus facile d'invoquer des hypothèses psychologisantes invérifiables que de réfléchir aux limites de l'argumentaire souverainiste. Comme le Québec a vécu, dans la foulée de la Révolution tranquille, un processus qui s'apparente à la décolonisation, l'hypothèse des nationalistes mélancoliques d'hier était quand même plus crédible que celle de leurs descendants.

Une interprétation plus plausible s'appuie plutôt sur l'hypothèse que, tout compte fait, le processus d'affirmation nationale mis en branle avec la Révolution tranquille s'est avéré remarquablement efficace et que le fédéralisme canadien, malgré ses jours sombres et ses imperfections évidentes, s'est montré assez spacieux pour que le Québec moderne y réussisse son projet de construction nationale. Le Québec a utilisé ses champs de compétences constitutionnelles pour bâtir un État fort et un espace démocratique qui lui sont propres.

3. Jocelyn Maclure, *Récits identitaires. Le Québec à l'épreuve du pluralisme*, Montréal, Québec Amérique, collection Débats, 2000.

4. Pour l'origine de l'expression, voir Hubert Aquin, « La fatigue culturelle du Canada français », *Liberté*, vol. 4, no 23, 1962, p. 299-325. Pour sa réappropriation aujourd'hui, voir Marco Fortier, « Le soupir d'un souverainiste fatigué. Entrevue avec Jacques Beauchemin », *Le Devoir*, 8 juin 2015.

En filigrane, l'identité québécoise a pris forme. Au cœur de l'identité multiple des Québécois d'aujourd'hui, l'identification au Québec est nettement plus forte que l'identification au Canada. À la suite de la défaite électorale du PQ en 2014, de nombreux observateurs ont souligné que les jeunes demeuraient de glace devant les discours axés sur la fragilité et l'insécurité identitaires du Québec. En outre, ils ont majoritairement rejeté la panique morale sous-jacente au discours du PQ sur la Charte des valeurs. L'identité et la culture publique québécoises sont pour eux assez fortes pour accueillir les différences.

La Révolution tranquille a fait naître ce que le sociologue Simon Langlois a appelé une « société globale », disposant d'un État, d'une bourgeoisie d'affaires et d'une scène médiatique, culturelle et artistique francophone[5]. La *loi 101* fait en sorte que les enfants des néo-Québécois parlent français, et Québec choisit plus de 60 % des nouveaux arrivants. D'un point de vue existentiel ou phénoménologique, qu'y a-t-il dans l'expérience des héritiers de la Révolution tranquille qui pourrait engendrer le sentiment de la nécessité vitale d'un État-nation complètement souverain ?

Toutes les identités nationales sont bien sûr soumises aux pressions et aux transformations inhérentes à la mondialisation, et le Québec aura toujours besoin, peu importe son statut constitutionnel, d'une politique linguistique ambitieuse et efficace. Il n'en demeure pas moins qu'il est beaucoup plus difficile de démontrer aujourd'hui qu'à l'époque de la colonie intérieure pourquoi l'indépendance complète est une condition nécessaire à l'épanouissement du Québec. Libre aux indépendantistes convaincus de voir cette confiance identitaire comme un signe d'inconscience et d'aliénation, mais libre à nous de voir de la condescendance et de l'atavisme dans cette réaction.

Rien dans tout cela n'est une justification de l'ensemble des normes et des structures du fédéralisme canadien, ni d'événements comme le rapatriement de la Constitution en 1982 ou l'échec des

5. Simon Langlois, « Le choc de deux sociétés globales » dans Louis Balthazar, Guy Laforest et Vincent Lemieux (dir.), *Le Québec et la restructuration du Canada 1980-1992. Enjeux et perspectives*, Montréal, Éditions du Septentrion, 1991. Pour une perspective antérieure et partiellement différente sur le concept de société globale, voir Fernand Dumont, « L'étude systématique de la société globale canadienne-française », *Recherches sociographiques*, vol. 3, no 1-2, janvier-août 1963, p. 277-294.

Accords du lac Meech et de Charlottetown. Je fais partie de ceux qui considèrent que la vision et la stratégie trudeauistes ont été les plus grandes menaces à l'unité du Canada et qu'elles demeurent aujourd'hui parmi les principaux affluents du discours souverainiste. Il est cependant possible qu'en perdant le référendum de 1995, le mouvement souverainiste ait contribué à fermer, aux yeux d'un grand nombre de Québécois, le chapitre historique qui a débuté en 1982.

Les souverainistes auraient tout intérêt à réfléchir beaucoup plus sérieusement à la distinction entre la *justification* des options constitutionnelles et la *motivation* des citoyens à les soutenir. D'une part, sur le plan de la justification, certaines critiques de l'ordre fédéral canadien sont sans aucun doute sérieuses et étayées, bien qu'elles ne suffisent pas, aux yeux de plusieurs, à fonder l'appui à la sécession. Les souverainistes passent beaucoup de temps, et c'est normal, à tenter de convaincre les Québécois que l'indépendance est une nécessité en raison des impasses de la fédération canadienne. Une telle inférence n'est pourtant pas du tout évidente. Les impasses du fédéralisme canadien semblent être interprétées de plus en plus comme des tensions somme toute normales dans les régimes fédéraux, qui sont par définition fondés sur la coordination entre différents ordres de gouvernements souverains dans leurs champs de compétences.

D'autre part, les souverainistes ont de grands défis à relever s'ils veulent amener les citoyens à s'intéresser aux enjeux constitutionnels. Les difficultés du fédéralisme canadien ne semblent pas poser suffisamment problème, tant d'un point de vue symbolique que d'un point de vue politique et matériel, pour motiver une forte majorité de Québécois à vouloir ouvrir un nouveau chapitre référendaire. Les Québécois ne sont pas apathiques politiquement. Les défis posés par la nouvelle diversité religieuse, le financement des études universitaires, l'extraction des ressources naturelles et la distribution de la richesse sont capables de soulever les passions, mais pas le statut constitutionnel du Québec. Le Québec est une nation on ne peut plus « normale » à ce chapitre.

Je doute beaucoup qu'une majorité de Québécois aient « peur » de l'indépendance. Il est un peu risible de penser que le Québec, déjà doté d'un État partiellement souverain, serait incapable de tirer son épingle du jeu en tant qu'État-nation complètement indépendant. Cela dit, une majorité de Québécois continuent de s'identifier au Canada, les débats référendaires sont déchirants, et la phase de transition qu'engendrerait la sécession du Québec serait remplie d'incertitudes, dont le sort des 11 nations autochtones de la province. Les arguments souverainistes actuels justifiant l'intégration obligatoire de ces nations dans un éventuel Québec souverain sont constitutionnellement et moralement douteux. Si les impasses et embûches qui se dressent présentement sur le chemin du Québec étaient clairement imputables à l'intransigeance des institutions fédérales, les turbulences des débats référendaires seraient peut-être vues comme un moindre mal. Toutefois, comme les faits – à défaut des récits – suggèrent que le Québec a pu tant bien que mal se développer au sein du cadre fédéral canadien, il n'est pas étonnant qu'un grand nombre de Québécois ne suivent plus la parade indépendantiste.

Rien dans cette analyse ne laisse pour autant entendre que le mouvement souverainiste ou même le PQ soient appelés à disparaître. L'avenir est ouvert. Le rapatriement de 1982 et l'échec de l'Accord du lac Meech auraient pu ne pas avoir lieu, mais ils se sont produits. Il suffirait que le gouvernement fédéral se braque contre le Québec et que la Cour suprême prenne quelques mauvaises décisions pour que l'option souverainiste recueille de nouveau près de 50 % des voix. Si mon hypothèse est juste, l'appui à la souveraineté et la ferveur référendaire demeureront modestes tant que le fédéralisme canadien ne créera pas trop d'embûches *fonctionnelles* pour le Québec. Les ententes administratives, comme l'accord récent entre Ottawa et Québec au sujet de la formation de la main-d'œuvre[6], passent souvent inaperçues, mais elles consolident l'autonomie politique du Québec.

Le Québec n'est pas reconnu comme une nation ou une société distincte dans la Constitution, et l'erreur de 1982 n'a jamais été formellement corrigée, mais il s'avère que les Québécois n'ont pas développé une image dépréciative d'eux-mêmes et ne sont pas devenus collectivement neurasthéniques pour autant. L'irrésolution de la crise constitutionnelle des années 1980 et 1990 qui a mobilisé

6. Daniel Thibeault, « Formation de la main-d'œuvre : Québec obtient "son" entente avec Ottawa », *SRC* (en ligne), 4 mars 2014.

les élites québécoises et canadiennes n'a pas freiné le développement politique et identitaire des Québécois. Il est grand temps que les interprètes de la condition identitaire et politique québécoise jettent un regard neuf sur ces faits sociopolitiques et se questionnent sur leur schème interprétatif de prédilection[7].

7. Pour un effort en ce sens, voir Guy Laforest, *Un Québec exilé dans la fédération. Essai d'histoire intellectuelle et de pensée politique*, Montréal, Québec Amérique, collection Débats, 2014.

40. FÉDÉRALISME, NATIONALISME ET SÉCESSION : LEÇONS CATALANES[8]

La Cour constitutionnelle espagnole a jugé, en octobre 2014, que le référendum qui était prévu sur l'indépendance de la Catalogne était inconstitutionnel. Le gouvernement catalan d'Artur Mas a par la suite décidé d'organiser un scrutin symbolique, cherchant à démontrer la force et la détermination du mouvement souverainiste catalan. Les opposants à l'indépendance ayant pour l'essentiel décidé de ne pas participer au processus, plus de 80 % des Catalans qui ont voté ont exprimé leur appui à la sécession.

Je ne suis pas un expert de la situation en Catalogne, mais l'une des leçons générales que je retiens des discussions que j'ai eues avec des collègues catalans est que le durcissement politique à l'égard d'une nation minoritaire est la plus sûre façon de gonfler le soutien au projet d'indépendance. En 2006, lorsque Madrid et Barcelone négociaient un statut particulier pour la Catalogne, le soutien à l'indépendance était à moins de 20 %. Depuis que le Tribunal constitutionnel a éviscéré en 2010 le statut d'autonomie obtenu par la Catalogne et que Madrid a adopté la ligne dure à l'endroit du nationalisme catalan, l'appui à la souveraineté fluctue entre 45 % et 50 %. Contrairement à ce qu'en pensent certains à Ottawa, Londres et Madrid, ce n'est pas en niant ou en comprimant l'espace de liberté politique d'une nation minoritaire que l'on stabilise une communauté politique multinationale. Ma thèse est que le soutien à l'indépendance chez des nations minoritaires comme le Québec, l'Écosse et la Catalogne est peu susceptible de s'approcher de la barre des

8. Publié sur le blogue Politique de *L'actualité* le 5 décembre 2014.

50 % lorsqu'elles disposent de pouvoirs politiques substantiels qui leur permettent de prendre des décisions cruciales pour leur avenir collectif[9].

Comme le politologue Guy Laforest l'a souvent affirmé, l'État-nation complètement souverain n'est pas « le statut normal d'un peuple normal ». L'État-nation n'est pas un modèle politique universalisable. Il y a des milliers de groupes ethniques et linguistiques dans le monde, et moins de 200 États souverains (dont plusieurs fédérations) reconnus par l'ONU. Au moins 40 % de la population mondiale vit dans des États fédéraux plutôt qu'unitaires. Il y aura toujours plus de nations que d'États-nations, et leurs membres ont souvent des appartenances multiples. Bien que l'identité catalane soit indéniablement plus forte que l'identité espagnole chez les Catalans, 64 % de la population catalane déclare avoir une double allégeance (35,7 % « autant Catalan qu'Espagnol », 25,7 % « plus Catalan qu'Espagnol », 2,6 % « plus Espagnol que Catalan »)[10]. Bref, la coopération entre les peuples au sein d'associations politiques multinationales est noble d'un point de vue moral et nécessaire d'un point de vue pratique. Cela ne signifie pas qu'aucune nouvelle nation ne devrait devenir complètement souveraine. Cela signifie simplement que le modèle voulant que chaque nation ait son État complètement souverain n'est ni viable ni désirable.

Malheureusement, le gouvernement conservateur de Mariano Rajoy Brey à Madrid ne semble nullement intéressé par la voie de l'apaisement et de la dévolution. Lorsqu'on demande aux Catalans pourquoi ils soutiennent l'indépendance, plus de 75 % d'entre eux font de l'autogestion et de la capacité de décider leurs premières motivations, bien avant la promotion de l'identité. En outre, le système de péréquation espagnol semble inéquitable – 8 % ou 9 % du PIB de la Catalogne serait redistribué vers les autres régions, faisant dégringoler sa position économique au sein de l'État espagnol.

C'est, comme je l'ai exprimé au chapitre précédent, parce que l'irrésolution des impasses constitutionnelles des années 1980 et 1990 n'a pas freiné le développement identitaire et politique du

9. Voir le chapitre précédent.

10. Je remercie le politologue et chercheur postdoctoral au Groupe de recherche sur les sociétés plurinationales Marc Sanjaume pour ces données et pour ses éclaircissements sur le contexte catalan.

Québec que l'appui à la souveraineté est relativement faible à l'heure actuelle. Tout n'est pas parfait, mais la société globale et distincte qu'est devenu le Québec dans la foulée de la Révolution tranquille n'a jamais cessé de se développer et de se consolider. De même, une des grandes forces du camp du Non lors du référendum écossais de septembre 2014 a été de reconnaître le droit des Écossais de disposer d'eux-mêmes, d'accepter la norme de la majorité absolue (50 % + 1), ainsi que de négocier avec le camp du Oui la formulation de la question référendaire. La pire erreur que Londres puisse faire maintenant est de durcir le ton et d'oublier ses engagements à l'endroit de l'Écosse.

La coopération au sein d'associations politiques multinationales est incontournable, les identités multiples sont la norme, mais les membres des nations minoritaires veulent généralement disposer d'une autonomie politique substantielle leur permettant de prendre des décisions déterminantes pour leur avenir. Ignorer cette leçon et succomber à l'*hubris* de la ligne dure est le plus grand risque que courent les démocraties multinationales.

41.
L'IMPASSE CONSTITUTIONNELLE A-T-ELLE CAUSÉ LA CRISE DES ACCOMMODEMENTS ?[11]

Certains commentateurs ont soutenu, dans la foulée de la commission Bouchard-Taylor, qu'il y a un lien étroit entre le malaise au sujet du retour de la religion dans la sphère publique et la place du Québec dans la Fédération canadienne. Ce qui est vu comme la reconnaissance inadéquate du Québec (et de ses pouvoirs) dans le Canada contribuerait à expliquer pourquoi une partie importante de la « majorité » ferait preuve d'une certaine inquiétude et frilosité eu égard aux groupes religieux minoritaires. Mon collègue Michel Seymour soutient, par exemple, que la « carence d'affirmation nationale » du Québec participe fortement au malaise identitaire ressenti par plusieurs Québécois.

Cette hypothèse n'est pas à sa face même évidente. Seymour la développe comme suit :

> Quel est le rapport de la question du statut constitutionnel du Québec avec la problématique des accommodements ? La situation politique du Québec explique à mon avis en bonne partie la réaction de plusieurs personnes face à la multiplication des exemples d'accommodements. Ces Québécois ont été placés en face de membres des minorités qui parviennent à s'affirmer, à réclamer la reconnaissance de leurs pratiques culturelles et à défendre leurs droits, alors que le peuple québécois dans son ensemble ne semble pas être en mesure de pouvoir s'affirmer de

11. Extrait du rapport *Laïcité et fédéralisme. Le débat sur la Charte de la laïcité dans le contexte fédéral canadien*, rédigé pour le groupe de réflexion L'idée fédérale, Réseau québécois de réflexion sur le fédéralisme, avril 2014.

> la même façon et à obtenir une telle reconnaissance. C'est cela qui explique en partie pourquoi les nouvelles concernant les accommodements ont fait sortir de leurs gonds certaines personnes. Celles-ci ont senti qu'elles devaient enfin commencer elles-mêmes à s'affirmer et à être reconnues[12].

La thèse de Seymour semble donc de nature psychologique : un nombre important de Québécois (i) ressentiraient un malaise par rapport à ce qu'ils perçoivent comme la non-reconnaissance du Québec dans le Canada, et ce malaise se traduirait (ii) dans une certaine rigidité concernant l'affirmation identitaire de membres de groupes minoritaires. La disposition psychologique négative de certains par rapport à la présence des religions minoritaires dans l'espace public s'expliquerait « en bonne partie » par la frustration causée par l'incapacité alléguée du Québec de s'affirmer politiquement dans la Fédération canadienne.

Que penser d'une telle hypothèse ? La première chose à noter est qu'il s'agit d'un type d'hypothèse qui appelle une démonstration empirique. Comme il ne s'agit ni d'une thèse *normative*, c'est-à-dire une thèse sur un idéal politique à atteindre, ni d'un argument strictement *logique* fondé sur le sens des concepts et les rapports entre eux, les défenseurs de la thèse de l'« affirmation identitaire déficitaire » doivent s'appuyer sur des faits observables pour justifier leur position. Sauf erreur de ma part, l'hypothèse psychologique en question est demeurée jusqu'à ce jour strictement spéculative. Je ne sais pas s'il serait possible de concevoir un devis de recherche qui permettrait de la tester. Si ce n'est pas le cas, il faudrait conclure qu'il s'agit d'une thèse « infalsifiable » au sens de Karl Popper.

Seymour et d'autres penseurs nationalistes s'appuient sur l'hypothèse psychologique des impacts de la carence d'affirmation identitaire pour ensuite affirmer qu'une nouvelle politique d'affirmation identitaire du Québec serait susceptible d'apaiser les craintes de plusieurs Québécois quant aux demandes d'accommodement

12. Michel Seymour, « Une constitution interne comme remède au malaise identitaire québécois », dans Bernard Gagnon (dir.), *La diversité québécoise en débat*, Montréal, Québec Amérique, collection Débats, 2010, p. 224.

fondées sur des croyances religieuses[13]. Cette affirmation nationale prendrait idéalement la forme d'une reconnaissance de la nation québécoise dans la Constitution et d'une réforme du fédéralisme canadien ou, au minimum, de l'adoption d'une constitution québécoise « interne[14] ». Cette thèse est tout autant spéculative que la première, et il est évidemment impossible de la réfuter puisqu'elle est strictement conditionnelle et hypothétique. On peut toutefois s'aventurer à évaluer sa plausibilité.

La raison principale qui devrait nous inciter au scepticisme relativement à cette hypothèse psychologique est qu'elle présuppose qu'une résolution partielle ou totale de la question nationale devrait correspondre à un apaisement du débat sur la laïcité et des craintes liées à la diversité religieuse. Une analyse comparative sommaire ne permet pourtant guère un tel optimisme. L'aménagement de la diversité morale, spirituelle et religieuse est l'un des grands défis des régimes démocratiques contemporains. Des pays souverains aux cultures politiques très variées comme les États-Unis, le Royaume-Uni, la France, l'Italie, la Belgique, les Pays-Bas, l'Allemagne et les pays scandinaves – sans parler de la Tunisie, de la Turquie, de l'Inde, etc. – cherchent laborieusement à adapter leur façon propre de concevoir la relation État-religions aux exigences de l'époque

13. Guy Laforest émet une hypothèse semblable, en prenant soin de souligner que le déni de reconnaissance dont le Québec serait victime ne justifie pas le déni de reconnaissance des minorités au Québec : « [J]'estime aussi que dans son portrait des droits et obligations qui découlent de son article 27 sur le patrimoine multiculturel des Canadiens, la *Charte* omet de préciser une réalité fondamentale : ce patrimoine s'incarne au Canada dans les réseaux institutionnels de deux sociétés d'accueil, dont l'une au Québec décline sa vie sociale dans le respect du principe de la prépondérance de la langue française. Une telle précision m'apparaît essentielle pour l'intégration à la fois juste et stable du Québec dans le Canada d'aujourd'hui. Une minorité nationale québécoise mieux intégrée contribuerait à rendre la majorité francophone du Québec plus confiante dans ses rapports avec ses propres minorités. Bien sûr, moralement, l'incapacité ou l'absence de bonne volonté de nos partenaires dans le Canada ne nous libère pas, nous les francophones du Québec, de nos propres obligations éthiques ». Guy Laforest, *Un Québec exilé dans la fédération*, Montréal, Québec Amérique, collection Débats, 2014. Pour Seymour, « [u]ne politique vigoureuse d'affirmation nationale contribuerait à faire baisser la tension suscitée par les accommodements. Si le peuple québécois pouvait être reconnu et être en mesure de s'affirmer comme peuple, il pourrait être plus conciliant et ouvert à l'égard du pluralisme ». Michel Seymour, « Nationalistes ou pluralistes ? Faut-il vraiment choisir ? », *Le Devoir*, 9 février 2010.

14. Michel Seymour, *Le projet de loi 60 et les signes ostentatoires. Mémoire présenté à la commission sur le projet de loi 60*, 4 décembre 2013, p. 11.

contemporaine[15]. Les pays qui ont une Église officielle cherchent à se pluraliser sans renier leur passé, alors que la neutralité religieuse alléguée des régimes républicains est remise en question. Dans tous ces cas, la question de la compatibilité des croyances et pratiques islamiques avec les valeurs démocratiques et libérales est à l'avant-plan. Tous ces pays sont souverains.

On peut plausiblement inférer de ce constat qu'une meilleure reconnaissance du Québec, l'adoption d'une constitution interne ou même la souveraineté complète du Québec ne dissiperaient pas le questionnement et les désaccords profonds au sujet de la place et du statut de la religion. Ces désaccords s'enracinent dans des visions contrastées de la laïcité, de l'égalité, de l'équité, de la liberté de religion, du rapport entre raison, religion et démocratie, du féminisme, etc. Qu'est-ce qui nous permet de penser qu'une politique d'affirmation nationale rendrait ces désaccords moins aigus ? Les athées critiques des religions, les républicains qui tiennent à une séparation étanche entre le public et le privé et les féministes qui considèrent que les religions en général, ou l'islam en particulier, sont incompatibles avec l'égalité entre les hommes et les femmes ne seraient pas apaisés par l'indépendance du Québec. D'ailleurs, des fédéralistes comme Fatima Houda-Pepin et des sympathisants de l'ancien gouvernement conservateur à Ottawa sont aussi indisposés par les accommodements religieux. Faire du débat sur la laïcité un épiphénomène ne revient-il pas à affirmer que les acteurs du débat sont en fait motivés par des raisons différentes de celles qu'ils invoquent explicitement ou qu'ils font preuve de fausse conscience ?

Il est vrai que des nationalistes aux sensibilités conservatrices soutiennent aussi le projet de loi 60 au Québec. Ces derniers considèrent que la majorité d'origine canadienne-française s'est oubliée en s'ouvrant à la diversité, et qu'elle a par le fait même interrompu le processus d'affirmation identitaire grâce auquel une nation dont

15. Si le Canada-hors-Québec apparaît comme l'un des pays les moins éprouvés par les débats sur la place de la religion dans l'espace public, des cas comme ceux des tribunaux d'arbitrage en matière de droit de la famille fondés sur la charia, du statut de la polygamie et de l'imbroglio récent à l'Université York suggèrent que d'autres provinces canadiennes peuvent être déstabilisées par des pratiques religieuses minoritaires. Voir « Un accommodement religieux à l'Université York fait polémique », *La Presse*, 9 janvier 2014. Sur le contexte international, voir Linell E. Cady et Elizabeth Shakman Hurd, (dir.), *Comparative Secularisms in a Global Age*. New York, Palgrave Macmillan, 2010.

le français est la langue publique commune existe toujours en Amérique du Nord. La force de l'ancien projet de Charte de laïcité péquiste est qu'il parvenait à canaliser les sensibilités républicaines et conservatrices. Les nationalistes conservateurs étaient satisfaits que le projet de loi ne prévoie pas le retrait du crucifix à l'Assemblée nationale et qu'il inscrive le principe de la « protection du patrimoine historique » du Québec dans la *Charte des droits et libertés de la personne*. On parle souvent, dans leur cas, de « catho-laïcité ». La catho-laïcité considère que la religion de la majorité peut légitimement jouir de formes de reconnaissance et de soutien spéciales en raison de sa prédominance historique[16].

Les nationalistes conservateurs pensent ainsi que le Québec souffre effectivement d'une carence d'affirmation nationale ; une carence que seule l'indépendance politique complète, doublée d'un retour à une politique de « convergence culturelle » en vertu de laquelle les nouveaux immigrants doivent s'assimiler au groupe culturel majoritaire, peut combler. Mais pourquoi penser que les nationalistes qui partagent une sensibilité conservatrice feraient preuve d'ouverture au regard des demandes d'accommodement des membres des minorités religieuses une fois le déficit d'affirmation nationale comblé[17] ? Encore une fois, qu'est-ce qui nous permet de penser qu'il y aurait un lien de causalité ou même une corrélation positive avec l'affirmation nationale et l'ouverture aux minorités religieuses ? Les nationalistes conservateurs soutiennent, si je comprends bien leur position, que les nouveaux arrivants doivent se fondre dans le groupe majoritaire[18]. Accepteraient-ils les signes religieux visibles ou les demandes raisonnables d'accommodement dans le contexte d'un Québec indépendant ? En quoi cela serait-il cohérent avec leur conception du vivre-ensemble ?

---

16. Voir Jocelyn Maclure, « Le malaise relatif aux pratiques d'accommodement de la diversité religieuse. Une thèse interprétative », dans Eid, Paul et al. (dir.), *L'accommodement raisonnable et la diversité religieuse à l'école publique. Normes et pratiques*, Montréal, Fides, 2008. Une étude empirique menée par des politologues semble confirmer l'hypothèse de la coalition improbable entre des conservateurs et des progressistes sur la question de la religion dans l'espace public. Voir Antoine Bilodeau, Luc Turgeon, Stephen White et Ailsa Henderson, « Hijab, Crucifix and the Public Sphere : Support for a Ban on Minority and Majority Religious Symbols in Quebec », Communication présentée dans le cadre du congrès annuel de l'Association canadienne de science politique, Université d'Ottawa, 2 juin 2015.
17. Voir le chapitre 46.
18. Jocelyn Maclure, « La culture publique commune dans les limites de la raison publique », dans Stéphan Gervais, Dimitrios Karmis et Diane Lamoureux (dir.), *Du tricoté serré au métissé serré ? La culture publique commune au Québec en débats*, Québec, Presses de l'Université Laval, 2008, p. 87-108.

Une analyse sociologique plus vraisemblable suggère que la dimension religieuse est la variable la plus importante du débat identitaire des dernières années. Un examen du débat identitaire de la dernière décennie permet de constater que ce n'est pas la diversité ethnoculturelle en elle-même qui suscite les passions, mais bien la diversité spirituelle et religieuse et l'augmentation du nombre de citoyens de confession musulmane. Ce phénomène s'observe également ailleurs qu'au Québec. Comme l'affirme le philosophe et expert mondialement reconnu du multiculturalisme Will Kymlicka, « nous avons assisté à un ressac partiel contre le multiculturalisme libéral, en particulier dans les pays où les musulmans forment une majorité claire des nouveaux arrivants et sont donc au centre des débats portant sur le multiculturalisme[19] ». Le fait que des citoyens originaires d'Amérique latine, d'Haïti ou du Vietnam transforment jour après jour la culture et l'identité québécoises ne soulève guère de résistance, au contraire. L'interculturalisme, en tant que modèle d'intégration des immigrants qui cherche à atteindre un équilibre entre la valorisation de la diversité et la volonté de créer une identité civique commune issue des interactions entre les citoyens de toutes les appartenances, a reçu un large appui pendant les audiences de la commission Bouchard-Taylor. Des penseurs associés au nationalisme conservateur tentent depuis longtemps d'orchestrer une remise en question de l'interculturalisme, mais cette tentative, éclipsée par le débat sur la place de la religion dans l'espace public, ne parvient pas pour l'instant à percer à la surface du débat public.

Personne ne peut affirmer qu'il n'y a *aucun* lien entre la question nationale et le débat sur la laïcité. La nature de cette relation, toutefois, est incertaine. Cela étant, ni une analyse conceptuelle, ni les discours des acteurs dans le débat sur la laïcité, ni les débats politiques des autres pays démocratiques permettent d'avancer qu'une politique d'affirmation identitaire vigoureuse aurait pour corrélat l'apaisement du débat sur la laïcité[20].

---

19. Will Kymlicka, *Multicultural Odysseys : Navigating the New International Politics of Diversity*, New York, Oxford University Press, 2009, p. 125 (extrait traduit par Sébastien Lacroix). Voir aussi Raphaël Liogier, *Le Mythe de l'islamisation. Essai sur une obsession collective*, Paris, Édition du Seuil, 2012.

20. Voir la réplique de Michel Seymour, « La laïcité et le nationalisme identitaire : réponse à Jocelyn Maclure », *Huffington Post Québec*, 2 avril 2014 : http://quebec.huffingtonpost.ca/michel-seymour/laicite-et-nationalisme-identitaire-reponse-jocelyn-maclure_b_5068045.html. Dernière consultation le 3 août 2015.

42.
LA DÉMAGOGIE DE JUSTIN TRUDEAU SUR LA SÉCESSION DU QUÉBEC[21]

Justin Trudeau, Jean Chrétien et d'autres ténors libéraux s'en prennent vigoureusement à la position du NPD sur le droit à l'autodétermination du Québec. C'était l'une des principales lignes d'attaque de Trudeau à l'endroit de Thomas Mulcair lors du premier débat des chefs au cours de la dernière campagne électorale fédérale. Les sophismes et équivocations de Trudeau au sujet du renvoi de la Cour suprême relatif à la sécession du Québec et de la loi fédérale sur la clarté montrent qu'il n'est pas véritablement déterminé à rompre avec la « vieille politique », qu'il se plaît à associer à ses adversaires.

La première chose que Trudeau doit admettre est que la Loi sur la clarté et le renvoi de la Cour suprême sont deux entités distinctes. La *Loi sur la clarté référendaire* est *une* traduction législative possible du renvoi de la Cour suprême, une traduction lourdement influencée par le « Plan B » du gouvernement Chrétien et la ligne dure à l'endroit du mouvement pour la souveraineté du Québec.

Trudeau a reproché à Mulcair de défendre l'idée qu'une majorité de 50 % + 1 en faveur de la sécession déclencherait l'obligation de négocier avec le Québec. Dans le renvoi sur la sécession, la Cour suprême fait référence une douzaine de fois à l'exigence d'avoir une « majorité claire » supportant la sécession, mais il n'y est jamais question d'une majorité « absolue », ni d'une majorité « qualifiée ». Personne ne peut sérieusement prétendre que les juges de la Cour suprême ne savaient pas que les concepts de « majorité absolue » et de « majorité qualifiée » faisaient partie des concepts disponibles. Aucune conclusion ne peut être dégagée avec une certitude logique absolue de la

21. Publié dans l'*Ottawa Citizen* le 10 août 2015. Traduit de l'anglais par Raphaël Zummo.

prose plutôt abstraite de la Cour. Mais l'inférence la plus plausible qu'on peut tirer de la décision de ne prescrire ni une majorité absolue ni une majorité qualifiée est sans doute que la Cour a délibérément choisi de faire preuve de retenue et de laisser aux législateurs l'initiative de donner une substance à l'exigence de clarté. Comme la Cour l'a écrit : « il reviendra aux acteurs politiques de déterminer en quoi consiste "une majorité claire en réponse à une question claire", suivant les circonstances dans lesquelles un futur référendum pourrait être tenu ». La clarté est politique.

Le NPD, comme Westminster et Holyrood lors du referendum de 2014 sur l'indépendance de l'Écosse, croit qu'une majorité simple sur une question claire est suffisante pour obliger le reste du Canada à négocier la sécession. Le Parti libéral pense qu'une majorité plus forte est nécessaire, mais il n'ose pas établir un seuil minimal. Cela est tout à fait normal que les partis adoptent différentes positions, mais les libéraux fédéraux devraient cesser de se cacher derrière leur interprétation tendancieuse du renvoi de la Cour suprême.

L'appui à la souveraineté est plutôt bas au Québec présentement. Le Parti québécois tente de se reconstruire et il est loin d'être sûr qu'il sera en mesure d'éviter le péril de la radicalisation. Cela dit, quiconque pense que cette baisse est la conséquence d'un durcissement du fédéral à l'endroit du Québec s'illusionne. Mon hypothèse est que plusieurs Québécois réalisent que, malgré ses imperfections, le fédéralisme canadien nous confère une autonomie politique nous permettant de prendre des décisions cruciales pour notre avenir. Et il ne peut être qu'évident aux yeux de ceux qui suivent la politique internationale que nos problèmes ressemblent étrangement à ceux de nations pleinement souveraines[22].

Toutefois, il serait très précipité d'avancer que le mouvement souverainiste est mort. Nous pouvons toujours être déjoués par les ruses de l'histoire. La sagesse politique nous invite à penser qu'une attitude intransigeante et condescendante est la voie la plus sûre pour renforcer l'appui à l'indépendance parmi les nations minoritaires, comme l'illustre la situation actuelle en Catalogne. Les plus graves menaces contre l'unité canadienne au cours des

22. Voir le chapitre 39.

dernières décennies ont été le rapatriement unilatéral de 1982 et l'échec des Accords du lac Meech (1990) et de Charlottetown (1992). Il semble maintenant que cette période historique soit révolue. Justin Trudeau et les libéraux ne devraient pas jouer avec le feu. Tenter de faire des gains au Canada anglais en remettant le Québec à sa place est risqué et indigne.

43. FAUT-IL S'INQUIÉTER DU « FRANGLAIS » ?[23]

Ce n'est pas d'hier qu'une frange du mouvement nationaliste québécois se lamente de l'état de la culture québécoise et s'inquiète de son sort. Les penseurs phares du néo-nationalisme des années 1960 comme les historiens de l'« École de Montréal » ou des intellectuels comme Pierre Vadeboncoeur et Fernand Dumont ont alimenté ce diagnostic pessimiste quant au devenir de l'identité québécoise. Dans un essai publié en 2000, j'ai consacré un chapitre au « nationalisme mélancolique » québécois[24]. L'éventuelle disparition ou folklorisation du français – la proverbiale « louisianisation » du Québec – est le plus souvent le point focal de ce discours sombre, et parfois catastrophiste, sur l'avenir de la culture québécoise francophone.

Le débat a repris de plus belle avec une nouvelle lamentation de Christian Rioux dans *Le Devoir* sur l'état de la culture québécoise. C'est le « franglais » du groupe de hip-hop Dead Obies qui sert à exemplifier la dégradation de la culture québécoise. L'intégration de l'anglais et du français dans le rap des Dead Obies serait une forme de « créolisation » incompréhensible et possiblement un signe annonciateur de l'anglicisation du Québec[25]. Comme je l'ai expliqué au chapitre 39, je suis de ceux qui considèrent que l'on sous-estime la résilience et la vitalité de la culture et de la société québécoises depuis le mouvement d'affirmation collective que fut la Révolution tranquille. L'édification, en Amérique du Nord, d'une société globale

---

23. Publié sur le blogue *In Due Course* le 24 juillet 2014.

24. Jocelyn Maclure, « Chapitre 1. De la fatigue culturelle au difficile passage vers la maturité : l'identité québécoise dans sa narration mélancolique », *Récits identitaires*, *op. cit.*, p. 41-97.

25. Christian Rioux, « J'rape un suicide… », *Le Devoir*, 18 juillet 2014. Voir aussi la réplique de Marc Cassivi, « Lettre à Christian Rioux », 22 juillet 2014.

distincte mais néanmoins bien branchée sur le reste du monde, dont la langue publique commune est le français, est une réalisation majeure. Cette édification est un processus permanent qui sera vraisemblablement toujours marqué par une certaine précarité, mais il importe de souligner le chemin parcouru.

Cela dit, il ne me semble pas abusivement pessimiste ou catastrophiste de s'inquiéter de l'impact du formidable pouvoir d'attraction de l'anglais dans le monde d'aujourd'hui. L'anglais est la langue seconde qui permet à des citoyens de pays différents de communiquer. C'est un atout majeur. C'est la langue qui permet aux scientifiques du monde entier de discuter et de correspondre. Les productions culturelles anglophones circulent partout sur la planète et des artistes de tous les coins du monde décident de créer en anglais plutôt que dans leur langue d'origine. L'anglais est la langue des affaires et de la finance. Que l'on soit un Québécois francophone, un Danois ou un Coréen, les incitatifs pour apprendre et maîtriser l'anglais sont nombreux et puissants.

Je ne vois pas ce que l'on pourrait faire, dans une démocratie libérale du moins, pour affaiblir le pouvoir d'attraction de l'anglais. Et même si cela était possible, qui voudrait vraiment le faire ? Maîtriser l'anglais à un degré ou à un autre permet de nouer des liens avec des non-francophones, donne accès à des productions culturelles et scientifiques de grande qualité et élargit l'éventail des possibilités professionnelles. L'objectif de notre politique linguistique ne peut être le développement de dispositions négatives par rapport à l'anglais. Cela ne serait ni souhaitable ni réaliste.

Il faut donc plutôt tenter d'agir sur le pouvoir d'attraction du français. Heureusement, le rapport entre le pouvoir d'attraction de l'anglais et celui du français n'est pas un jeu à somme nulle. Bien que le phénomène de la concurrence des langues existe[26], l'augmentation du pouvoir d'attraction du français au Québec n'exige pas la diminution du pouvoir d'attraction de l'anglais. On peut développer un niveau de compétence élevé en anglais tout en parlant et en écrivant un excellent français.

26. Nathalie St-Laurent et Shaha El-Geledi, *L'intégration linguistique et professionnelle des immigrants non francophones à Montréal*, Québec, Conseil supérieur de la langue française, septembre 2011.

Les individus n'étant pas des agents parfaitement désintéressés, il est impératif que la maîtrise du français soit vue comme un bien doté d'une grande valeur. La maîtrise du français peut, par exemple, être un marqueur identitaire positif et un atout dans la quête d'une vie bonne. Or, c'est exactement ce qu'est parvenu à faire le Québec moderne. Dans le Québec d'aujourd'hui, ne pas parler français ferme la porte à un grand nombre d'emplois de qualité et à une scène culturelle, artistique et médiatique dynamique tout en rendant la participation pleine et entière à la vie politique beaucoup plus difficile. Il est vrai que de ne pas parler anglais ferme aussi des portes professionnelles; ce sont les unilingues – *anglophones et francophones* – qui sont défavorisés sur le marché du travail québécois.

Cela ne signifie pas que nous soyons sortis du bois pour autant. Il est en outre crucial que ceux qui considèrent qu'il est important de conjuguer modernité et langue française évitent d'être des resquilleurs et de laisser à d'autres la responsabilité de faire du français une langue riche et dynamique, porteuse de sens et de possibilités. Cela implique de ne pas se contenter de soutenir, par exemple, nos magazines anglo-américains préférés, mais aussi des publications francophones. Cela exige que l'on ait une littérature, une cinématographie, une dramaturgie et une scène de musique indépendante francophones, pertinentes et trépidantes. Cela implique que les chercheurs continuent de publier en français et non exclusivement en anglais pour rejoindre un lectorat plus important. Le français doit demeurer une langue de science, d'idées et de culture. Il faut penser et créer en français tout en tissant des liens avec les créateurs étrangers et en se laissant transformer par ses contacts. Le repli identitaire est la plus sûre façon d'encourager les jeunes générations à se désolidariser du projet de la reproduction d'une société globale dont la langue publique commune est le français en Amérique.

La pratique d'une langue relève pour l'essentiel des parties non conscientes de l'esprit humain. Un locuteur n'a pas à penser explicitement à tous les mots qu'il veut prononcer ou à la syntaxe de ses phrases. Je ne suis pas linguiste. Je sais toutefois que puisque l'anglais occupe une place importante dans ma vie, il y a des mots, des expressions idiomatiques et des constructions syntaxiques qui me viennent souvent à l'esprit plus rapidement dans la langue de David

Hume que dans celle de Jean-Jacques Rousseau. J'imagine que cette propension doit être encore plus grande chez ceux qui sont dans un couple mixte ou qui travaillent majoritairement en anglais. Le « franglais », dans ce contexte, est la voie de la facilité.

Or, une des façons d'améliorer sa maîtrise d'une langue, y compris de sa langue maternelle, est de s'efforcer de trouver un synonyme ou d'expliquer une idée autrement lorsque le mot ou l'expression justes ne viennent pas. Si on n'exerce pas constamment sa capacité à s'exprimer de façon juste dans une langue donnée, cette capacité risque fort de s'atrophier. C'est ce qui m'incite, personnellement, à tenter d'éviter le plus possible le « franglais ». Je n'y parviens pas toujours. Et si ma conjointe et moi parlons « franglais » à la maison, nos enfants le feront aussi.

Blâmer un groupe de hip-hop, qui pratique un genre qui prend sa source dans la langue de la rue, une auteure qui invente un joual québécois 2.0 en intégrant des expressions anglaises, ou encore des adolescents qui construisent leur identité, me semble déplacé et inefficace. En contrepartie, il y de bonnes raisons de ne pas souhaiter que l'usage du « franglais » se généralise et que, par exemple, les enseignants, les journalistes et les élus l'utilisent.

Faire du français la langue publique commune au Québec demeure aujourd'hui un choix délibéré devant reposer sur une volonté collective forte. Le passage à l'anglais est une vraie possibilité pour un nombre grandissant de Québécois, en particulier chez les jeunes et chez ceux qui ont bénéficié de l'éducation supérieure. La complainte, l'exhortation morale, la culpabilisation et le mépris sont sans doute les pires façons de motiver les nouvelles générations à reprendre et réinventer le projet d'une société globale *francophone* en Amérique du Nord. Le français peut être vu comme un marqueur identitaire distinctif positif et une source de fierté si sa promotion n'exige ni la diabolisation de l'anglais ni la fermeture identitaire. Paradoxalement, le discours frileux et moralisateur risque fort d'affaiblir le pouvoir d'attraction du français et de nuire au projet d'une francophonie québécoise en Amérique du Nord.

44.
ENFIN, UNE POLITIQUE DE L'INTERCULTURALISME[27]

Le projet de loi sur la laïcité et la neutralité religieuse de l'État du gouvernement Couillard était attendu de pied ferme par la classe politique et médiatique québécoise. Cette pression était justifiée. On attend que le gouvernement du Québec dise quelque chose sur la laïcité et la place de la religion dans l'espace public depuis la publication du rapport Bouchard-Taylor, en 2008. La publication d'un livre blanc sur la laïcité était d'ailleurs l'une des recommandations principales de la commission. La réponse du gouvernement Couillard est le projet de loi 62 sur la neutralité religieuse de l'État et l'encadrement des demandes d'accommodement raisonnable[28].

Ce qui est étonnant, toutefois, c'est le peu d'attention accordée à l'ébauche d'une nouvelle politique en matière d'immigration, de diversité et d'inclusion. Ceux qui nous mettent en garde contre les amalgames entre la laïcité et l'intégration ou entre la lutte contre l'extrémisme religieux et l'immigration ont parfaitement raison. La laïcité concerne autant la prière à l'hôtel de ville de Saguenay et le crucifix à l'Assemblée nationale que le port des signes religieux par des employés de l'État. Et les demandes d'accommodement fondées sur des croyances religieuses ne viennent pas seulement d'immigrants – pensons au Collège jésuite Loyola, qui veut enseigner sa propre version du programme Éthique et culture religieuse[29]. De

---

27. Publié sur le blogue Politique de *L'actualité* le 4 février 2015.

28. Projet de loi no 62, *Loi favorisant le respect de la neutralité religieuse de l'État et visant notamment à encadrer les demandes d'accommodements religieux dans certains organismes*, Québec, Éditeur officiel du Québec, 2015. Voir aussi projet de loi no 59, *Loi édictant la Loi concernant la prévention et la lutte contre les discours haineux et les discours incitant à la violence et apportant diverses modifications législatives pour renforcer la protection des personnes*, Québec, Éditeur officiel du Québec, 2015.

29. Voir chapitre 18.

plus, les actes de violence à Saint-Jean-sur-Richelieu et à Ottawa n'ont pas été commis par des immigrants, et on peut vouloir tuer pour toutes sortes de motifs, comme nous l'ont démontré Richard Bain, Kimveer Gill, Marc Lépine et Denis Lortie.

Cela admis, la question de l'intégration des nouveaux arrivants est délicate dans tous les pays d'immigration, et le Québec n'est pas en reste. En outre, des craintes subsistent au sujet des répercussions de l'immigration sur le sort du français, sur la cohésion et la solidarité sociales, et sur les « valeurs communes ». De façon surprenante, étant donné l'importance des débats identitaires au Québec, notre politique d'intégration n'a pas été rénovée de façon significative depuis longtemps. Le Québec se targue d'avoir élaboré un modèle d'intégration – l'interculturalisme –, en principe différent du multiculturalisme canadien, mais les chercheurs s'entendent pour dire que ce modèle a davantage été une déclaration d'intention qu'une véritable politique publique pour l'instant. C'est ce qui explique pourquoi la commission Bouchard-Taylor a aussi recommandé l'adoption d'une politique de l'interculturalisme.

Le document de consultation déposé par la ministre Kathleen Weil est substantiel et fort prometteur[30]. L'interculturalisme est une politique d'intégration que l'on qualifie généralement de « pluraliste ». Ce qu'on veut dire par là, c'est que la diversité est vue comme une richesse, un atout pour la société, et non comme une tare ou un phénomène qui doit graduellement s'estomper. L'interculturalisme n'est donc pas un modèle d'intégration « assimilationniste ». Le message lancé au nouvel arrivant n'est pas qu'il devra un jour ou l'autre délaisser complètement sa culture d'origine et se fondre dans la culture majoritaire. Il n'est pas non plus aux prises avec l'injonction de s'identifier à sa culture d'origine. Ses choix identitaires lui appartiennent.

Une des grandes craintes à propos des modèles pluralistes est qu'ils encouragent le repli identitaire, le communautarisme et la fragmentation du corps politique en une multiplicité de « communautés

30. Direction générale de l'énoncé de politique du ministère de l'Immigration, de la Diversité et de l'Inclusion, *Vers une nouvelle politique québécoise en matière d'immigration, de diversité et d'inclusion*, Québec, Éditeur officiel du Québec, 2015. Par souci de transparence, je souligne que j'ai lu et commenté, comme plusieurs autres chercheurs, le document de consultation à la demande de l'équipe de rédaction du ministère de l'Immigration, de la Diversité et de l'Inclusion.

culturelles». Rien de tel avec l'interculturalisme. D'abord, l'interculturalisme vise à promouvoir les contacts, le dialogue et les rapprochements entre les citoyens de toutes les origines. Son pari est que des contacts interculturels naîtront une plus grande compréhension mutuelle, de nouveaux liens de solidarité et un sentiment d'appartenance à une identité commune inclusive. Ensuite, l'interculturalisme est une politique d'intégration et non de ghettoïsation. Il fait l'hypothèse qu'une société hospitalière eu égard aux différences culturelles favorisera la participation des nouveaux arrivants et de leurs enfants aux grandes institutions sociales, politiques, culturelles et économiques. La «participation pleine et entière» des Québécois issus de l'immigration est d'ailleurs l'une des visées principales poursuivies par le ministère de l'Immigration, de la Diversité et de l'Inclusion. Enfin, l'interculturalisme viendrait s'insérer dans la culture publique commune façonnée, entre autres, par la *Charte québécoise des droits et libertés de la personne* et par la *loi 101*. Le statut du français comme langue publique commune est réaffirmé, et le respect des différences n'est pas vu comme une raison pouvant justifier la violation des droits fondamentaux. L'interculturalisme n'est pas relativiste. Ainsi, ce n'est pas parce que les Shafia étaient d'origine afghane que leur peine devait être allégée. En contrepartie, la lutte contre le racisme et les discriminations fondées sur l'ethnicité doit faire partie de toute politique interculturelle.

Personne ne pense qu'une politique de l'interculturalisme serait une panacée qui réglerait tous les problèmes inhérents aux sociétés diversifiées. Une politique interculturelle bien conçue, équilibrée, serait néanmoins une contribution utile à la construction d'un cadre civique commun en phase avec la diversité de la société québécoise d'aujourd'hui. Souhaitons maintenant que le gouvernement du Parti libéral ne manque pas une fois de plus d'audace en matière d'identité et de vivre-ensemble.

45.
LE MULTICULTURALISME, UN DESPOTISME ? RÉPLIQUE À MATHIEU BOCK-CÔTÉ[31]

Il est pratiquement impossible de discuter sérieusement avec quelqu'un qui ne respecte pas des critères comme l'adéquation entre les énoncés et les faits, la rigueur argumentative et la cohérence logique. Le respect de ces standards épistémiques est essentiel à toute discussion rationnelle ou à une véritable dialectique entre des positions opposées. Je ne refuse pas les débats publics avec des intellectuels qui plongent selon moi trop souvent la main dans le sac de la sophistique, de la démagogie et de la polémique car je doute beaucoup que la politique de la chaise vide soit efficace. Dans mes interventions écrites, toutefois, je préfère de loin critiquer la meilleure version de la position adverse. Comment la pensée pourrait-elle progresser autrement ? Quel intérêt y a-t-il à réfuter une position faible ou caricaturale ? La faiblesse d'une telle posture, toutefois, est qu'il s'agit d'une autre façon de pratiquer une politique de la chaise vide. On laisse le champ libre à ses adversaires intellectuels. Ou on laisse les camarades descendre dans les tranchées sans jamais leur prêter main-forte.

Mathieu Bock-Côté a publié une tribune sur le site Internet du quotidien français de droite *Le Figaro*[32]. Bock-Côté est connu pour ses charges répétées contre les positions pluralistes dont, au premier chef, le multiculturalisme. L'ennui avec la critique de Bock-Côté est qu'elle s'appuie sur une version désespérément caricaturale et très faiblement fondée sur les faits des positions pluralistes. Si le

31. Publié sur le blogue *In Due Course* le 7 avril 2014.

32. Mathieu Bock-Côté, « Pourquoi le Québec veut en finir avec le multiculturalisme », *Figarovox*, 4 avril 2014 : http://www.lefigaro.fr/vox/monde/2014/04/04/31002-20140404ARTFIG00101-le-quebec-veut-en-finir-avec-le-multiculturalisme.php. Dernière consultation le 4 août 2015.

multiculturalisme, l'interculturalisme, le nationalisme inclusif, la laïcité ouverte ou les accommodements raisonnables étaient ce qu'il dit qu'ils sont, personne ne les défendrait.

Après le désolant épisode de la controverse sur la Charte de la laïcité, il est clair que les libéraux, les pluralistes et les nationalistes inclusifs doivent répondre de façon plus constante et directe aux critiques des politiques qu'ils défendent. Bock-Côté débute en affirmant que le gouvernement du Québec a « présenté un projet de Charte des valeurs, qui proposait un meilleur encadrement des "accommodements raisonnables", l'inscription de l'égalité hommes/femmes dans la Charte québécoise des droits de la personne et qui proscrivait, au nom de la laïcité, les signes religieux ostentatoires chez les employés de l'État ». L'auteur omet de souligner que le projet de loi 60 ne faisait que codifier l'encadrement des demandes d'accommodement que l'on trouve déjà dans la jurisprudence et que l'égalité entre les femmes et les hommes est protégée à double tour dans la *Charte québécoise des droits et libertés de la personne*, laissant ainsi entendre aux lecteurs français que la Charte de la laïcité aurait comblé un véritable déficit en la matière.

Il poursuit en affirmant que le « multiculturalisme repose sur l'inversion du devoir d'intégration : ce n'est plus à l'immigrant de prendre le pli de la société d'accueil, mais à celle-ci de transformer ses institutions pour les accorder aux exigences de la "diversité" ». Si la très précise locution « prendre le pli » signifie que le nouvel arrivant doit s'*assimiler* à la culture majoritaire, Bock-Côté a raison de souligner qu'il y a un choc entre les deux visions. Les politiques d'intégration pluralistes considèrent que la diversité culturelle n'est pas une tare qui doit graduellement disparaître. Les pluralistes s'opposent en effet à sa politique d'intégration fétiche, à savoir une politique de « convergence culturelle ». Cette politique a depuis longtemps été abandonnée au Québec ; elle avait d'ailleurs été répudiée par le Parti québécois de Lévesque et de Godin qui la trouvait trop assimilatrice[33].

Cela dit, Bock-Côté agite un épouvantail en prétendant que le « multiculturalisme repose sur l'inversion du devoir d'intégration ». C'est le sophisme de l'homme de paille. Le multiculturalisme canadien,

33. Voir le chapitre suivant.

et, à plus forte raison encore, l'interculturalisme québécois, reposent tous les deux sur un principe de réciprocité : l'immigrant est invité à s'intégrer aux principales institutions sociales et économiques, à apprendre la langue ou les langues officielles si ce n'est déjà fait, à participer à la vie politique et à respecter les normes publiques communes. La société d'accueil doit de son côté chercher à favoriser l'intégration des nouveaux arrivants, à lutter contre la discrimination, à voir la diversité comme une richesse pour la collectivité et à permettre aux immigrants de maintenir certaines de leurs caractéristiques culturelles s'ils le souhaitent. L'effort d'adaptation est mutuel.

C'est ainsi, par exemple, que la loi fédérale sur le multiculturalisme veut à la fois promouvoir « le patrimoine multiculturel » du Canada et « la participation entière et équitable des individus et des collectivités de toutes origines à l'évolution de la nation et au façonnement de tous les secteurs de la société » [Loi de 1988, 3.1 (c)]. Oui, je préférerais aussi qu'il soit question « des nations », mais cela ne confirme pas le diagnostic de Bock-Côté pour autant. Les études empiriques montrent bien que les enfants d'immigrants partagent largement les repères culturels et les valeurs de la majorité. D'ailleurs, Frank Graves, le président-fondateur de la firme Ekos, note que le sentiment d'appartenance des immigrants à leur communauté ethnoculturelle d'origine décline au Canada :

> Il est également intéressant de noter que, malgré la croissance rapide du pluralisme au cours de cette période, l'attachement à un groupe ethnique [chez les immigrants et leurs enfants] a en fait diminué de manière significative, au grand dam des prédictions de ghettoïsation ethnique et de la menace putative du multiculturalisme à l'identité nationale faite par plusieurs auteurs dans les années quatre-vingt-dix (comme Neil Bissoondath dans *Le marché aux illusions*)[34].

Bock-Côté poursuit en établissant une adéquation entre « multiculturalisme » et « accommodement raisonnable » : « [c]'est ce qu'on appelle l'idéologie de "l'accommodement raisonnable", qui se présente comme un simple ajustement pragmatique respectueux du

34. Frank Graves, « The cultural faultlines in Quebec are getting wider », *iPolitics*, 3 avril 2014.

nouvel arrivant pour faciliter son insertion. Terrible illusion. » Après près de dix ans de débat sur le principe d'accommodement raisonnable, Bock-Côté devrait en avoir une compréhension un peu plus juste et nuancée. L'accommodement raisonnable n'est pas issu du multiculturalisme et n'est pas d'abord conçu pour favoriser l'insertion des nouveaux arrivants. L'obligation d'accommodement raisonnable veut que des mesures d'accommodement soient offertes à une personne qui se trouve injustement défavorisée par une norme générale en apparence neutre. Une demande d'accommodement peut ainsi être formulée sur la base de la condition physique (grossesse, handicap) ou de convictions morales ou religieuses. Les demandeurs d'accommodement sont régulièrement des membres de la majorité qui se sont convertis à des religions minoritaires. Des demandes peuvent aussi venir du groupe religieux majoritaire, comme ce fut le cas lorsque des parents catholiques ont souhaité que leurs enfants soient exemptés du programme Éthique et culture religieuse. L'accommodement raisonnable découle du droit à l'égalité et ne concerne pas que les « nouveaux arrivants ».

Dans l'éventualité où certains n'auraient pas bien compris, Bock-Côté fait monter les enchères : les pluralistes ne sont pas des démocrates. Pourquoi faire dans la nuance lorsqu'on sait que les formules-chocs sont efficaces ? Il écrit que pour les multiculturalistes « la souveraineté populaire serait à congédier ». Or, nulle démocratie sans souveraineté populaire. La souveraineté populaire est le principe selon lequel le peuple est souverain. Agitant le spectre du « gouvernement des juges », l'auteur affirme que le « multiculturalisme entraîne ainsi un changement de régime politique qui relève de la logique du "despotisme éclairé" ». Rien de moins.

La réalité est pourtant facile à saisir. Les pluralistes comprennent que nous vivons au sein de démocraties « libérales » ou « constitutionnelles » ou d'« États de droit démocratiques ». Ce type de régime repose sur une recherche constante d'équilibre entre le pouvoir de la majorité démocratique et le respect des droits fondamentaux, entre la souveraineté de l'assemblée législative et le respect de la Constitution, entre les trois branches du pouvoir étatique, et ainsi de suite. Maintenant qu'il semble moins critique par rapport à la démocratie qu'il ne l'était à une autre époque[35], il serait intéressant que Bock-Côté explique comment il conçoit la séparation des pouvoirs dans un État démocratique. Quel est, selon lui, le rôle du pouvoir judiciaire ? Un peuple devrait-il avoir une Constitution ? Si oui, comment la concevoir ? Pense-t-il que toute forme de contrôle de la constitutionnalité des lois est illégitime ?

Enfin, le multiculturalisme « pousse aussi à la rééducation de la nation d'accueil, comme en témoignent les nombreux programmes scolaires qui cherchent à lui inculquer ses préceptes idéologiques ». Le multiculturalisme est un maoïsme *soft*. Ou un despotisme pas très éclairé, tout compte fait. Les despotes multicultis reprogrammeraient en douce l'esprit des citoyens de demain. Malheureusement, une exposition rigoureuse et détaillée des « programmes scolaires » en question se fait toujours attendre. Nous devons, pour l'instant, le croire sur parole.

Le texte contient plusieurs autres méprises qui mériteraient d'être corrigées. L'ennui, comme cette réplique le démontre, est que problématiser des assertions non justifiées et des caricatures exige du temps et de l'espace. Étant donné la présente structuration de l'espace public et de l'environnement médiatique, c'est un désavantage certain[36].

35. Mathieu Bock-Côté, « Pour une pensée conservatrice : critique de l'éthique démocratique dans la compréhension de l'identité nationale québécoise », *Horizons philosophiques*, vol. 12, no 2, printemps 2002, p. 57-73.

36. Voir le chapitre 1.

46.
GÉRALD GODIN ET LA FIN DE LA POLITIQUE DE LA « CONVERGENCE CULTURELLE »[37]

Le discours souverainiste a beaucoup changé au cours de la dernière décennie. Il fut un temps où l'une des priorités des souverainistes était de montrer comment il était tout à fait possible de conjuguer le nationalisme indépendantiste et l'ouverture à la diversité culturelle. Il s'agissait alors de montrer que le nationalisme québécois n'était pas « ethnique », c'est-à-dire qu'il ne devait pas être un mouvement politique incluant seulement les Québécois d'origine canadienne-française et servant exclusivement leurs intérêts. Une des façons de se distancier du nationalisme ethnique était d'abandonner l'idéal d'assimilation culturelle complète des nouveaux arrivants. La diversité culturelle ne devait pas être vue comme une tare et le nouvel arrivant devait pouvoir choisir de maintenir et d'affirmer des aspects de son identité culturelle d'origine s'il le souhaitait.

Cette époque est révolue. Un nationalisme plus culturel semble s'être imposé comme le démontre la mouvance intellectuelle dominante au sein du courant souverainiste[38]. Le « Nous », compris comme la « majorité » composée essentiellement des Québécois d'origine canadienne-française, doit sortir de sa torpeur et apprendre à réimposer sa culture et ses valeurs[39]. Il ne s'agit toutefois pas d'un nationalisme ethnique stricto sensu car l'ethnicité n'est pas le critère

37. Texte inédit.

38. Certains des auteurs de cette mouvance qualifient leur nationalisme de « conservateur ». Pour une critique du nationalisme conservateur, voir Jean-Marc Piotte et Jean-Pierre Couture, *Les nouveaux visages du nationalisme conservateur*, Montréal, Québec Amérique, collection Débats, 2012.

39. Le parcours intellectuel de Jean-François Lisée de *Sortie de secours* (Montréal, Boréal, 2000) à *Nous* (Montréal, Boréal, 2007) illustre cette mutation.

d'inclusion prépondérant. Les sensibilités et orientations politiques sont plus déterminantes que les origines. On s'attend à ce que l'immigrant accepte une certaine conception du passé québécois et qu'il en tire des conclusions quant à son avenir politique. Ce nationalisme n'est pas ethnique car il se fait une fierté de compter des Djemila Benhabib et des Maka Kotto dans ses rangs. Combien de fois a-t-on entendu de la bouche de souverainistes l'adage voulant qu'« est Québécois celui qui choisit le Québec, et Canadien celui qui choisit le Canada », comme si « choisir le Québec » ne pouvait que mener à l'indépendantisme et comme si on ne pouvait avoir une double allégeance[40].

Le nationalisme culturel s'incarne principalement dans une politique bien précise d'intégration des nouveaux arrivants et de leurs enfants, à savoir une politique dite de « convergence culturelle ». Comme l'ont écrit Jacques Beauchemin et Louise Beaudoin, « le Québec à construire doit se donner une culture de convergence, pour le dire comme Fernand Dumont, qui est celle de la majorité[41] ». Celui qui est au fait de l'histoire des politiques d'immigration et d'intégration au Québec ne peut pourtant que rester pantois devant cette tentative de réhabilitation du langage de la convergence culturelle.

En effet, le modèle de la « culture de convergence » a déjà été expérimenté au Québec à la fin des années 1970 et au début des années 1980[42].

---

40. J'ai discuté des problèmes des conceptions essentialistes de l'identité et de l'authenticité dans ma toute première publication universitaire, « Authenticités québécoises. Le Québec et la fragmentation contemporaine de l'identité », *Globe. Revue internationale d'études québécoises*, vol. 1, no 1, 1998, p. 9-35 et, de façon plus mature, dans « La reconnaissance engage-t-elle à l'essentialisme ? », *Philosophiques*, vol. 34, no 1, printemps 2007, p. 77-96. Sur la normalité des identités multiples, voir Amartya Sen, *Identité et violence*, Paris, Éditions Odile Jacob, 2007.

41. Voir Collectif d'auteurs, « Manifeste pour un Québec pluraliste », *Le Devoir*, 3 février 2010 et, en guise de réplique, Jacques Beauchemin et Louise Beaudoin, « Le pluralisme comme incantation », *Le Devoir*, 13 février 2010. Une bibliographie commentée réalisée par Sébastien Lacroix, candidat à la maîtrise en philosophie à l'Université Laval, démontre que plusieurs intellectuels souverainistes, y compris chez les plus jeunes, font l'apologie du concept de « culture de convergence » ou d'une politique de « convergence culturelle ». Cette recension non exhaustive comprend des textes de J. Beauchemin, M. Bock-Côté, G. Rousseau, G. Marois, C.-P. Courtois, ainsi qu'un texte collectif signé entre autres par F. Bastien, T. Longpré, S.-P. Savard-Tremblay : Collectif d'auteurs, « La Charte des valeurs, étape cruciale de notre réaffirmation culturelle », *Le Devoir*, 5 septembre 2013.

42. Voir la politique élaborée par F. Dumont, C. Laurin, G. Rocher et J.-Y. Morin dans Québec, ministre d'État au Développement culturel, *La politique québécoise du développement culturel. Volume I. Perspectives d'ensemble : de quelle culture s'agit-il ?*, Québec, Éditeur officiel du Québec, 1978 ; Québec, ministère du Développement culturel et scientifique, *Autant de façons d'être Québécois. Plan d'action du gouvernement du Québec à l'intention des communautés culturelles*, Québec, ministère du Développement culturel et scientifique, 1981.

Si ce modèle avait le mérite d'être le premier au Québec à poser directement la question du rapport entre la majorité et les membres des minorités culturelles et de démontrer une réelle préoccupation envers les Québécois issus de l'immigration, il proposait néanmoins l'assimilation des nouveaux arrivants à une culture majoritaire maintenant prête à recevoir une part d'altérité. Se définissant en opposition au multiculturalisme canadien, associé à la métaphore de la mosaïque des cultures, l'idéal de convergence devait inciter les groupes minoritaires à conjuguer leur culture à celle de la majorité dans la poursuite d'un objectif commun, soit l'épanouissement d'une culture québécoise francophone en Amérique du Nord. L'apport des Québécois « de nouvelle souche » était valorisé, mais dans le cadre d'une culture québécoise francophone présentée comme un « foyer de convergence ». Bien que cette politique ne visait pas, chez Godin, l'assimilation forcée des immigrants, plusieurs leaders des communautés culturelles s'y sont opposés parce qu'elle établissait une « hiérarchie des composantes de la société » et qu'elle accordait trop d'importance à l'idée de « souche » ou de « tronc commun »[43]. Godin lui-même en est venu à la conclusion, dans un témoignage de 1987, que la vision du rapport entre la majorité et les minorités qu'il avait défendue devait céder la place à une vision plus dynamique et pluraliste de l'identité québécoise :

> Dès que j'ai été nommé ministre de l'Immigration en novembre 1980, je me suis rendu compte d'une chose à l'égard de la notion de culture de convergence : elle avait le défaut de ne pas tenir compte de l'autre [...]. La culture québécoise n'est pas la seule accessible sur le territoire québécois : il y a la culture canadienne et la culture américaine et surtout, il y a, pour l'immense majorité des immigrés, une troisième voie, celle de la fidélité à leurs racines [...]. La *Loi 101* force la convergence au moins linguistique et abolit le fameux libre choix, mais pour ce qui touche à toutes les autres dimensions culturelles, j'ai constaté que le Québec avait tout à gagner à ne pas forcer les cœurs, mais plutôt à se les gagner. Le pari consistant à se dire que les gens viendront au Québec et à sa culture, spontanément, à condition d'avoir le choix, mais aussi à condition que le Québec respecte profondément les racines et

43. Micheline Labelle, « De la culture publique commune à la citoyenneté : ancrages historiques et enjeux contemporains », dans Stéphan Gervais, Dimitrios Karmis et Diane Lamoureux (dir.), *op. cit.*, p. 19-43.

> la culture d'origine de ses nouveaux citoyens. [...] J'estime que le nouveau Québécois doit trouver au Québec, d'abord le respect de sa culture et de sa langue ainsi que l'occasion de cultiver cette fidélité et de la transmettre à ses descendants. Donc, il peut, pour une période par lui déterminée, garder un pied dans sa communauté, quitte à la quitter, à son heure et à son rythme pour s'intégrer à la communauté majoritaire de son choix. Il a le choix d'opter pour le Québec, s'il le veut, quand il le veut. Le Québec manifeste ainsi son respect pour la culture des autres et pousse même le respect jusqu'à supporter financièrement les efforts des communautés culturelles pour conserver leur culture et la transmettre. Le Québec montrerait ainsi qu'il traite ses minorités comme il entend être traité lui-même en tant que minorité dans une majorité anglaise[44].

La renaissance du langage de la convergence culturelle est probablement due à l'impopularité justifiée du langage de l'assimilation et de la conformité. À une époque où l'on considère que ceux qui ne se conforment pas à la norme, ou qui ne font pas partie des groupes majoritaires, ne doivent pas être obligés de renoncer à leurs spécificités ou les dissimuler afin de pouvoir appartenir de plein droit à la communauté, il n'est pas étonnant que les politiques d'intégration des immigrants assimilationnistes aient été abandonnées[45]. La convergence culturelle est-elle un euphémisme pour parler dans les faits d'« assimilation » ? Il est grand temps que ses protagonistes fassent preuve de précision à ce sujet.

44. Godin cité dans Micheline Labelle, « De la culture publique commune à la citoyenneté : ancrages historiques et enjeux contemporains », *art. cit.*, p. 26. Je souligne. Dans le même sens, Julien Harvey écrivait : « Le Parti Québécois, dans les années 1980, a donné une réponse, celle de la convergence culturelle. Elle consiste à faire du noyau historique de l'art de vivre de la majorité pendant trois siècles, le centre de gravité qui permettrait à de nouveaux venus de s'intégrer. À notre avis, il ne faut pas rejeter trop vite cette position, même si certains sont allés un peu vite en la qualifiant de raciste. Mais il reste qu'elle a le défaut de donner pratiquement toute la place à la majorité. » *Ibid.*, p. 30.

45. Charles Taylor, « La politique de reconnaissance », dans *Multiculturalisme : différence et démocratie*, Paris, Flammarion, 1994 [1992], p. 41-99 ; Will Kymlicka, *La citoyenneté multiculturelle*, Montréal et Paris, Boréal et La Découverte, 2001 [1995] ; Jocelyn Maclure, « Multiculturalism and Political Morality », dans Duncan Ivison (dir.), *The Ashgate Research Companion to Multiculturalism*, Farnham, Ashgate, 2011, p. 39-56.

CONCLUSION
LA CRITIQUE SOCIALE AUJOURD'HUI. MÉDIOCRATIE OU SOCIÉTÉ DE LA PERFORMANCE ?

La période contemporaine est déroutante. Il semble évident que notre vie sociale et politique est viciée par une série de pathologies et de dysfonctionnements qui nourrissent le cynisme et le désengagement. Le baratin, la partisanerie excessive, l'idéologie, l'ambition personnelle démesurée et la crainte de l'autre polluent le discours et l'action politiques. Des influenceurs encouragent, mus tantôt par le dogmatisme, tantôt par la quête de reconnaissance, la crispation idéologique et l'indifférence aux faits. Ils nivellent, ce faisant, la discussion démocratique par le bas plutôt que de la tirer vers le haut. Des institutions sociales comme l'économie financière, l'éducation universitaire et le système de santé sont d'une complexité telle qu'il est tentant de baisser les bras et de renoncer au projet de les réformer. Notre système de coopération sociale fait encore trop de laissés-pour-compte, y compris des enfants qui ne demandent pas mieux que d'avoir la chance de mener une bonne vie, alors que des très fortunés agissent comme des termites fiscaux qui percent constamment notre Trésor public. Le vivre-ensemble est trop souvent miné par la méfiance et l'incompréhension mutuelles. Le djihadisme et la xénophobie sont entremêlés dans une dialectique mortifère. Malgré tout ça, et même si nos débats de société sont souvent fébriles, plusieurs citoyens sont indifférents à la chose publique. Dans notre rôle de citoyens, nous ne sommes pas toujours à la hauteur.

Il est ainsi tentant de poser un diagnostic unilatéralement négatif sur notre société. Dans un des essais de critique sociale les plus discutés en 2015, Alain Deneault affirme que nous vivons aujourd'hui dans un régime de « médiocratie[1] ». Bien qu'elle soit connotée de façon très négative dans le langage ordinaire, la médiocrité dénote le moyen, c'est-à-dire ce qui se situe entre l'inférieur et le supérieur ou entre le mauvais et le bon. La médiocratie, pour Deneault, est « le stade moyen hissé au rang d'autorité. Elle fonde un ordre dans lequel la moyenne n'est plus une élaboration abstraite permettant de concevoir synthétiquement un état des choses, mais une norme impérieuse qu'il s'agit d'incarner[2] ». La médiocratie désigne « l'ordre médiocre érigé en modèle[3] ».

Cette thèse est ambiguë. D'un certain point de vue, il n'est pas étonnant que la démocratie soit le règne du moyen. La démocratie remet le pouvoir au peuple, à l'ensemble des citoyens. Par définition, la majorité s'agglomère autour du milieu. Seules des minorités peuvent être inférieures et supérieures à la moyenne. En conséquence, il est normal que ceux qui sont dans la moyenne pèsent lourd socialement, culturellement et politiquement dans un régime *démocratique*. Le règne des « supérieurs » ou des « excellents » est une forme d'aristocratie. Platon, très critique de la démocratie, en appelait à la mise en place d'une « épistémocratie », c'est-à-dire d'un gouvernement de ceux qui ont une connaissance objective des choses, à savoir les philosophes[4]. Aristote, pour sa part, soutenait au contraire que l'addition de la sagesse « médiocre » des citoyens moyens était quand même préférable à une constitution monarchique ou aristocratique[5].

La thèse de la médiocratie est ambiguë car même si l'on parvenait à hausser le niveau de culture générale, de sagesse pratique et d'ardeur morale de la majorité de la population, la classe des médiocres – ceux qui se situent au milieu – exercerait toujours une influence déterminante sur les orientations de la société. Or, il est clair que Deneault n'appelle pas de ses vœux un retour à une forme d'aristocratie. Les travaux antérieurs de Deneault démontrent son engagement en faveur de la justice sociale et de la démocratie

1. Alain Deneault, *La médiocratie*, Montréal, Lux, 2015.
2. *Ibid.*, p. 6.
3. *Ibid.*, p. 11.
4. Platon, *La République*, livre VII.
5. Aristote, *Politique*, tr. fr. Pierre Pellegrin, Paris, Flammarion, 1990, livre 3, 1286a.

véritable[6]. Dans la conclusion de *La médiocratie*, Deneault pourfend les dérives oligarchiques et ploutocratiques des sociétés contemporaines, qui auraient corrompu la démocratie à un point tel qu'elle ne serait plus reconnaissable. Cela exige toutefois une révision importante de sa position : il s'agit alors de rendre la majorité plus sage et éclairée tout en acceptant le lien interne entre démocratie et médiocratie (au sens non péjoratif du terme).

La société de la performance

Sur le plan de la théorie critique de la société, la thèse de la médiocratie est en tension avec une autre grille d'analyse qui jouit d'une certaine popularité et qui me semble plus plausible, soit celle voulant que l'idéologie de la performance soit à la source de plusieurs pathologies sociales. Le philosophe Byung-Chul Han, par exemple, avance que nous vivons dans une « société de la fatigue » irriguée par le culte de la performance et de la compétitivité[7]. Les interdits et les règles de la « société disciplinaire » théorisée par Freud et Foucault auraient été remplacés par un idéal d'épanouissement personnel et d'affirmation de soi en vertu duquel l'individu doit se voir comme un « entrepreneur » dont la vie même doit être conçue comme un projet perpétuel et protéiforme. Cette mutation sociale est accompagnée, selon lui, par une « restructuration de l'âme » et par de nouvelles « afflictions neuronales » comme la dépression, le trouble de l'attention et de l'hyperactivité, le trouble anxieux, l'épuisement professionnel et le trouble de la personnalité limite. « Le sujet », nous dit Han, « s'use comme dans une roue de hamster qui tourne toujours plus vite sur elle-même[8] ».

Je n'accepte pas la thèse générale de Han, qui maîtrise mieux l'hyperbole que la justification rationnelle. Il me semble excessif de penser que l'idéologie de la performance soit la matrice inconsciente

6. Voir notamment *Paradis fiscaux: La filière canadienne*, Montréal, Écosociété, 2014 et *Noir Canada: Pillage, corruption et criminalité en Afrique*, Montréal, Écosociété, 2008.

7. Byung-Chul Han, *La société de la fatigue*, tr. fr. Julie Stroz, Belval, Circé, 2014. Pour des perspectives complémentaires et plus nuancées, voir Alain Ehrenberg, *La fatigue d'être soi: Dépression et société*, Paris, Éditions Odile Jacob, 2000 et Hartmut Rosa, *Aliénation et accélération. Vers une théorie critique de la modernité tardive*, tr. fr. Thomas Chaumont, Paris, La Découverte, 2012.

8. Byung-Chul Han, *op. cit.*, p. 20.

qui structure et conditionne l'existence ou la façon d'être au monde des individus contemporains. L'imaginaire social des sociétés libérales me semble beaucoup plus éclectique et conflictuel que ce que suggère le portrait dessiné par Han. L'envie de se rapprocher de la nature, la simplicité volontaire, le *slow movement*, la société du jeu et des loisirs, la popularité du yoga et de la méditation de pleine conscience, la recomposition de la spiritualité et de la foi religieuse, l'économie sociale et du partage, l'éthique du *care* sont tous des phénomènes et des courants de pensée qui façonnent eux aussi la culture contemporaine et qui démontrent que plusieurs d'entre nous tentent de résister à l'injonction de performance. Certaines de ces réactions peuvent, il est vrai, s'inscrire de plain-pied dans le paradigme de la performance – pensons aux raisons qui motivent certains à faire du yoga ou à méditer –, mais les remises en question de l'impératif de « se dépasser » me semblent trop nombreuses pour faire de la performance une idéologie inconsciente parfaitement intériorisée par des individus passifs et aliénés.

Cela étant dit, il est difficile de nier que ce qui s'apparente à un culte de la performance exerce néanmoins une influence majeure sur les conceptions de ce qu'est une vie bonne à notre époque. Bien que Deneault suggère que le règne de la médiocrité n'est nulle part plus patent qu'à l'université[9], je suis entouré de collègues qui flirtent constamment avec l'épuisement professionnel car ils en font trop. La combinaison de l'ambition personnelle, du multitâche (enseignement, direction d'étudiants, recherche, services à la communauté à l'intérieur et à l'extérieur de l'université) et de la survalorisation de la recherche subventionnée a créé un *ethos* insoutenable en vertu duquel nous en venons à penser qu'il faut toujours en faire plus pour satisfaire aux attentes et suivre la cadence. Personne n'y gagne puisque cela n'a fait que changer les normes eu égard à ce que l'on s'attend des professeurs-chercheurs. Un des effets de cette surproductivité et de la course effrénée aux publications – là-dessus, Deneault a raison – est d'encourager la quantité au détriment de la qualité. Il s'agit là en partie d'un problème d'action collective : nous

9. Selon Deneault, « [l]'expert, auquel se confond aujourd'hui la majorité des universitaires, s'érige bien entendu comme la figure centrale de la médiocratie ». Dans *La médiocratie*, *op. cit.*, p. 14. Le premier chapitre de son ouvrage est consacré à l'université.

aurions tous intérêt à ralentir le rythme, mais personne ne veut être seul à le faire, au risque d'être largué. Seule une action coordonnée d'un nombre substantiel de chercheurs pourrait s'avérer efficace.

Est-il vraiment approprié de qualifier de « médiocres » des professeurs qui tentent de frayer leur propre chemin dans ce qu'est devenue l'université ? J'imagine qu'il y en a quelques-uns, mais je connais bien peu de collègues qui correspondent à cette image du « savant médiocre » peinte par Deneault : « le savant médiocre ne pense jamais par lui-même, il délègue son pouvoir de pensée à des instances qui lui dictent ses stratégies aux fins d'avancement professionnel[10] ». La plupart des chercheurs composent avec les normes existantes en tentant de maximiser leur sphère de liberté intellectuelle, et d'autres s'engagent à l'intérieur et à l'extérieur de l'université pour changer lesdites normes.

De façon plus générale, une des caractéristiques les plus frappantes de la société de la performance est que les sphères de la vie qui sont sous sa tutelle se sont multipliées. Il ne suffit plus, pour plusieurs, d'exceller au travail, d'obtenir la reconnaissance de ses pairs ou de la société ou de s'enrichir. La réussite, tout comme nos identités, se décline au pluriel. On veut s'accomplir au travail, être un parent et un conjoint dévoué, entretenir ses amitiés, se réaliser par l'entremise de ses voyages et de ses loisirs et, pour un nombre sans doute insuffisamment nombreux, s'engager dans son milieu ou dans la vie de la cité. Cette conception de l'épanouissement humain est nettement plus riche et équilibrée que celle entièrement tournée vers la réussite professionnelle, mais elle peut aussi mener à l'épuisement et au sentiment que l'on n'excelle nulle part. Cette conception plurielle de la vie bonne exige la capacité de fixer ses priorités et souvent de limiter ses ambitions afin de les équilibrer. Ce mode de vie peut certes devenir trop frénétique, mais il ne témoigne pas d'une médiocrité et d'un manque d'ambition généralisés.

Théorie sociale et sociologie de la vie ordinaire

Qu'à cela ne tienne, le système médiocratique écrase, selon Deneault, l'ambition, l'audace, la vitalité et l'originalité : « Ne soyez

10. *Ibid.*, p. 10.

ni fier, ni spirituel, ni même à l'aise, vous risqueriez de paraître arrogant [...]. Ce regard perçant qui inquiète, dilatez-le, et décontractez vos lèvres – il faut penser mou et le montrer, parler de son *moi* en le réduisant à peu de chose: on doit pouvoir vous caser[11]. » On peut spontanément se demander comment les Louise Arbour, Charles Taylor, Kim Thúy, Yannick Nézet-Séguin, Xavier Dolan et Robert Lepage ont pu émerger de cette médiocrité ambiante, sans parler des nombreux scientifiques qui font avancer la science sans se soumettre aux désidératas de l'industrie. Sur une note plus personnelle, ma première pensée a toutefois été pour les centaines de parents que je côtoie depuis que ma conjointe et moi avons eu notre premier enfant il y a maintenant six ans. Je vois toutes les semaines des parents qui passent leur samedi matin à l'association sportive et communautaire de notre quartier pour que leurs enfants apprennent à nager, à danser ou qu'ils acquièrent l'amour des livres. D'autres consacrent une soirée par mois aux réunions du conseil d'administration du centre de la petite enfance, où il est surtout question, par les temps qui courent, des façons d'administrer les ponctions budgétaires imposées par le gouvernement Couillard sans que cela affecte trop la qualité du service de garde. Enfin, à l'école alternative où ma plus vieille est inscrite, des parents accompagnent chaque semaine les enseignants et les enfants à la piscine ou au théâtre, font partie des multiples comités qui se réunissent en soirée et retournent parfois à l'école la fin de semaine pour faire des travaux manuels. Si c'est cela le règne de la médiocrité, je suis heureux d'y contribuer.

Ce que l'on appelle la « théorie sociale » vise à rendre explicites des aspects de la réalité sociale invisibles ou tenus pour acquis et à en faire ressortir le sens. Elle permet aussi, ce faisant, la critique de normes ou de pratiques sociales dont les effets sont jugés délétères[12]. Une thèse comme celle de la médiocratie peut difficilement être réfutée de façon démonstrative. Je peux accumuler les exemples de parents dévoués qui ne sont pas médiocres au sens péjoratif du

11. Pour un point de vue convergent, voir les deux plus récents recueils de Jean Larose, *Essais de littérature appliquée*, Montréal, Boréal, 2015 et *Google goulag: Nouveaux essais de littérature appliquée*, Montréal, Boréal, 2015.

12. Charles Taylor, « Social Theory as Practice », *Philosophical Papers volume 2*, Cambridge, Cambridge University Press, 1985; Sally Haslanger, *Resisting Reality. Social Construction and Social Critique*, Oxford, Oxford University Press, 2012.

terme ou évoquer le cas de cette collègue professeure de littérature qui publie des romans et des essais de qualité tout en prenant des positions courageuses dans le débat public[13], je devrai toujours faire face au problème de l'induction[14]. Dans quelle mesure puis-je généraliser à partir de ces exemples ? Deneault, cela dit, bien que cela ne semble pas le troubler, se heurte exactement au même problème. Il y a sans aucun doute des individus moyens dans les lieux de pouvoir qui prennent des décisions qui nous font stagner ou qui éloignent du bien commun. Mais cela ne suffit pas à établir la thèse que le règne de la médiocrité serait en quelque sorte la matrice de nos problèmes sociaux. Les paradis fiscaux, comme Deneault l'a démontré, posent un problème d'équité et donc de justice sociale majeur, mais la solution à ce problème exige à la fois une coordination des actions entre les États et une pression continue sur les élus pour qu'ils colmatent les brèches de notre système fiscal. Une analyse de ce problème centrée sur la médiocrité alléguée des uns et des autres apparaîtrait bien réductrice.

Au final, je préfère une théorie sociale qui met en relief les ambivalences et les tensions de notre époque, incluant les conflits de valeur que nous devons arbitrer et les impasses collectives, mais aussi les gains obtenus et les exemples inspirants. J'ai choisi de mettre l'accent sur les formes de déraison qui grèvent notre discussion publique et sur certains obstacles à la justice sociale sans pour autant occulter nos réussites. En outre, le Québec a réussi à assainir ses finances publiques sans que la pauvreté augmente et en adoptant de nouvelles politiques sociales dont les effets à long terme seront vraisemblablement positifs. Sur le plan de l'identité, le Québec du dernier demi-siècle a montré comment la lutte pour l'affirmation d'une culture jadis subordonnée pouvait se conjuguer à une reconnaissance de la diversité culturelle. Sur ces deux fronts, les équilibres sont précaires et sont aujourd'hui menacés. Il faut toutefois que les théories que l'on défend soient capables de mettre en relief les conflits de valeur ainsi que les gains et les pertes induits par nos décisions collectives. Cette prise de conscience peut faciliter le

---

13. Martine Delvaux, *Blanc dehors*, Montréal, Héliotrope, 2015 et *Filles en série : Des Barbies aux Pussy Riot*, Montréal, Remue-ménage, 2013.

14. David Hume, *Enquête sur l'entendement humain*, Paris, Flammarion, 2006, partie 4.

travail de la raison en vertu duquel nous pouvons découvrir quelles sont les prémisses que nous partageons avec nos opposants et accroître l'étendue du terrain d'entente entre les participants au débat public[15]. Retrouver la raison, c'est entre autres tester la capacité de la discussion rationnelle à nous guider vers une société qui sera un peu meilleure que celle que nous avons reçue en héritage.

15. Sally Haslanger, *op. cit.*, p. 425.

REMERCIEMENTS

Je remercie ma conjointe Isabelle Dumont, qui a souvent été ma première interlocutrice et lectrice. Mes dettes à l'endroit de mes collègues sont trop nombreuses pour être énumérées ici, mais je tiens à souligner que plusieurs des idées que je défends ont été élaborées dans des discussions avec mes amis Daniel Weinstock, Patrick Turmel, Ryoa Chung, Charles Taylor, Jim Tully, François Boucher, Soumaya Mestiri, Dominique Leydet, Jérome Lussier, Stéphan Gervais, Julie Lavigne, Dimitri Karmis, Georges Leroux et Martin Papillon. Les travaux de mes collègues Joseph Heath et Markus Gabriel m'ont permis de mieux cerner l'approche philosophique générale qui sert d'arrière-plan à mes argumentaires. Je remercie ici aussi Alain-G. Gagnon, qui avait placé sa confiance en moi alors que je n'avais que 26 ans, en publiant mon premier livre dans la collection Débats qu'il dirige aux Éditions Québec Amérique. C'est un plaisir et un honneur pour moi de publier de nouveau dans cette stimulante collection, et je remercie toute l'équipe de Québec Amérique pour son efficacité et son professionnalisme.

Comme professeur à la Faculté de philosophie de l'Université Laval, j'ai la chance d'enseigner année après année à des étudiantes et des étudiants formidablement doués et motivés. Je remercie Catherine Rioux, Marie-Christine Lamontagne Métivier, Sébastien Lacroix et Francis Baril, qui ont tous à un moment ou un autre révisé, édité ou commenté les textes regroupés dans cet essai, et en particulier Raphaël Zummo, qui a lu le manuscrit en entier. Ses judicieux commentaires m'ont été fort utiles. Enfin, je tiens à remercier les membres du Groupe de recherche sur les sociétés plurinationales (GRSP), du Centre interuniversitaire de recherche en éthique (CRÉ), ainsi que tous les compagnons de route dans les différents débats de société qui ont marqué le Québec des dernières années.

INDEX DES NOMS

MARQUIS

Québec, Canada